Thomas Trenkler

DAS ZEITALTER DER VERLUSTE

Gespräche über ein dunkles Kapitel

W0077211

GEGRÜNDET
1999

Thomas Trenkler

DAS ZEITALTER DER VERLUSTE

Gespräche über ein dunkles Kapitel

Czernin Verlag, Wien

Gedruckt mit Unterstützung des Nationalfonds der Republik Österreich für
Opfer des Nationalsozialismus und des Zukunftsfonds der Republik Österreich.

Nationalfonds der Republik Österreich
für Opfer des Nationalsozialismus

*Zukunfts***Fonds**
der Republik Österreich

Trenkler, Thomas: Das Zeitalter der Verluste.
Gespräche über ein dunkles Kapitel / Thomas Trenkler
Wien: Czernin Verlag, 2013
ISBN 978-3-7076-0454-2

© 2013 Czernin Verlags GmbH, Wien
Lektorat: Eva Steffen
Umschlaggestaltung: sensomatic
Umschlagfoto: EPA / picturedesk.com
Satz: Burghard List
Druck: Druckerei Theiss GmbH, A-9431 St. Stefan
ISBN Print: 978-3-7076-0454-2
ISBN E-Book: 978-3-7076-0455-9

INHALT

VORWORT

Warum wird man Journalist? Zum Beispiel, weil man furchtbar neugierig ist. Oder weil man, leicht größenwahnsinnig natürlich, die Welt verbessern will. Und weil einem der Beruf die Möglichkeit bietet, mit Menschen zu sprechen, die man sonst nie kennenlernen würde.

Im Jahr 1960 geboren, fühle ich mich nicht mitschuldig an den Verbrechen der Nationalsozialisten, die sich als »Nazis« verniedlichen. Aber ich möchte mich mit der Zweiten Republik, in der ich aufgewachsen bin und lebe, identifizieren können. Anfang 1998 musste ich bei Recherchen zum Fall Rothschild jedoch feststellen, dass sich auch die Zweite Republik schuldig gemacht hat. Unter anderem deshalb, weil deren offiziellen Vertreter massiven Druck auf jene ausübten, die in der NS-Zeit hatten fliehen müssen. Sie pressten ihnen, die nun – zum Teil mittellos – in Amerika oder anderswo lebten, im Gegenzug für eine Ausfuhrgenehmigung der einst enteigneten Kunstsammlungen die besten Stücke ab. Auch ein halbes Jahrhundert später gab es vielfach kein echtes Unrechtsbewusstsein.

Seit damals, Anfang 1998, ist eines meiner zentralen Themen als Kulturredakteur bei der Wiener Tageszeitung »Der Standard« die Restitution. Ich schrieb über zahlreiche Fälle – auf ein paar werden Sie in diesem Buch stoßen. Je mehr Schicksale ich kennenlernte, desto augenfälliger wurde mir: Keines gleicht dem anderen. Man traf sich auf der Flucht vielleicht in Bayonne oder bestieg das gleiche Schiff nach Haifa. Vielleicht nahm man, wie viele andere, den Arlberg-Express in die Schweiz. Oder man lernte sich im Taxi kennen. Aber jedes Schicksal ist einzigartig. Und jedes ist es wert, überliefert zu werden.

Manchen mag die Auswahl der Interviews willkürlich erscheinen. Ich selbst stellte mir die Frage, ob ich nicht noch weitere Betroffene hätte befragen sollen. Ari Rath zum Beispiel, Eric Pleskow oder Carl Djerassi. Ich fragte mich auch, ob ich nicht mehr Frauen hätte interviewen müssen.

Aber ich wollte nichts erzwingen. Und ich wollte die geglückten Interviews, die mir gewährt wurden, nicht dadurch entwerten, dass ich ihnen weitere hinzufüge. Dieser Band besteht daher fast ausschließlich aus Gesprächen, die sich im Lauf der Jahrzehnte aufgrund meiner Tätigkeit beim »Standard« und meiner Neugierde ergaben – ohne den Hintergedanken, sie für ein Buch zu verwenden.

So erscheinen in diesem Band unter anderem drei Gespräche, die noch nicht veröffentlicht wurden: jene mit Herbert Zipper, Bettina Looram Rothschild und Angelica Bäumer. Andere dienten bisher nur als Grundlage für sogenannte »durchgeschriebene« Artikel, darunter das Interview mit Emile Zuckerkandl. Und dann gibt es Gespräche, die in Zeitschriften wie »Nu« erschienen, weil sie aufgrund ihres Umfangs für eine Tageszeitung ungeeignet waren. Unter jenen, die sehr wohl im »Standard« veröffentlicht wurden, mussten einige auf die Hälfte oder ein Drittel gekürzt werden. Hier nun kann man die Interviews mit Ruth Klüger, Angela Hartig oder Erich Lessing in voller Länge lesen.

Das einzige Gespräch, das ich in Hinblick auf dieses Buch führte, ist jenes mit Airan Berg, einem wunderbaren Enthusiasten, mit dem mich eine langjährige Geschichte verbindet. Ich wollte das Thema nicht zusammen mit den Zeitzeugen, die immer weniger werden, sterben lassen: Die NS-Zeit und der Holocaust haben direkte Auswirkungen auf alle, die nach dem Zweiten Weltkrieg geboren wurden. Deshalb finden sich in diesem Buch berührende Interviews mit André Heller und Markus Kupferblum über deren Väter. Darum sprach ich auch mit Airan Berg, der in Tel Aviv geboren wurde und mit elf Jahren nach Wien kam, in ein Mitteleuropa also, das seine Mutter und sein Vater als Kinder hatten verlassen müssen.

Dieses Buch, dessen Titel »Das Zeitalter der Verluste« ich einem Satz von Ruth Klüger entlehnt habe, ist oft tieftraurig – weil mir meine Gesprächspartner ohne Scheu ihre Lebensgeschichten erzählten und tief in ihre Seele blicken ließen. Das Interview mit Gerhard Bronner zum Beispiel hat mich sehr berührt, auch jenes mit Georges Jorisch; die Qualen, die er als Kind hatte erleben müssen, kann man nur erahnen.

Aber es gibt auch wunderbar komische Passagen voll von, wie man so sagt, »jüdischem Humor«, einem Humor, der einen das Schicksal vielleicht eher ertragen ließ. Die Interviews mit Josef Burg, George Tabori oder Marko M. Feingold abzutippen, bereitete mir große Freude. Obwohl das Abtippen von Interviews eine der langweiligsten Tätigkeiten des Journalisten ist.

Was ich mir wünsche: dass diese Erzählungen, Berichte, Einbekenntnisse auch Sie nicht kaltlassen. Denn nur dann besteht die Hoffnung, dass Sie, ja auch Sie, einen solchen Irrsinn nicht noch einmal zulassen.

Thomas Trenkler, Wien, Jänner 2013

HERBERT ZIPPER:
»DACHAU IST DIE WASSERSCHEIDE MEINES LEBENS«

Um das Jahr 1980 wurde in Österreich das Werk von Jura Soyfer wiederentdeckt. Die »Schmetterlinge« brachten die Langspielplatte »Jura Soyfer – Verdrängte Jahre« heraus: Die Gruppe, der unter anderem Willi Resetarits angehörte, vertonte nicht nur dessen Gedichte und Texte, sie interpretierte auch das »Dachaulied«. Und Wilhelm Zobl komponierte die Oper »Der Weltuntergang« nach Jura Soyfers gleichnamigem Theaterstück. Das Libretto schrieb der Grazer Musikkritiker und Schriftsteller Peter Vujica, der 1982 die Intendanz des Avantgardefestivals »steirischer herbst« übernahm. Vujica war auf der Suche nach Programmideen; und Willi Zobl machte ihn auf den Komponisten des »Dachauliedes« aufmerksam, einen altösterreichischen Dirigenten und Musikpädagogen namens Herbert Zipper, der an der University of Southern California lehrte.

Geboren am 27. April 1904 in Wien, hatte Zipper von 1923 bis 1928 bei Joseph Marx Musik studiert. Ab 1930 war er Dirigent sowie

Dozent für Musiktheorie und Komposition in Düsseldorf, nach der Machtergreifung der Nationalsozialisten ging Zipper zurück in seine Heimatstadt, wo er das Wiener Konzertorchester gründete. Ende Mai 1938 wurde Zipper aufgrund seiner jüdischen Abstammung verhaftet und zusammen mit seinem älteren Bruder ins KZ Dachau verbracht. Er gründete ein geheimes Häftlingsorchester und lernte Jura Soyfer kennen. Im September 1938, wenige Tage vor der Verlegung ins KZ Buchenwald, schrieben sie das »Dachaulied«. Der Refrain lautet: »Doch wir haben die Losung von Dachau gelernt, / Und wir wurden stahlhart dabei. / Bleib ein Mensch, Kamerad, / Sei ein Mann, Kamerad, / Mach ganze Arbeit, pack an Kamerad: / Denn Arbeit, denn Arbeit macht frei, / Denn Arbeit, denn Arbeit macht frei!«

Nach Zahlung von Lösegeld und aufgrund eines Visums für Uruguay wurde Zipper im Februar 1939 freigelassen. Er flüchtete zunächst, im März, nach Paris und dann weiter auf die Philippinen. Dort leitete er das Manila Symphony Orchestra. Nach der Besetzung der Philippinen durch Japan wurde Zipper für einige Monate verhaftet. Wieder in Freiheit, war er im Untergrund tätig und betrieb nachrichtendienstliche Tätigkeiten für die USA. 1946 übersiedelte Zipper mit seiner Frau Trude Dubsky, einer Tänzerin, nach New York, wo er an der New School for Social Research einen Lehrauftrag hatte und das Brooklyn Symphony Orchestra gründete. 1952 zog Zipper nach Chicago und widmete sich der Musikpädagogik. Ab 1965 war er Projektleiter für verschiedene musikpädagogische Programme auf den Philippinen, in Südkorea, in Taiwan und in Thailand. 1972 übersiedelte Zipper nach Kalifornien. In den 1980ern war er vielfach als Gastdirigent in China tätig.

Peter Vujica lernte Zipper in Kalifornien kennen. Die Gelegenheit, ihn nach Graz einzuladen, ergab sich 1988: Der »steirische herbst« beschäftigte sich 50 Jahre nach dem »Anschluss« mit dem Thema »Schuld und Unschuld der Kunst«. Zur Eröffnung am 23. September dirigierte Herbert Zipper, damals 84 Jahre alt, eine Neufassung des »Dachauliedes«. Als Veranstaltungsort diente nicht ohne Grund die Kasemattenbühne am Grazer Schlossberg: Sie war einst, als es die Burg noch gegeben hatte, ein düsteres Verlies gewesen.

Ein Jahr später weilte der Komponist wieder in Graz. Am 29. Oktober 1989 sollten beim Deutschlandsberger Jugendmusikfest im

Rahmen der Matinee »Moderne Komponisten schreiben für Kinder« acht Auftragskompositionen uraufgeführt werden, darunter Herbert Zippers »Eine Suite altmodischer Bagatellen für Klarinettenquartett«. Peter Vujica trug mir auf, den Komponisten zu interviewen. Ich arbeitete seit 1985 für das Festival und war nun dessen Pressereferent. Ich fragte: »Warum?« Im Herbst 1988 hatten natürlich viele Medien über Zipper berichtet; ich konnte mir nicht vorstellen, dass nun Interesse an einem Interview bestand. Peter Vujica sagte nur genervt: »Mach es einfach.« Vielleicht wollte er, dass dem alten Herrn Hochachtung entgegengebracht wurde.*

Zusammen mit der Fotografin Angelika Gradwohl traf ich Herbert Zipper am 27. Oktober 1989 im Schlossberg-Hotel, wo er wohnte. Das Interview fand bereits um 9 Uhr statt. Herbert Zipper empfand dies nicht als früh, da er jeden Tag um 4.30 Uhr aufstand. Er gab mir sehr freundlich, sehr ausführlich Auskunft. Ich erinnere mich, dass er groß und hager war. Und er war überaus korrekt gekleidet. Bügelfalten wie damals habe ich, glaube ich, nie wieder gesehen.

In der Folge bot ich das Interview mehreren Zeitschriften an, für die ich damals als freier Journalist arbeitete. Doch niemand wollte es. Die beiden Audiocassetten verschwanden, ohne je gehört worden zu sein, in der Schublade, die Fotos ebenso. Im Sommer 2012 – mithin 15 Jahre nach Zippers Tod am 21. April 1997 in Santa Monica – fand ich sie wieder. Ich hörte mir die Bänder an und war erstaunt: Zipper erzählte nicht nur sehr eindringlich über seine Erlebnisse, er hatte auch eine Botschaft, er verfolgte ein Ziel. Beim Abtippen für dieses Buch fiel mir auf, dass ich mich mitunter nicht nachzufragen getraut hatte: War Herbert Zipper im KZ immer mit seinem älteren Bruder Walter zusammen? Konnten sie sich gegenseitig helfen? Wie gelang es dem Vater, Emil Zipper, das Lösegeld aufzubringen? Und so weiter. Ich genierte mich wohl. Wie das Gespräch genau begann, weiß ich nicht mehr. Es muss um die Angst gegangen sein, die bei vielen Menschen im Alter zunimmt. Die Aufzeichnung beginnt jedenfalls ziemlich unvermittelt.

---

* Einige Jahre später drehte Peter Vujica in Kalifornien eine Doku über Herbert Zipper, die vom ORF ausgestrahlt wurde.

Sie sagen, Sie haben keine Angst mehr. Auch nicht vor dem Tod?

Nein. Keine Spur. Man verliert die Angst in den Augenblicken, in denen das Leben nichts mehr wert ist, in denen man nur aus Widerstand und reiner Neugierde weiterlebt. Sterben ist nur traurig für die, die am Leben bleiben. Der, der stirbt, hat es überwunden. Dann ist es vorbei.

Aber jetzt erleben Sie doch eine wunderschöne Zeit.

Mein ganzes Leben war wunderschön. Das wirkt vielleicht ein bisschen übertrieben, wenn ich sag: Ich erlebte Hölle und Himmel auf Erden. Es gibt nichts Grauenhafteres, das ich nicht mitgemacht habe, und nichts Schöneres.

Sie sagten mir bei unserem Telefonat, Sie möchten in Deutschlandsberg mit den Kindern, die Ihre Musik aufführen, sprechen, weil Sie es für wichtig erachten, dass die älteren Menschen den jüngeren etwas weitergeben.

Ja. Alle neuen Entdeckungen, alle neuen Gedanken bauen auf dem Vergangenen auf. Neue Theorien können nur entstehen, wenn sich alte als unrichtig oder schlecht konzipiert herausstellen. Ich weiß nicht, wer das gesagt hat: Die Tradition ist die breite Schulter, auf der sich neue Traditionen bilden. Wir sehen neue Horizonte, weil wir auf den Schultern der Eltern stehen. Es werden immer wieder Fenster geöffnet, die neue Ausblicke erlauben. Auch mein Leben baut auf den Erfahrungen meiner Vorfahren auf. Meine Großmutter väterlicherseits, 1838 geboren, hat viel mit mir gesprochen. Sie war zehn Jahre alt, als Kaiser Franz Joseph auf den Thron gekommen ist. Und heute haben wir das Ende des 20. Jahrhunderts. Es gibt also eine ununterbrochene Kette von fast zwei Jahrhunderten. Meine Mutter und mein Vater haben oft den Brahms auf der Straße gesehen. Für junge Leute klingt das heute ganz weit zurück. Für mich aber nicht. Als ich jung war, war Brahms fast noch ein lebender Komponist. Wir müssen uns eine viel längere Strecke der Erfahrung aneignen. Das ist meine Überzeugung. Sie wurde gestärkt durch meine Arbeit mit Kindern.

Sie selbst überblicken beinahe das gesamte 20. Jahrhundert.

Ich bin in der Familie der Letzte meiner Generation. Diesen Sommer ist meine Schwester *(Hedy)*, die drei Jahre jünger war, gestorben. Plötzlich. Was natürlich sehr begrüßenswert ist, wenn man plötzlich an einem Gehirnschlag stirbt. Und mein älterer Bruder *(Walter)* ist vor drei Jahren im Alter von 84 gestorben. Er hatte es sehr schwer gehabt. Und meine Frau hatte es besonders schwer. Sie hatte Lungenkrebs. Sie war sehr tapfer. Der Versuch der modernen Wissenschaft, das Leben zu verlängern, die Chemotherapie, ist fast so arg wie die Krankheit selbst. Ich würde so etwas nie mitmachen. Eine unnütze Plage. Lassen wir das Ende kommen, so g'schwind es möglich ist.

Sie wurden 1904 in Wien geboren.

Am 27. April. Im selben Jahr, in dem Dvořák gestorben ist. Sieben Jahre, nachdem Brahms gestorben war. Und die Hofoper war unter der Direktion von Gustav Mahler. Ich wurde am Graben Nummer 31 geboren. Unten war die Buchhandlung Lechner. Ich kann mich noch genau an den Hausbesorger mit dem Namen Hufnagel erinnern. Man hatte damals ja keine Hausschlüssel. Wenn man am Abend nach zehn Uhr nach Hause gekommen ist, hat man anläuten müssen. Dann ist der Hausbesorger mit einer Kerze, in Schlapfen und einem Hausrock gekommen und hat aufg'sperrt. Dann hat er das »Sperrsechserl« gekriegt. Eine andere starke Erinnerung ist die Fronleichnamsprozession, die Kaiser Franz Joseph geführt hat. Ein großartiges Schauspiel. Sie können sich gar nicht vorstellen, was das für ein Prunk, welche Herrlichkeit das war!

Sie haben sich schon als Kind für Musik interessiert?

Bei uns zu Hause ist immer Musik gemacht worden. Meine Mutter hat Klavier gespielt, mein Vater gesungen. Musik hat damals eine ganz andere Rolle gespielt. Es gab kein Grammophon, keine künstlichen Mittel, Musik zu spielen. In jedem bürgerlichen Haus wurde musiziert. Musik war – in ganz Mitteleuropa – zumindest gleichbedeutend mit Religion. Sie war eigentlich in vielen Häusern die Religion, wie in unserem Haus. Sie wurde heilig gehalten. Ich war keine fünf Jahre alt, als ich meine erste Klavierstunde hatte. Die Lehrerin war sehr gut, Vukowic hat sie geheißen. Aber wir sind dann nach Vorarlberg. Denn mein Vater hat dort eine elektrische Wasserzentrale gebaut. Er war Ingenieur. Ich hatte dann eine französische Gouvernante. Ein bürgerliches Kind musste Englisch und Französisch lernen, das war unbedingt notwendig. Und als wir nach Wien zurückkamen, das war Ende 1909 oder Anfang 1910, bekam ich einen Klavierlehrer, den ich gehasst habe. Herr Radowani, er war Italiener. Wenn man nicht die richtige Haltung hatte, schlug er mit dem Bleistift auf die Fingerknöchel. Der hat kein langes Leben bei uns gehabt. Und dann hatte ich einen Klavierlehrer für lange Zeit. Er sagte immer, ich sei ein direkter Nachkomme von Beethoven. Denn: »Der Czerny war ein Schüler vom Beethoven. Der Liszt war ein Schüler vom Czerny. Der Sauer war ein Schüler vom Liszt. Ich bin ein Schüler vom Sauer. Und du bist mein Schüler.« Und dann kam der einschneidende Sommer 1914. Am 28. Juni wurde Erzherzog Franz Ferdinand mit seiner Frau in Sarajewo ermordet. Wir sind damals nicht auf Sommerfrische gefahren, weil mein Vater gesagt hat: »Jetzt wird der Krieg kommen.« Es war ein Sonntag, wir waren gerade in der Ausstellung »Venedig in Wien« im Prater. Wir Kinder sind damals mit der Gouvernante jeden Tag im Park von Schönbrunn spazieren gegangen.* Einmal hat sich ein junger, sehr gut aussehender Mann zu uns gesellt, ein Dichter. Er hat uns seine Gedichte

---

* Die Familie Zipper lebte seit 1913 in der Hietzinger Hauptstraße.

vorgelesen. Die haben mich ungeheuer beeindruckt. Er muss Ende 20 gewesen sein, aber auf mich Zehnjährigen hat er wie ein erwachsener, älterer Mensch gewirkt. Er hatte – für die damalige Zeit – sehr radikale Ansichten, die mich entflammt haben. Er brachte mich dazu, nicht der Demagogie zum Opfer zu fallen. Die ganze Menschheit wird leider manipuliert. Es war eine Art Immunisierung – so wie man gegen Schafblattern und Cholera geimpft wird. Er hat Thorn geheißen, Te Ha O A En. Nein, Er En! Ich kann nicht einmal mehr Deutsch buchstabieren! Aber ich habe 50 Jahre fast nie Deutsch gesprochen. Ja, Thorn hat mich immunisiert, und er hat es sehr gründlich gemacht. Dadurch bin ich immer wieder auf die wirklichen Kampfplätze der Welt gekommen. Ich meine nicht die blutigen Kämpfe, sondern die verbalen. Auf derselben Linie war auch ein großer Grazer, Joseph Marx, der nicht nur mein Lehrer war, sondern auch mein Freund wurde. Er war ein Rebell, ein Geist, der immer die Obrigkeit für die Rückständigkeit in der Welt kritisiert hat.

Was verstehen Sie unter »radikal«?

Mein Vater war ein sehr patriotischer, kaisertreuer Österreicher. Ich beschäftigte mich mit sozialdemokratischen Ideen. Literatur, die mir Thorn zu lesen gegeben hat. Es ging ihm darum, das, was in der Mittelschicht als Wahrheit angenommen wird, nicht zu schlucken, sondern zu hinterfragen. Karl Kraus war eine wichtige Figur in meinem Leben. Er hat alle kritisiert, er ging keine Kompromisse ein. Vieles, was Karl Marx geschrieben hat, ist wahr. Heute genauso, wie es damals wahr war. Das Grässliche ist, dass niemand ihn liest! Man ist dagegen – und weiß nicht einmal warum. Karl Marx hat grundlegend gesehen, welche Folgen die industrielle Revolution haben wird. Heute sieht man das noch viel stärker, als man es vor 100 Jahren gesehen hat. Heute gibt es die Flucht vor der Wirklichkeit: die Drogenkultur, der zunehmende Alkoholismus, das Fernsehen. Denn die Wirklichkeit ist für viele öde geworden. Fast 90 Prozent machen Dinge, die keine

Befriedigung bedeuten. Die einzige Befriedigung ist das Geld, das man für seine Arbeit bekommt. Aber das ist keine Befriedigung. Denn mit Geld kann man nicht die wirklichen Werte des Lebens kaufen. Anstatt nach der Arbeit zu sich selbst zu kommen, flieht man vor sich selbst. Das ist die Flucht vor der Wirklichkeit.

Aber es gibt die Kunst.

Die Kunst ist das einzige wirkliche Mittel, mit dem man sich selbst sehen kann. Ein Stück Musik, ein großartiges Bildnis oder eine Formulierung der Dichtkunst: Das sind die Dinge, die uns zu uns selbst bringen. Im KZ hat man gesehen, wie wichtig die Kunst ist, dass sie für viele fast eine Lebensrettung bedeutet.[*] Das KZ war die Beweisschule für das, was ich in einem verhältnismäßig bequemen bürgerlichen Leben angenommen hatte. Obwohl: Meine ersten Engagements in Deutschland waren nicht sehr bequem. Sie können sich nicht vorstellen, wie viel man als junger Kapellmeister in einem deutschen Operntheater arbeiten musste. Das ging auf keine Kuhhaut! Ich hab 200 Vorstellungen im Jahr dirigiert. Ich war zunächst eine Saison in Ingolstadt, dann in Düsseldorf. Und dann war die Stelle als Generalmusikdirektor beim Mitteldeutschen Rundfunk in Leipzig offen. Ich habe mich darum beworben. Furtwängler, Klemperer und ein paar andere haben mich empfohlen. Am 7. Jänner 1933 stellte ich mich vor. Aber am 30. Jänner hat Hindenburg Hitler die Hand geschüttelt.[**] Das werde ich ihm nie vergessen. Am 31. Jänner hab ich meine Kapellmeistertätigkeit aufgegeben. Es war lebensgefährlich. Ich musste sogar zweimal verschwinden. Ich wurde von Freunden vom Chor, die in der Partei waren, gewarnt, bin einmal geschwind nach Holland und einmal nach Hagen, Westfalen. Sie haben ja keine Ahnung, wie viele Leute damals

---

[*]   Herbert Zipper gründete im KZ Dachau ein Häftlingsorchester.
[**]   Reichspräsident Paul von Hindenburg vereidigte am 30. Jänner 1933 Adolf Hitler als Reichskanzler.

einfach auf der Straße ermordet wurden. Viele von meinen Freunden – vor der Haustür erschossen. Aber ich blieb bis zum Ende des Schuljahres, denn ich hatte viele Schüler im Konservatorium. Und im Juni bin ich weg nach Wien. Ich hatte aber vieles gesehen, das mir unvergesslich bleibt. Vor allem die Buchverbrennungen am 10. Mai 1933. Was da verbrannt wurde! Nicht nur jüdische Literatur, sondern ein großer Teil der europäischen Literatur. Also nicht nur Stefan Zweig, sondern auch Romain Rolland. Unverständlich. Dass sie Tucholsky verbrannt haben, das war aus deren Sicht zu verstehen, aber warum Maxim Gorki?

Sie kamen also zurück nach Wien ...

Ich hatte ein paar Aufführungen meiner eigenen, sogenannten »Ernsten Musik«. Aber ich habe dann, auch aus kämpferischen Gründen, hauptsächlich für die Kleinkunstbühnen gearbeitet: Literatur am Naschmarkt, Die Stachelbeere, Der liebe Augustin und ABC. Es gab ja zehn Kleinkunstbühnen.

Haben Sie auch mit Hans Weigel zusammengearbeitet?

Sehr viel. Wir waren wirklich sehr eng befreundet. Aber er ist bös auf mich.

Warum?

Wegen meiner Radikalität, nehme ich an. Er hat mir 1945 einen langen Brief nach Manila geschrieben: Dass er zu Fuß von der Schweiz zurück nach Wien ist, um Österreich kulturell wiederaufzubauen. Ich schrieb ihm zurück, dass ich nicht im Geringsten daran denke, nach Österreich zurückzukehren. Hans war schon in den ersten Tagen nach dem Anschluss in die Schweiz gegangen, er hat ja nicht mitbekommen, was sich in Wien abgespielt hat, bevor mich die Nazis erwischt haben. Die Erinnerung daran war 1945 noch ziemlich frisch.

Aber das war nicht das Ausschlaggebende. Sondern: In Europa gibt es auch heute noch viele, die das wissen, was ich weiß. Aber im Fernen Osten gibt es nur wenige. Und speziell in einem Land, in dem sich die Bevölkerung derart anständig und gewissenhaft benommen hat wie die Philippinos. Sie können sich nicht vorstellen, welchen passiven Widerstand sie den Japanern leisteten. Ohne sie wäre ich heute nicht am Leben. Sie haben mich wirklich geschützt. Und ich war ununterbrochen in großer Gefahr. Nach einem halben Jahr kam ich aus der japanischen Gefangenschaft raus. Und ich wurde natürlich sehr bewacht. Trotzdem ist es mir gelungen, ohne Unterbrechungen im Widerstand zu arbeiten. Wir hatten eine Radiostation. Ich hätte ganz leicht verraten werden können. Mich dann nach Europa zu begeben: Das hätte ich mir sehr übel genommen. Aber das hat mir Hans Weigel sehr nachgetragen. Er ist ja eine Mimose. Wenn man fünf Minuten zu spät gekommen ist, war er bös für einen ganzen Monat. Ich hab ihn erst 1987 in Wien wiedergesehen. Wir haben uns zugenickt, aber er hat kein Wort mit mir gesprochen. Kindisch. Es tut mir eigentlich sehr leid. Ich war viele Jahre sehr eng mit dem Hans. Ein paar Nummern, die ich mit ihm geschrieben habe, waren sehr populär. Zuletzt arbeiteten wir an einer Oper, die ich nicht fertigschreiben konnte, weil eben die Nazis gekommen sind. Und 1936 entstand für die Literatur am Naschmarkt »Das Lied vom Krieg«. Ich kam damals gerade aus Russland zurück. Wir beide hatten die fürchterliche Vision, dass diese Dummheit, der Krieg, wieder anfangen könnte. Da hat er das »Lied vom Krieg« geschrieben. Das war sehr ergreifend, sehr ernst, sehr ehrlich. Und ich hab die Musik dazu geschrieben.

Haben Sie auch mit Jura Soyfer zusammengearbeitet – vor der NS-Zeit?

Ja, aber nur ein paar Nummern. Er hatte ein paar Sachen von mir gehört und mich gebeten, für ihn zu komponieren.

Aber wirklich befreundet haben Sie sich?

Erst in Dachau. Wir haben uns täglich gesehen. Wir waren der Ansicht: Wenn wir da lebend rauskommen, dann wird das wahrscheinlich das wichtigste Erlebnis unseres ganzen Lebens sein. Und das wurde es für mich. Absolut. Dachau ist die Wasserscheide meines Lebens.

Ende Mai 1938 wurden Sie von den Nationalsozialisten verhaftet.

Es kam ein Polizist. Er wusste nicht, warum er mich verhaften sollte. Er kam später zu meiner Schwester und war ganz verstört. Wenn er gewusst hätte, dass mein Bruder und ich nach Dachau kommen würden … Der Transport nach Dachau: Das war eine Hölle, von der man sich keine Vorstellung machen kann. Was sich da abgespielt hat! Nach ein paar Stunden kam der Moment, in dem ich das Gefühl für Angst völlig verloren habe.

Sie wussten schon, was Sie im KZ Dachau erwarten würde?

Ja, denn es gab eine Reihe von Artikeln mit Augenzeugen über Dachau in der Mittagszeitung »Die Stunde«. Und vieles über die Bestialität berichtete mir dann Arno Schirokauer. Er war einer der bedeutendsten philosophischen Essayisten von Deutschland, er leitete den Mitteldeutschen Rundfunk in Leipzig. Ich hatte mich bei ihm vorgestellt. Am zweiten Tag in Dachau sah ich ihn. Und er sah mich. Er hatte im Krieg ein Auge verloren und daher ein Glasaug. Aber er trug es nicht. Weil es zu gefährlich war: Wenn einer hinhaut, kann das Glasaug ins Gehirn hinein. Er sagte: »Herbert, Du bist aber spät!« – »Spät?« – »Na, ich bin schon vier Jahre hier.«* Und dann hat er mir genau geschildert, was sich da abspielt. Ich kann es Ihnen nicht nacherzählen. Was man den Menschen

---

*   Hier irrt Herbert Zipper. Arno Schirokauer wurde erst 1937 verhaftet und interniert. Er emigrierte 1939 über Kuba in die USA.

angetan hat, das ist nicht zu schildern. Sie würden nicht erlauben, das einem der wildesten Tiere anzutun.

Hatten Sie die Hoffnung, lebend herauszukommen?

Die hat mir der Arno Schirokauer gleich ausgeredet. Das Falscheste ist, wenn man sich falsche Hoffnungen macht, sein Leben auf einer falschen Basis einrichtet. Nein, ich hab es nicht geglaubt, ich hab es bis zum Schluss nicht geglaubt, als ich herausgekommen bin. Der Lagerführer hat am ersten Morgen für die Neuankommenden, tausend vielleicht, eine Ansprache gehalten. Am Ende sagte er: »In diesem Lager ist alles verboten. Selbst das Leben. Wenn es doch noch hie und da stattfindet, ist es nur ein Zufall.« Wissen und Wissendsein sind zwei ganz verschiedene Dinge. Wissen kann man sich aus Büchern und Filmen aneignen, aber das macht einen nicht wissend. Erst wenn man etwas am eigenen Leib erfahren hat, dann ist man wissend. Jura und mir war klar: Dass wir es selbst haben anschauen müssen, um daraus zu lernen. Was ich gelernt habe: Wie tief die Menschheit sinken kann. Auf der einen Seite, und auf der anderen Seite: Wie »magnificent« die Menschheit sein kann. Das habe ich nirgends so krass, so deutlich, eindeutig erlebt wie damals. Was für großartige Menschen plötzlich aus dem Nichts hervorgetreten sind: Greißler, Bedienstete, Wachmänner. Zum Beispiel der Wachmann Nummer 2 aus St. Gilgen, der ein treuer Schuschnigg-Anhänger war: In der Nacht vom 11. zum 12. März 1938 hat er eine Gruppe johlender Nazis eingesperrt. Er hatte nicht Radio gehört, er wusste nicht, was los ist – er hat nur die Nazis gesehen mit Hakenkreuzen und mit Fahnen. Und dann hat er sie in das kleine Polizeigefängnis von St. Gilgen gesteckt. Er ist, glaube ich, mit dem Leben davongekommen. Man ist draufgekommen, dass er kein wirklicher Nazi-Gegner war.

Mit Jura Soyfer haben Sie das »Dachaulied« geschrieben. Wie kam es dazu?

Da war ein großes, gusseisernes Tor. Und über dem Tor ist in großen Buchstaben gestanden: »Arbeit macht frei.« Am einem Tag sind wir vielleicht dreizehn Mal durch dieses Tor: Wir haben draußen diese 50-Kilogramm-Säcke Zement aufgeladen und im Lager wieder ausgeladen. Jura und ich zogen den Wagen an derselben Stange, außen Jura, innen war ich, auf der anderen Seite der Deichsel der Arno Schirokauer. Wir haben sehr viel geblödelt. Es war an einem sehr heißen Tag im August. Irgendwann sagte Arno Schirokauer: »Jetzt ist genug, jetzt wird nicht mehr marschiert.« Wir stellten den Wagen bei einer Baracke in den Schatten. Und wenn irgendwo in der Ferne ein SS-Mann zu sehen war, hat Arno Schirokauer ganz laut zu brüllen begonnen – in der typischen SS-Art-und-Weise. Niemand hat von uns Notiz genommen. Denn wenn laut gebrüllt wird, ist alles in Ordnung. Unglaublich: Wir sind in der größten Mittagshitze, zwischen zwei und vier, nur herumgestanden – und haben nichts gemacht! An einem anderen Tag, wir waren bereits sehr oft durch das Tor gegangen, es war gegen Abend, sagte ich zu Jura: »Bevor wir von hier wegkommen, müssen wir ein Kampflied für Dachau schreiben!« Wir wussten, dass wir in ein anderes Lager verlegt würden, aber nicht in welches. Er sagte: »Ja, daran hab ich schon gedacht.« – »Dieser Hohn von dem ‚Arbeit macht frei'! In dieser Hölle: Das muss vorkommen!« – Ja.« Und drei Tage später hat er mir das Dachaulied vorgetragen. Ich hab es sogleich auswendig gelernt.

Konnten Sie die Melodie irgendwie notieren?

Nein. Notieren muss man ja nur etwas für die Nachwelt. Ich hab einem erstklassigen Kapo, der den roten Stern hatte, gesagt: »Ich möchte gerne, dass dieses Lied in Dachau bekannt wird.« Ich sagte ihm den Text auf. Und er sagte: »Dös muss verbreitet werden!« Er hat richtig Bairisch gesprochen. An nur zwei Abenden hab ich zweien die Bassführung und die Harmonie beigebracht, er hat die Melodie gelernt, und alle drei haben den Text gelernt. Er war ja nicht schwierig, hat nur vier Strophen. Und wenige Tage später sind wir nach Buchenwald überführt worden. Erst später, in Paris, hab ich das Dachaulied niedergeschrieben.

Sie kamen im September 1938 nach Buchenwald.

Meine Hauptarbeit war das Ausleeren der Latrinen. Der Spitzname für unsere Kolonne war »Eau de Cologne«. Wir haben zum Himmel gestunken. Es gab ja kein Wasser. Wir haben uns sechs Monate nicht gewaschen, nicht die Zähne geputzt. Wir haben den ganzen Tag, zwölf Stunden lang, nichts anderes gemacht, als die Latrinen mit Kübeln auszuleeren. Und am Rande des Lagers, am Feld, haben wir die Scheißkübel ausgeschüttet. Wir waren sieben Doktoren, darunter drei Ärzte, einer von ihnen war ein Sohn vom Professor Schnitzler, und zwei Diplomingenieure. Im Jänner 1939 gab es die ersten Entlassungen, um Platz zu machen für die Tschechen. Wir wussten, dass sie ungefähr 100.000 Tschechen in die Lager bringen würden. Da wurden zwei Doktoren von unserer Kolonie entlassen. Unser Kapo ist plötzlich dagestanden und hat gesagt: »Ich verliere mein ganzes akademisches Personal!« Das ist der Geist des Humors, der viele von uns aufrecht gehalten hat. Was Menschen tun, auch wenn sie noch so bestialisch sind: Wenn man das mit einem kritischen Auge anschaut, kann es sehr komisch sein. Zum Beispiel im Dezember 1938: Mitten in der Nacht, um zwei Uhr in der Früh, hat der besoffene Lagerführer, Arthur Rödl, ein bayrischer Hufschmied, die Gefangenen auf den Appellplatz gerufen. Das waren damals etwa 12.000. Dann kam das Kommando: »Alle ausziehen!« Wir sind im Schnee gestanden, es war tiefer Winter in den Bergen, ziemlich kalt, unter null. Alle mussten sich ausziehen und die Kleidung vor sich hinlegen. Dann mussten wir uns alle niederknien. Ich hab einen Lachkrampf bekommen: Wenn 12.000 nackte Männer sinnlos im Schnee knien, wie komisch das ausschaut! Wie eine Karikatur. Die Kameraden haben mich gestoßen: »Das ist gefährlich für dich!« Aber ich habe mich nicht halten können. Dann hat Rödl ein Maschinengewehr auffahren lassen: »Jetzt werdet ihr alle erschossen!« Ich dachte mir nur: »Dann hab ich wenigstens nicht so lang in der Kält'n herumzustehen.« Etwas später ist Typhus ausgebrochen. Das war im Jänner 1939. Wir waren dreizehn oder vierzehn in der Kolonne. Alle sind gestorben an Typhus.* Mich aber hat es nicht erwischt. Mich hat eigentlich nie etwas erwischt, ich bin nie krank gewesen. Ich bin draufgekommen: Die Mikroben haben Angst vor mir.

Und dann, im Februar 1939, wurden Sie entlassen.

Man wurde nur entlassen, wenn man ein Visum hatte – ins nichteuropäische Ausland. Am 19. Februar 1939 wurden wir, mein älterer Bruder und ich, davon informiert, dass wir am nächsten Tag entlassen würden. Wir mussten zum Lagerarzt gehen. Denn wenn wir eine Verwundung gehabt hätten, wären wir nicht rausgekommen. Die Zehen meines Bruders waren völlig offen wegen des Frosts. Er zog den Strumpf nicht aus. Der Arzt hat das nicht bemerkt. So sind wir herausgekommen. Alles, was wir abgegeben hatten, bekamen wir zurück. Das ist deutsch. Zerdrückt, weil es in einem Sack war. Den Gürtel haben sie aufgeschnitten, um zu schauen, ob etwas darin versteckt ist. Das einzige Schriftstück, das wir hatten, war unser Entlassungsschein. Damit mussten wir zur Gestapo nach Wien gehen. In der Früh des 20. Februar war ich noch in der »Eau de Cologne«. Mit mir waren wir 26. Ich sagte den Kameraden: »Ihr sagt mir genau, wem ich was schreiben soll, nicht mehr als ein, zwei Sätze.« Und so hab ich am Vormittag 25 Adressen in verschiedenen Städten und ebenso viele Nachrichten auswendig gelernt – ganz mühelos. Ja, das war ein sehr merkwürdiges Erlebnis. Es gibt nur wenige, die

---

* Jura Soyfer, ebenfalls nach Buchenwald verlegt, starb am 16. Februar 1939 an Typhus.

mit heiler Haut herausgekommen sind. Ich meine das nicht im physischen Sinn. Viele haben das nicht wirklich überwunden. Weil das Positive im eigenen Ich verloren gegangen ist. Von Jugend auf hat mich immer das Andere interessiert – und nicht das Eigene. Ich glaube, es ist »Plisch und Plum« von Wilhelm Busch, wo ein Engländer mit dem Fernrohr herumgeht und sagt: »Schön ist es auch anderswo, / Und hier bin ich sowieso.« Mit mir bin ich ohnedies die ganze Zeit zusammen. Das ist uninteressant. Das Interessante ist das Außerhalb von mir.

Sie sind also zurück nach Wien.

Und dann bin ich verschwunden. Aber es hat gedauert, bis man seinen Pass bekommen hat, bis einem alles weggenommen worden ist, was irgendeinen Wert hatte. Ich hatte zwei sehr schöne Skizzen von Egon Schiele. Er hat im Nebenhaus gewohnt. Und ich hab ihn auch noch kurz vor seinem Tod besucht, als er schon sehr schwer krank war. Ich hatte auch ein Bild von Oskar Kokoschka, den ich sehr gut kannte. Sie haben mir alles weggenommen. Ich weiß nicht, was sie damit gemacht haben. Ich hab auch alle meine Manuskripte verloren, Tausende Briefe, sehr wertvolle Briefe, von Richard Strauss, von Feuchtwanger. Alles weg. Ich hänge nicht an materiellen Dingen, aber es wäre mir heute lieb zu sehen, was ich damals geschrieben hab. Ich weiß, es existiert ein Orchesterwerk in Russland. Ich hatte es damals mitgenommen und aufgeführt. Ein Kapellmeister wollte es in einer anderen Stadt aufführen. Ich gab ihm die Partitur. Damals gab es ja keine Xeroxmaschinen. Es soll auch in Leningrad und Kiew aufgeführt worden sein. Ich hab dem Kapellmeister geschrieben, aber nie eine Antwort erhalten. Man kriegt ja selbst aus Wien sehr schwer Antworten. Ich kann nicht schlafen, wenn ich weiß, dass ein Brief länger als drei oder vier Tage liegen bleibt. Aber heute ist das Beantworten von Briefen schon ein anachronistisches Unternehmen.

Sie sind, als Sie Ihre Papiere hatten, gleich nach Paris?

Wo meine Eltern waren. Mein Vater war im März 1938 geschäftlich in England – und in der Nacht, als die deutschen Truppen einmarschierten, in London. Er rief an: »Ich komme gleich nach Hause.« Ich sagte ihm: »Wenn du nach Hause kommst, werde ich nie mehr ein Wort mit dir reden.« Er hat verstanden.

Ihre Eltern kamen also gar nicht zurück nach Österreich, sondern gingen nach Paris.

Wissen Sie, man war überall kahl geschoren. In Wien hab ich mich nicht frei gefühlt. Ich musste mich bei der Polizei melden, es war nicht sehr gemütlich. Aber in der ersten Nacht in Paris bin ich spazieren gegangen. In der Freiheit. Meine Familie hatte ein Haus in Neuilly, in der Nähe vom Arc de Triomphe. Ich bin den Champs-Élysées hinuntergegangen – und plötzlich ruft jemand ganz laut: »Herbert! Ich dachte, du bist tot.« Das war der Oskar Karlweis*. Wir kannten uns sehr gut. Er sagte: »Erst gestern wurde von dir gesprochen. Es ging um eine komische Oper. Der Komponist sollte der Herbert Zipper sein, aber der ist ja leider tot, hieß es, den hab'n sie erschlagen. Sag, kannst du in sechs Wochen eine Oper schreiben?« Ich hätte auch ja gesagt, wenn er gefragt hätte, ob ich sie in drei Tagen schreiben kann. Ich bin zu ihm in seine Wohnung, er hat mir das französische Libretto gegeben. Ich hab es gelesen, es war sehr komisch. »Le parapluie«, der Regenschirm, hat es geheißen. Und dann hab ich mich hingesetzt. In der Nacht hab ich komponiert, in der Früh ist der Kopist gekommen, um zehn bin ich ins Theater gefahren, um die neuen Nummern einzustudieren – und nach sechs Wochen war die Aufführung, am 1. Mai 1939.

---

* Oskar Karlweis, geboren 1894 in der Hinterbrühl (Niederösterreich), gestorben 1956 in New York, war ein Schauspieler, Komödiant und Sänger.

Wie lange blieben Sie in Paris?

Am zweiten Tag nach der Premiere im Theater Pigalle hab ich ein Telegramm aus Manila bekommen. Ich wurde gefragt, ob nicht ich kommen will – als Generalmusikdirektor des Orchesters und Direktor der Musikakademie. Mein Vorgänger, Alexander Lippay, ein Schreker-Schüler, war überraschend an Herzschlag gestorben.

Woher wusste man eigentlich in Manila, dass Sie in Paris sind?

Ich hatte meiner Braut* telegrafiert, dass ich am Leben bin. Sie war 1937 nach Manila gegangen, um an der Universität Tanz zu unterrichten. Sie war eine Bodenwieser-Schülerin und ein Mitglied der Bodenwieser-Truppe. Wir hatten immer in anderen Städten gearbeitet, deshalb waren wir auch nicht verheiratet. Manila war die erste Stadt, in der wir gemeinsam waren. Dort haben wir auch geheiratet.

Sie sagten mir, dass Sie jeden Tag um 4.30 Uhr aufstehen – egal, ob Sie in Manila oder in Los Angeles sind. Sie sind also ein ruheloser Geist?

Ganz richtig. Meine Frau hat immer gesagt: »Du kannst nicht ausruhen!« Aber sie war genauso. Sie ist nicht einen Moment still gestanden, sie hat ununterbrochen gearbeitet, Bilder gemalt oder Kostüme für ihre Schüler gemacht.

Gibt es noch ein Ziel, das Sie gerne erreichen würden?

Das, was ich zu wissen glaube, den Kindern weiterzugeben. Meine Erfahrung, die ich in so vielen Ländern mit so vielen Menschen machen konnte, beweist mir, dass alle Menschen viel größere Möglichkeiten in sich haben. Die Verbesserung des Lebens kommt daher nicht von der Ökonomie, von der

---

* Trudl Dubsky, geboren 1913 in Wien, gestorben 1976 in Los Angeles.

Wirtschaft, sondern vom Eigenen selbst. Die wahren Möglichkeiten schlummern in einem, leider werden die ersten Jahre des Lebens oft vergeudet. Meine Schwester, mein älterer Bruder und ich, die wir alle lange vor dem Ersten Weltkrieg geboren wurden, hatten ein Elternhaus, in dem die Kunst heiliggehalten wurde. Als Baby bin ich unters Klavier gekrochen, wenn meine Mutter geübt hat. Das war der einzige Platz, wo ich Ruhe gegeben hab, wie mir meine Mutter erzählt hat. Diese Erziehung hat uns geholfen, all die Tragik, alle diese Schwierigkeiten, all diese entsetzlichen Dinge, die wir mitgemacht haben, mit Leichtigkeit zu überwinden. Weil uns vom ersten Tag an ein Vorbild gegeben wurde, was wirklich wichtig ist. Ich bin überzeugt, dass alle, die in der ganz frühen Kindheit das Privileg einer großartigen Erziehung hatten, viel besser mit dem Leben fertigwerden als die anderen. Ich glaube, dass man bereits kleine Kinder, vielleicht schon vor der Geburt, mit den Mitteln der Kunst erziehen muss. Im Alter von 76 Jahren wurde ich vom Ambassador College in Pasadena gefragt, ob ich ein neues Institut leiten will. Ich hatte einige Bedingungen, unter anderem, dass ich den Unterrichtsplan erstelle und die Professoren bestimme. Sie haben sich darauf eingelassen – auch deshalb, weil ich ziemlich billig war. Denn ich verlangte kein Geld. Meine letzte Bedingung war, ein »experimental program« für ganz kleine Kinder zu machen, das 25 Jahre läuft. Sie haben gelacht: »Aber da sind Sie ja über 100 Jahre alt!« – »Ja. Aber ich mach das nicht für mich, sondern für euch.« Wir haben mit sechs Kleinkindern und deren Eltern angefangen. Darauf kommt es mir an: Dass die Menschen nicht aus ihrem Leben flüchten. Denn alles, was sie brauchen, können sie in sich selbst finden. Dass sie die Mühen und Plagen des Lebens nicht einem Gott in die Schuhe schieben müssen. Denn dann macht man es sich sehr einfach. Aber es ist leider nicht so einfach. In Wirklichkeit ist die Hölle und der Himmel in einem drinnen – und nicht da draußen, nicht da unten und nicht da oben.

HEINZ VON FOERSTER:
»DIE WAHRHEIT, DAS ABSOLUTE, DIE
WIRKLICHKEIT – DAS SIND FALLEN«

Heinz von Foerster wurde am 13. November 1911 laut Eigendefinition »in eine echte Wiener Familie germanisch-slawisch-jüdischer Abstammung hineingeboren«: Sein Urgroßvater Ludwig konzipierte die Ringstraße, seine Großmutter Marie profilierte sich als frühe Frauenrechtlerin, einer seiner Onkel war Ludwig Wittgenstein, und Bruder Uzzi, 1995 gestorben, frönte dem Jazz.

1949 ging Heinz von Foerster, der in Wien Physik, Logik und Philosophie studiert und beim Radiosender »Rot-Weiß-Rot« gearbeitet hatte, nach New York. Zunächst war er Professor für Informatik an der Universität von Illinois, 1958 gründete er sein interdisziplinäres Forschungsinstitut »Biological Computer Lab«, das ihm weltweite Wertschätzung eintrug. Er entwickelte den radikalen Konstruktivismus, verband Kybernetik mit Ethik und lebte mit Ehefrau Mai, einst Schauspielerin, in Pescadero (Kalifornien) am Klapperschlangen-Hügel. Er starb am 2. Oktober 2002.

Im Herbst 1996 weilte Heinz von Foerster wieder einmal in Österreich: Er hielt am 24. Oktober einen Vortrag bei den »Oberösterreichischen Kulturvermerken« in Gmunden, die Stadt Wien verlieh ihm anlässlich seines 85. Geburtstags das Große Goldene Ehrenzeichen, und dazwischen, am 26. Oktober, war Heinz von Foerster der Stargast bei der offiziellen Eröffnung des Museums der Wahrnehmung in Graz.

Werner Wolf, der Initiator des Museums, legte mir dringend nahe, nach Graz zu kommen, um Heinz von Foerster zu interviewen. Ich war seit 1993 Kulturredakteur beim »Standard« und lebte daher in Wien. Das Gespräch fand, wenn ich mich recht erinnere, unmittelbar vor der Eröffnung statt: inmitten all der ausgestellten Wahrnehmungsinstallationen. Heinz von Foerster sprühte vor Witz, er zog unweigerlich in seinen Bann, er war ein Lehrer, der nicht mit Wissen auftrumpfte, sondern Fragen stellte.

Das Interview erschien erst zwei Wochen später, am 8. November, im »Standard«. Ich musste den Text zum Teil stark kürzen. Aus heutiger Sicht tut es mir leid, dass ich gerade die amüsante Passage über die NS-Zeit radikal straffte. Heinz von Foerster erzählte nämlich sehr ausführlich, wie er in Wien immer wieder um den »Ariernachweis« gebeten wurde. Irgendwann hatte er mit seiner Masche, den zerstreuten Professor zu geben, keinen Erfolg mehr. Und so ging er nach Berlin, in das Auge des Taifuns. Auch dort verlangte man von ihm den »Ariernachweis«. Er sagte, er habe diesen bei der zuständigen Behörde in Wien abgegeben, aber er werde ihn sich nachschicken lassen. Von nun an schob Heinz von Foerster alle Schuld auf die unfähige Verwaltung in Österreich. Und er hatte Erfolg: Man vergaß auf das Dokument.

Aus Platznot ließ ich zudem die Einleitung übergangslos ins Interview übergleiten. Den Beginn kann ich, da die Audiokassette überspielt oder vernichtet wurde, nicht mehr rekonstruieren. Ich stellte eine Frage zur Suche nach der Wahrheit. Und sofort fiel mit Heinz von Foerster ins Wort: Den Gebrauch des Wortes Wahrheit belege er mit einer Strafe von 100 Schilling. Auch »Wirklichkeit« höre er nicht gern. Denn beide Begriffe seien bloß Konstruktion. Folglich könne man auch nicht zu ihnen vordringen: »Wenn Sie mir sagen, was die Wahrheit ist, dann sind Sie schon dort. Aber wenn mir niemand sagen kann, was sie ist, dann sage ich, seien wir doch etwas vorsichtig beim Benützen dieses Wortes.«

Wohl jeder Journalist will die Wahrheit schreiben. Wenn Wahrheit eine Konstruktion ist, wie Sie behaupten: Werden dann nicht Ideale zerstört?

Gott sei Dank! Ich sollte einmal an der Stanford Journalisten-schule einen Vortrag halten. Dort stand groß: »Tell it as it is.« Und ich dachte mir: »Um Himmels willen, woher wissen die Menschen denn, wie es ist?« So sagte ich: »It is as you tell it.« Denn niemand weiß, wie es ist. Wenn ihr sagt, tell it as it is, dann entzieht ihr euch der Verantwortung über das, was ihr sagt. Dann seid ihr nur ein Taperecorder. Aber wenn ihr sagt, it is as I tell it, dann fällt die Verantwortung auf euch.«

Ein Grundsatz ist das Streben nach Objektivität.

Sie jagen einer Chimäre nach. Objektivität ist eine Fiktion, ein Wort, das von irgendwelchen Leuten eingeführt worden ist, um sich der Verantwortung entziehen zu können. Sich der Verantwortung zu entledigen, ist leider das große Gesellschaftsspiel.

Wir müssen also von uns selbst ausgehen.

Das wäre doch nett, da sind wir ganz dafür. Sie entscheiden, was Sie tun, ich entscheide, was ich tue. Und so, wie Sie es für sich empfinden, so sollte gehandelt werden.

Noch ein Problem: Sie sagen, nicht der Sprecher, der Hörer bestimmt die Bedeutung einer Rede. Ich kann also nie sicherstellen, dass der Leser den Text so aufnimmt, wie ich es intendierte.

Wieso wollen Sie etwas sicherstellen, was einfach nicht sicher-stellbar ist? Wenn es Ihnen gelingt, festzustellen, ob das Grün, das ich sehe, wie Ihr Grün ist, schlage ich Sie sofort für den Nobelpreis vor.

Ein unlösbares Problem.

Weil es ein Pseudoproblem ist. Es ist ein Problem, das durch die Sprache erfunden worden ist, und dem die Leute bellend – wie ein Jagdhund hinter einem nicht existenten Hasen – hinterherrasen. Ich erinnere mich an einen Cartoon aus der Kriegszeit: Tausende Leute stürzen sich auf einen Zug, den man gar nicht sehen kann. Sagt der Stationsvorsteher zu seinem Gehilfen: »Sollen wir denen sagen, dass da gar kein Zug drunter ist?«

Wir machen uns unsere Züge selber.

Man rast den falschen Hasen hinterher, bringt sich gegenseitig um, schlachtet sich ab – im Namen der Wahrheit. Daher mein Vorschlag: Vermeiden wir diese Fallen, die unsere Beziehungen zu den Mitmenschen stören und eine Perspektive geben, die uns so entsetzlich handeln lässt. Das ist das grundsätzliche Programm. Die Wahrheit, das Absolute, die Wirklichkeit – das sind diese Fallen, diese Züge.

Kann man überhaupt etwas bewirken, wenn man sich der Verantwortung nicht entzieht?

Wie ist es mit dem Wetter?

Das können wir kaum beeinflussen.

Aber trotzdem machen Sie etwas, wenn das Wetter schlecht ist. Und trotzdem können Sie etwas machen, wenn Krieg ist. Viktor Frankl hat im Konzentrationslager überlebt. Und wie! Weil er ununterbrochen wusste, ich kann jetzt das und das tun, was diese Welt nicht weiter unterstützt.

Das trifft auch für Sie zu: Sie haben die Nazizeit in Berlin überdauert, versprachen bloß immer wieder, sich den »Ariernachweis« schicken zu lassen.

Berlin war wahrscheinlich der einzig mögliche Ort. Denn in Wien wussten ja alle, wer ich bin.

Gleich nach dem Krieg sind Sie zurück nach Wien und haben bei Radio Rot-Weiß-Rot gearbeitet. Die Leopold-Figl-Reden wurden dort, erzählten Sie einmal, von einem Imitator nachgesprochen.

Das war auch gar nicht anders machbar. Der Figl hat so laut geschrien, dass er schon nach wenigen Minuten heiser war. Im Radio konnte man natürlich nicht eine ganze Rede übertragen, sie zusammenzuschneiden aber war nicht möglich, weil sich die Stimme so veränderte. Das hätte kein Mensch geglaubt. Und deshalb haben wir einen Figl-Sprecher gehabt.

Das passt ja zu Ihrer Sicht der Dinge.

Ja, genau. Meine Verantwortung war, dass die Leute wissen, was der Figl gesagt hat. Es wurde ja nicht der Inhalt der Rede verändert, sondern nur die Stimme. Ich musste die Gründe eliminieren, die verhindern, dass das, was der Herr Figl gehofft hat sagen zu können, gelingt. Und darin liegt auch Ihre Verantwortung: Das Anliegen des Interviewten, wie Sie es verstanden haben, zu verdeutlichen. Aber, wie schon gesagt: Was ich wünsche, können Sie ja nicht wissen. Sie können weder sagen, das und das hat der Heinz gesagt, noch können Sie sagen, das hat der Heinz geglaubt, gesagt zu haben. Sie können nur sagen: Ich glaube, dass der Heinz gehofft hat, diese oder jene Idee seinen Mitmenschen weitergeben zu können.

Kurioserweise sind Sie dann doch noch emigriert. Im Februar 1949 reisten Sie mit der »Queen Mary« nach New York.

Die Amerikaner hatten kurz zuvor bei einem Kongress festgestellt, dass sie zwar die Experimente, aber keine Theorie hatten. Und dann kommt der Floh aus Wien, dessen Theorie zufälligerweise genau die Resultate dieser Experimente vorwegnimmt.

Es ging um die Gedächtnistheorie.

Ein altes Hobby war, mich mit dem Problem des Gedächtnisses zu beschäftigen. Ich war der schlechteste Schüler: Ich konnte mich einfach nicht erinnern, ob Caesar vor Tibull war oder Tibull vor Caesar. War der Siebenjährige Krieg vor dem Dreißigjährigen oder umgekehrt? Da habe ich mir gedacht, ich muss etwas erfinden, um das Gedächtnis zu unterstützen. Und so habe ich alle Daten auf ein Papier aufgetragen und bin dann auf eine merkwürdige Geschichte gestoßen: Je weiter ich nach hinten gehe, desto dünner wird meine Tabelle. Zur Gegenwart hin aber wurde sie immer dichter, und schließlich reichte der Platz nicht mehr. Eine schlechte Methode! So bin ich draufgekommen, dass ich ein Logarithmuspapier nehmen muss, bei der jede Zehnereinheit die gleiche Länge hat. Eins ist zehn Zentimeter lang, zehn, 100, 1000 und so weiter ist je zehn Zentimeter lang. Dadurch konnte ich das Papier gleichmäßig dicht beschreiben. So ist das mit dem Gedächtnis: Je weiter wir zurückgehen, desto weniger wissen wir. Wir vergessen proportional zu dem, was wir haben.

Hatten Sie eigentlich Beweise für Ihre Theorie?

Kurz nach dem Krieg stieß ich in einem Antiquariat auf die »Ebbinghaus Vergessenskurve«. Dieser Herr Ebbinghaus hat die Studenten unsinnige Silben auswendig lernen lassen und sie dann jeden Tag abgefragt. Am ersten Tag haben sie 20 gewusst, am zweiten Tag nur mehr zwölf, am dritten sieben. Und das hat Ebbinghaus als Kurve aufgetragen.

Hat diese Vergessenskurve mit Ihrem Logarithmus zusammengepasst?

Überhaupt nicht! Die ganze Heinz-von-Foerster-Gedächtnistheorie ist nichts wert, dachte ich mir. Aber sie ließ mir keine Ruhe. Und so kam ich drauf, dass die Silben, wenn sie abgefragt wurden, zugleich auch wieder gelernt wurden. Es war also nicht ein reines Vergessen, sondern ein zirkulärer Prozess. Also fragte ich mich, wie die Differentialgleichungen für Vergessen, Wiederlernen, Vergessen … sind. Die Lösung passte genau! Es gibt eben eine Vergessenskonstante und eine Lernkonstante. Und noch etwas Erstaunliches: Es gab eine Kurve von einem englischen Zoologen, die festhielt, wie schnell der Tintenfisch vergisst, dass er, wenn er etwas zu essen bekommt, einen elektrischen Schlag bekommt. Es kam heraus, dass er dieselbe Vergessenskonstante hatte wie der Mensch, aber eine andere Lernkonstante. Und so konnte ich schließlich meine Theorie niederschreiben: »Das Gedächtnis. Eine quantenmechanische Untersuchung«.

JOSEF BURG:
»HÄTTE ICH WIEN NICHT VERLASSEN,
KÖNNTEN WIR HEUTE NICHT MITEINANDER
SPRECHEN«

Josef Burg, am 30. Mai 1912 in der Bukowina als Sohn eines jüdischen Flößers geboren, veröffentlichte seine erste Erzählung »Auf dem Floß« 1934 in der jiddischen Wochenschrift »czernowitzer bleter«. 1939 erschien in Bukarest das schmale Bändchen »Am Czeremosz«, 1940 folgte »Gift«. Wie durch ein Wunder überlebte der glühende Altösterreicher den Nationalsozialismus und den Stalinismus. Seine Schriftstellerkarriere aber war für vier Jahrzehnte unterbrochen. Erst ab 1980 konnte er wieder Bücher veröffentlichen (darunter »Das Leben geht weiter«, »Der Widerhall der Zeiten« und »Ein verspätetes Echo«).

Nach dem Tod seiner Frau Ende 2007 verließ den hochbetagten Schriftsteller der Lebenswille. Die österreichische Botschaft in Kiew kümmerte sich ein wenig um ihn und unterstützte ihn finanziell. Im Frühsommer 2008 war ich bei Manuela Frommwald, die damals an der Botschaft als Konsulin tätig war, zu Besuch in Kiew. Sie erzählte mir von Josef Burg voll Begeisterung und Bewunderung: Ich müsse ihn, sagte sie, unbedingt kennenlernen. Und so fuhren wir am 12. Mai 2008 nach Czernowitz.

Burgs Tochter öffnete uns die Tür, Manuela Frommwald übergab ihr einen Sack mit Lebensmitteln. Die Hoffnung auf ein Interview machte Burgs Tochter mit einer einzigen Geste zunichte. Aber wir sollten selber sehen, und so führte sie uns in dessen Wohnzimmer. Burg dämmerte vor sich hin. Doch als er das Wort »Wien« hörte, öffnete er die Augen einen Spalt. Und dann begann er zu sprechen – druckreif, wie man so sagt. Mit heller Stimme erzählte er seine unglaublichen Erlebnisse zwischen 1938, als er aus Wien fliehen musste, und 1946, als er in Iwanowo bei Moskau seine Frau kennenlernte. 15 Monate nach dem Interview, am 10. August 2009, starb Josef Burg im 98. Lebensjahr an den Folgen eines Schlaganfalls.

Wie geht es Ihnen denn? Ich komme aus Wien – und bitte Sie, mir ein wenig aus Ihrem Leben zu erzählen.

Sie kommen aus Österreich? Ich bin Österreicher. Und ich habe eine österreichische Auszeichnung bekommen. Vom Bundespräsidenten.

Ja, das Österreichische Ehrenkreuz für Wissenschaft und Kunst I. Klasse.

Das wissen Sie? Ich habe viele Freunde in Österreich. Ich war oft in Wien.

Das erste Mal kamen Sie 1935, um Germanistik zu studieren.

Das wissen Sie auch? Dann hab ich ja gar nichts zu erzählen.

Oh doch. Wie ging es weiter?

Ich war Ausländer, ich hatte einen rumänischen Pass. Aber geboren bin ich als Österreicher. Denn damals, 1912, gehörte die Bukowina noch zu Österreich. In der ersten Klasse lernte ich Deutsch, erst ab der zweiten Rumänisch. Als ich zwölf war, übersiedelte meine Familie von Wischnitz nach Czernowitz. Später bin ich zu meiner Tante nach Wien. Ich habe bei ihr im zweiten Bezirk gewohnt, in der Rueppgasse, und lernte jüdische Schriftsteller kennen. Als die ersten Juden deportiert wurden, bin ich geflohen.

Hat Ihre Tante die NS-Zeit überlebt?

Nein, sie ist umgekommen. Wie sie umgekommen ist, weiß ich nicht. Weil ich war ja weg.

War es schlimm für Sie, dass Sie Wien verlassen mussten?

Hätte ich Wien nicht verlassen, könnten wir heute nicht miteinander sprechen. Das ist sicher. Einige Monate nach dem Anschluss saß ich in einem Café am Anfang der Taborstraße. Neben mir ist ein Herr aus der Tschechischen Botschaft gesessen. Wir haben miteinander gesprochen. Ich sagte: »Wissen Sie, ich will nach London.« Er fragte: »Wie wollen Sie denn nach London kommen?« Ich sagte: »Über die Schweiz und Frankreich nach England. Das ist doch kein Problem.« Er war erstaunt. »Fahren Sie nicht! Die Schweizer werden Sie der Gestapo übergeben. Die lassen keine Emigranten hinein.« Er sagte: »Fahren Sie in die Tschechoslowakei! Dort ist es ruhig. Dort werden Sie weiterleben können.« Und so bin ich nach Prag. Alle haben Deutsch gesprochen. Ich hatte einen Rucksack, weiter nichts. Ich wusste nicht, wohin. Nach ein paar Tagen bin ich zu einer Ausstellung eines Künstlers aus Bukarest gegangen. Ich erzählte ihm von meiner Lage: »Ich schlafe draußen, aber es ist kalt.« Er sagte: »Wissen Sie was, gehen Sie zum Doktor Heller. Er ist ein berühmter Advokat, ein sehr reicher Mann, ein Millionär. Er wird Ihnen helfen. Er spricht ein schönes Deutsch und er schreibt. Er wird Sie gerne aufnehmen, wenn er hört, dass Sie Schriftsteller sind.« Ich hatte bis dahin doch nur eine Erzählung geschrieben. Und schon war ich Schriftsteller? Der Bukarester gab mir die Adresse. Ich bin also zu dem Rechtsanwalt. Ein wunderschönes Palais. Nicht ein Haus, ein Palais! Ein Dienstmädchen öffnete mir die Tür. Sie war bildhübsch. Sie fragte mich: »Wer sind Sie?« Was sollte ich ihr sagen? Wer bin ich? Ein Niemand. Aber ich sagte: »Ich bin Schriftsteller! Dürfte ich bitte Doktor Heller sprechen?« Und plötzlich stand er an der Tür. Er hatte gehört: »Ich bin Schriftsteller!« Er sagte sogleich: »Kommen Sie herein!« Und er hat mich hereingeführt. Ein so großes Zimmer habe ich mein Lebtag nicht mehr gesehen. Er hatte eine wunderbare Bibliothek. »Wissen Sie«, sagte er, »ich schreibe auch. Ich schreibe Gedichte. Darf ich Ihnen etwas vorlesen?« – »Mit Vergnügen, Herr Doktor!«, sagte ich. Er nahm aus einem Schrank ein Heft und begann zu lesen. Es war fürchterlich. Ich habe mir nicht vorstellen können, dass ein so kluger, gebildeter Mann einen solchen Quatsch schreiben kann. Schrecklich! Ich dachte mir: Was soll ich ihm sagen, wenn er mich fragt? Wenn ich sage: »Das ist sehr gut, sehr schön«, dann ist mein Gewissen verloren. Und wenn ich ihm sage: »Das ist schlecht. Sie dürfen so etwas nicht schreiben!«, dann schmeißt er mich hinaus. Und dann habe ich keine Bleibe. Plötzlich fiel mir ein Satz ein. »Wissen Sie, Herr Doktor«, sagte ich mit einem überzeugenden Ausdruck im Gesicht, »Goethe hat so nicht geschrieben!« Er schaute mich unglaubwürdig an. Dann sagte er: »Sie meinen das wirklich?« Ich sagte: »Mein Ehrenwort, Goethe hat so nicht geschrieben.« Er sagte: »Ich danke Ihnen für Ihr Lob.« Und er stellte mir einen Scheck aus. Ich habe eine ganze Woche in Prag gebummelt. Und in Brünn war ich. Und dann bin ich mit der Eisenbahn zurück nach Czernowitz. Ich hatte ja hier meine Eltern, meine Brüder und Schwestern.

Friedlich war es aber nicht. Denn im Juni 1940 marschierten die
sowjetischen Truppen ein.

Ich habe als Lehrer gearbeitet. Ich wurde russischer Staatsbürger. Da ist der Krieg ausgebrochen. Ich wurde eingezogen
und in die Ukraine gebracht. Dort war ich einige Zeit. Es
hieß dann, dass man die Westler, also die Männer aus den
westlichen Provinzen, nicht in die Armee aufnehmen sollte:
Die seien nicht vertrauenswürdig, denn sie sind geboren und
aufgewachsen in einer kapitalistischen Umgebung. Und so
hat man mich entlassen. Ich stand wieder da – mit nichts.
Ich habe mich in einen Zug gesetzt – und bin nach Russland,
nach Saratov gekommen. Ich konnte nur einige Worte
Russisch und meldete mich als Lehrer für Deutsch. Es gab
dort Wolgadeutsche. Man sagte zu mir: »Gehen Sie über die
Wolga! Jenseits ist die Autonome Sowjetrepublik der Wolga-
deutschen. Dort werden Sie frei sein können.« Nun, so bin ich
über die Brücke und in eine Schule gekommen. Die haben ein
so fürchterliches, schreckliches Deutsch gesprochen! Fast 200
Jahre waren sie nicht mehr in Deutschland gewesen. Sie waren
unter Katharina der Großen nach Russland gekommen. Ach
mein Gott, was die für ein Deutsch gesprochen haben! Aber es
gab nur einen Monat Unterricht. Die Schüler waren auf den
Feldern: Die Ernte musste eingebracht werden.

Sie haben dabei geholfen?

Nein. Ich habe in der Schule gelebt, war versorgt sozusagen.
Und dann sind die Russen gekommen. Sie haben die Deutschen nach Sibirien deportiert. Weil sie ihnen nicht vertraut
haben. Sie sagten, dass die Deutschen Spione versteckt hätten.
Ich verstand das alles nicht.

Im August 1941 wurde durch einen Erlass des Obersten Sowjets
die gesamte deutsche Bevölkerung der Kollaboration mit Hitler-
Deutschland für schuldig befunden…

Die Russen kamen eines Morgens und verlangten die Pässe. Auch ich gab meinen Pass ab. Der Russe schaute ihn an und sagte: »Aber Sie sind ja kein Deutscher. Sie sind Jude!« Ich sagte: »Ja, ich bin Jude.« Ein bisschen Russisch konnte ich schon sprechen. Er sagte: »Sie bleiben!« Ich sagte: »Ich bin Lehrer und kann Deutsch unterrichten.« Ich habe damals ein sehr schönes Deutsch gesprochen. Ich weiß nicht, ob das, was ich spreche, noch Deutsch ist.

Sie sprechen ein sehr schönes Deutsch.

Vielen Dank! Der Russe sagte zu mir. »Nun, ich gebe Ihnen eine Liste. Suchen Sie sich eine Schule aus.« Ich studierte die Liste. Lauter russische Namen. Und dann las ich »Rosendamm«. Ich dachte mir: Der Name ist so schön! Und ich sagte: »Rosendamm – dorthin will ich!« Ich hab nicht gewusst, wie es dort sein würde. Aber ich bin nach Rosendamm. Das Dorf war 30 Kilometer vom Bahnhof entfernt. Ich bin zum Direktor der Schule gegangen, habe bei ihm gewohnt. Nach ungefähr einem Monat waren die Russen auch in Rosendamm. Der NKWD, wie der KGB damals geheißen hat. Es gab eine Frist von 48 Stunden. Ich hatte nichts zum Vorbereiten für die Deportation. Ich hatte ja nur meinen Rucksack. Ich gab dem Russen meinen Pass, und er sagte: »Sie sind ja kein Deutscher, Sie bleiben hier.« Zwei Tage später sind die Russen mit den ganzen Deutschen weg. Rosendamm war ein rein deutsches Dorf gewesen. Ich blieb ganz allein da. Ich dachte, ich werde verrückt. Bei Tag ging es noch, aber in der Nacht habe ich mich gefürchtet, in ein Haus zu gehen. Die Kühe haben geschrien, weil sie nicht gemolken wurden, die Pferde haben gewiehert. Es war schrecklich. Ich dachte mir: Was soll ich tun? Wohin soll ich gehen? Eines Tages, nach vielleicht einer Woche, saß ich im Rathaus. Da klingelte das Telefon, eine hölzerne Kiste. Ich drehte an der Kurbel. Ich hob ab. »Was wollen Sie von mir?« Der Mann sprach Russisch. Er sagte zu mir, ich solle Pferde anspannen und zum Bahnhof fahren, denn dort würde ein Zug mit Evakuierten aus Weißrussland ankommen. Ich sagte ihm: »Ich weiß nicht, wie man ein Pferd anspannt. Ich hab das noch nie gemacht.« Der Russe hat mir daher jemanden geschickt, der auch ein bisschen Deutsch sprach. Wir sind zum Bahnhof gefahren. In den Viehwaggons waren lauter Juden, Frauen, Männer, Kinder, ganze Familien aus Weißrussland. Ich begann Jiddisch zu sprechen mit denen, das war wunderbar. Sie erzählten mir von ihrem Leid, wie sie evakuiert wurden. Sie sagten, sie würden jetzt hier leben. Einer sagte zu mir: »Wissen Sie, meine Tochter war Lehrerin, sie unterrichtete Mathematik.« Ich sagte: »Sehr gut, hier haben Sie den Schlüssel von der Schule. Sie ist Direktor!. Dann kam einer und sagte: »Wissen Sie, ich habe in einem Laden als Verkäufer gearbeitet.« Ich sagte: »So? Hier haben Sie den Schlüssel vom Magazin.« So habe ich alle Schlüssel verteilt. Und dann habe ich mich in den Zug gesetzt. Er ist nach Taschkent gegangen.

Warum Sind Sie nicht bei den Juden in Rosendamm geblieben?

Was hätte ich dort zu tun gehabt? Ich dachte: Morgen holt mich die Wehrmacht ab. Und so bin ich nach Usbekistan gekommen. Dort habe ich ungefähr ein Jahr in einer Kolchose gearbeitet. Und dann bin ich mobilisiert, zum Militär eingezogen worden. Ich wurde nach Zentralrussland gebracht. Dann aber war der Krieg aus. Ich kam nach Moskau. Dort waren viele berühmte, große jüdische Schriftsteller. Ich habe selbst zu schreiben begonnen. Vom Ministerium für Bildung wurde ich 1946 an die Universität von Iwanowo geschickt. Das war nicht weit weg von Moskau. Ich habe dort deutsche Sprache und Literaturgeschichte unterrichtet. Die Studenten waren noch nicht aus dem Krieg zurückgekehrt oder sie studierten Physik, Mathematik oder so. Eine Fremdsprache wollte niemand lernen. Daher gab es fast nur Studentinnen. Ich hatte 20 Studentinnen. Und die waren alle verliebt in mich. Weil ich so schön Deutsch gesprochen habe.

Haben Sie da auch Ihre Frau kennengelernt?

Ja. Ich habe mir eine gewählt. Und ich habe sie geheiratet. Sie war eine Wunderschöne, Wunderkluge. Sie hat geflochtene Locken gehabt – bis zu den Knien. Sie hatte schon in der Schule Deutsch gelernt, weil Stalin gesagt hatte, dass man die Sprache des Feindes können muss. Später sind wir von Iwanowo nach Stalingrad gezogen. Meine Frau hat Russisch unterrichtet. Und dann haben wir einige Zeit im Kaukasus gelebt. Meine Töchterchen wurden geboren. Und eines Tages – es waren schon Ferien – sagte ich zu meiner Frau: »Wir leben zwar sehr gut hier, aber fahren wir doch zu mir nach Hause! Es ist schön dort. Die Karpaten. Und Czernowitz ist eine alte Stadt, eine gewesene österreichische Stadt.« Wir haben beschlossen, hierher zu übersiedeln. 1957 bin ich zurückgekommen. Am Anfang war es schlecht hier, aber dann ist es besser geworden, dann gut. Heute bin ich Ehrenbürger der Stadt, ich bin ein berühmter Schriftsteller, meine Bücher erscheinen in vielen Sprachen, vor allem auf Deutsch. Ich bin durch halb Europa gereist, ich war in Österreich, in Deutschland, in der Schweiz, in anderen Ländern. 1988, nach einem halben Jahrhundert, war ich zum ersten Mal wieder in Österreich. Ich sprach wieder Deutsch. Ich sagte: »Ich entschuldige mich für mein Deutsch.« Jemand sprang auf und sagte: »Kokettieren Sie doch nicht! Sie sprechen ein fantastisch schönes Deutsch!« Und ich sagte: »Danke sehr!«

MARKO M. FEINGOLD:
»DAS WAR EIN KAMPF AUF LEBEN UND
TOD«

Im Sommer 2011 las ich in der Zeitschrift »Nu« ein Interview, das
Danielle Spera mit Marko M. Feingold, damals 98 Jahre alt, geführt
hatte. Feingold, der sich selbst Max nennt, wurde am 28. Mai 1913
in Neusohl (heute Slowakei) geboren. Er wuchs in Wien auf, wo er
bei einem Pelzhändler in die Lehre ging. Mit seinem Bruder Ernst
wurde er 1940 ins KZ Auschwitz deportiert, ab 1942 war er im KZ
Buchenwald. Nach Kriegsende blieb Feingold in Salzburg hängen.
Er schleuste Abertausende Juden, die in Palästina eine Heimat
finden wollten, nach Italien. 1948 gründete er mit einem Partner das
Geschäft »Wiener Mode«, das er bis 1977 leitete. Seit ebenjenem Jahr
ist er Präsident der Israelitischen Kultusgemeinde in Salzburg. Und
unermüdlich hält er Vorträge, oft vor Schülern. Er weiß, dass bei
seinen Zuhörern etwas hängen bleibt. Davon, sagt er, »kann man
leben«.

Ich nahm mir vor, Feingold zu kontaktieren. Aber es gab keinen zwingenden Anlass für ein Interview. Doch dann, im Frühjahr 2012, brachte der Otto Müller Verlag in Salzburg dessen Überlebensgeschichte »Wer einmal gestorben ist, dem tut nichts mehr weh«, die im Jahr 2000 im Picus Verlag erschienen war, als Wiederveröffentlichung heraus. Birgit Kirchmayr und Albert Lichtblau hatten die Autobiografie auf Basis mehrerer Interviews erstellt.

Als ich wusste, dass ich die letzte Augustwoche Urlaub haben und die Salzburger Festspiele besuchen würde, rief ich Feingold an. Er sagte sofort zu und bestellte mich in die Synagoge in der Lasserstraße. Das Interview fand am 27. August 2012 um 9 Uhr statt. Es brauchte nicht einmal eine Frage: Schon begann der gewitzte alte Herr, dem ich keine 80 gegeben hätte, zu erzählen – über die fetten Jahre als Vertreter in Italien und die mageren während der NS-Zeit.

Sie sagten am Telefon, ich dürfe Sie gerne »ausfratscheln«. Kürzlich wurde Ihre Überlebensgeschichte neu aufgelegt …

Ihnen all das zu erzählen, was im Buch steht, das wird nicht gehen. Aber zumindest die wichtigsten Dinge. 1927 hab ich eine Lehre bei einer Pelzhandelsfirma angetreten. Weil ich ein guter Lehrling war, erfolgte die Freisprechung schon nach zwei Jahren. Mit dem 18. Lebensjahr bin ich von z'haus weg. Und jeden Abend ins Grabencafé gegangen. Vorne war ein Tagescafé, hinten ein Tanzsaal. Wir Burschen saßen gleich beim Eingang und haben die Frauen beobachtet. Und wenn eine fesch war, hat man sich schon vorher ausgemacht, wer sie holt. Das waren so kleine Schmähs. Mit 18 Jahren sah ich wie 28 aus. Meine Lieblingsfrauen waren 35, 40 Jahre, im beginnenden Wechsel. Und ab zehn Uhr abends ist der Strich gekommen. Abenteuer mit den Huren, von denen man so viel gelernt hat. Man hat alles umsonst gekriegt. Denn die haben ja auch ein Herz. Und die wollen ja auch einmal einen Mann zum Vergnügen haben. Man hat mit ihnen getanzt. Es war so eine schöne Zeit.

Aber dann kam die Wirtschaftskrise.

Ich glaub, ich war damals der jüngste Handelsangestellte
in Wien. Aber es hat nichts genützt. '32 werde ich arbeitslos. Die Dollfuß-Regierung: furchtbar! Wenn man arbeitslos
ist, versucht man es als Vertreter. Denn Fixanstellungen gibt
es nicht, man kann nur auf Provision arbeiten. Ich fahre
mit meinem Bruder Ernst – ich erinnere mich, wie wenn es
gestern gewesen wäre – ins Mölltal. Er geht auf der einen
Seite, ich auf der anderen. Wir hatten damals flüssige Seife zu
verkaufen. Der eine hat sie gebraucht, der andere nicht, aber
verkauft hat man sie einem jeden. Wenn man verkaufen kann!
Denn ein Vertreter verkauft nicht das, was die Leute brauchen.
Und einmal, ich hab die Türklinke noch nicht einmal von
innen ergriffen, schreit mir einer entgegen: »Bei Juden kaufen
wir nicht.« Juden hatten damals zumeist keine Beschäftigung
und waren daher – Mundwerk ist da – Vertreter. Der hat sich
gedacht: Das ist a Vertreter, das ist a Jud. Also: »Bei Juden
kaufen wir nicht!« Mein Bruder fragt mich dann: »Du schaust
so weiß aus. Ist dir nicht gut?« Und ich: »Da ist nicht zu
bleiben.« Also haben wir beschlossen, nach Italien zu gehen.
So wie es in der Bibel steht: »Sieben fette Jahre, sieben magere
Jahre«. Wir hatten sechs fette Jahre, von '32 bis '38. Wir zwei
haben so viel Geld verdient, wir konnten uns so viele Sachen
leisten, es ging uns so wunderbar. Aber mit 20 oder 22 Jahren:
Wer denkt an Pension oder Geldanlage?

Sie haben sich gern schick angezogen.

Die Italiener machten auch damals schon hervorragende
Mode. So wie man bei Damen kein 44er-Kleid in die Auslage
gibt, sondern ein 38er, so gibt man bei den Herrn einen 46er-
Anzug in die Auslage. Der hat halt genau gepasst. Was soll ich
Ihnen sagen? Man kauft noch und noch, die Koffer werden
mehr. Wenn wir von einer Stadt in eine andere gewechselt
sind: Wir mussten am Bahnhof zwei Taxis nehmen. Denn in
eines sind die ganzen Koffer net einigangen.

Dann kam das Jahr 1938. Ihre Pässe liefen im Mai aus – und so kamen Sie im Februar zurück nach Wien, um sie verlängern zu lassen. Aber Sie ließen sich Zeit, was sich als schwerer Fehler herausstellte. Denn Mitte März marschierte Hitler ein.

Und wir sind in die Hände der Gestapo gefallen, die unseren Vater suchte. Nach fünf Wochen wurden wir entlassen. Es hieß: »Ihr müsst sofort Österreich verlassen!« Nach Italien konnten wir nicht. Mussolini hatte ja die Grenze gesperrt. Zwölf Stunden später saßen wir im Zug nach Prag. Dort laufen die Pässe tatsächlich aus. Genau an dem Tag kontrolliert uns die tschechische Polizei. Sie nehmen uns mit, wir kriegen drei Wochen Polizeistrafe. Während der Haft gehen zwei Beamte mit uns auf die deutsche Botschaft, denn es gab ja kein Österreich mehr, zur Verlängerung der Pässe. Wir warten, stehen herum. Meinem Bruder und mir war das wurscht, wir waren ja in Haft. Aber den Beamten wird das zu langweilig: »Was ist jetzt mit den zwei?« – »Das sind keine deutschen Staatsbürger mehr!«

Weil Sie Juden waren.

Ja. Die Pässe haben wir nicht mehr zurückbekommen. Keine gültigen Papiere – also Abschiebung nach Polen. In der Schubhaft saßen eine ganze Menge Polen, darunter Taschendiebe und Einbrecher. Man freundet sich mit denen an, sie glauben, wir sind Kollegen, und erzählen uns ihre Geschichten. Zum Beispiel: »Wir haben am Bahnhof leichte Arbeit. Wir stehen umanander, dann fährt der Zug ein. Übers Mikrofon wird durchgegeben: ,Achtung vor Taschendieben!' Da greift natürlich jeder dorthin, wo er die Brieftasche hat.« Und die Ganoven sehen, wo sie zugreifen müssen! Ich hab viele Kunststückln gelernt, die mir im späteren Leben genützt haben. Da erfährt man auch, wie man zu neuen Papieren kommt. »Musst nur nach Warschau kommen, in jedem Café sitzt ein Fälscher, der macht die Papiere so, wie du sie brauchst.«

Sie kamen also nach Polen …

Ich hatte eine Tante in Lemberg, die uns für ein paar Tage
aufgenommen hat. Die hatte eine Fleischerei. Dann schickte
sie uns zu ihrem Bruder, der war Gymnasialprofessor in
einer kleinen Stadt und Direktor der Handelsschule. Eine
Persönlichkeit! Sonntagvormittag war bei ihm ein Riesen-
wirbel. Warum? Wegen mir? Ja. Lauter Heiratsvermittler!
Man hat mich gesehen: ein fescher Bursch. Ich hätte mich
dort in ein warmes Bett legen können. Aber ich hatte keine
Papiere, keine Aufenthaltsgenehmigung! Und auf alles, was
deutsch gesprochen hat, war ein Spion angesetzt. Also weiter
nach Warschau, dort lebte ein Bruder meines Vaters, der
hatte ein Lebensmittelg'schäft. Wir wohnten kurze Zeit bei
ihm und ließen uns Papiere machen. Wunderbare polnische
Papiere! Wir konnten uns anmelden. Aber es dauert nur zwei
Monate, und das Militär steht vor der Tür. Wir haben noch
nicht unseren Präsenzdienst geleistet. Daran hatten wir natürlich nicht gedacht! O weh, o weh! Hinterher hab ich immer
gesagt: Das war ein Kampf auf Leben und Tod, obwohl wir
kein G'wehr und kein Messer in der Hand g'habt haben. Es
gelang uns, zurückgestellt zu werden. Das war im Herbst '38.
Am nächsten Morgen sind wir zurück nach Prag – mit den
falschen Papieren.

Und dann marschierten die Deutschen ein. Sie haben, wie Sie sagen,
»wirklich nichts ausgelassen«.

Wollen Sie wissen, wovon ich gelebt habe? Ich verkaufte meine
Anzüge. Am Wenzelsplatz hat es ein Büffet gegeben. Für
eine Krone hat man a bisserle Kraut und a bisserle Kartoffel
gekriegt und für eine zweite a Würschtl dazu. Die zweite
Krone fürs Würschtl hatte ich nicht. Das ist Not. Eines Tages
kommt mir ein hoher SS-Offizier in der schwarzen Uniform
entgegen. He, den kenn ich doch! Und er erkennt mich auch.
Er bleibt natürlich nicht am Wenzelsplatz stehen, wir treffen
uns in einem Hauseingang. »Wie kommst denn du her?« War

das ein Arbeitskollege von mir bis 1932! Er muss eine steile Karriere in der Verbotszeit gemacht haben. In Prag hat er eine Wirtschaftsabteilung übernommen. Und am nächsten Tag sind wir zwei, mein Bruder und ich, Beamte. Was haben wir zu tun? Nun: Als die Deutschen einmarschierten, sind Tausende Familien – Juden, Tschechen, Zigeuner, Kommunisten – nach Russland geflohen. Man hat nur das Notwendigste mitgenommen. Und wir müssen mit einem tschechischen Polizisten in die Wohnungen gehen und alles aufschreiben, was dort ist.

Sie legten Inventare an.

Ja. Wenn Leute über Nacht abhauen: Die können Kleider mitnehmen, vielleicht das Silberbesteck und, was bei Juden üblich ist, zwei silberne Leuchter. Aber Bettzeug, Bilder und G'schirr: Das können sie doch nicht mitnehmen! Trotzdem: Diese Sachen fehlten alle. Die »guten« Nachbarn und die Hausmeister haben die jüdischen Wohnungen bestohlen! Wir setzen für die Möbel natürlich Fantasiepreise ein. In der Annahme, dass sich Hitler nicht mehr halten wird: »Jetzt ist es aus mit dem Dritten Reich.«

Und Sie waren ja auch keine Schätzmeister.

Das geht eine lange Zeit wunderbar. Das heißt: Keine Prüfung. Aber irgendwann stürmen sechs SS-Lackeln ins Büro und schlagen uns nieder. Was will man von uns wissen? Welche tschechische Organisation uns zu dieser Sabotage animiert hat. Wir hatten mit Tschechen gar keine Verbindung, wir konnten gar keine Namen sagen, selbst wenn wir wollen hätten. Es hat uns ja wirklich niemand den Auftrag gegeben. Man glaubt uns nicht. Immer wieder werden wir geschlagen, noch und noch. Man schaut furchtbar zertrümmert aus. Am 1. September '39 fängt der Polenfeldzug an. Bisher war man der Meinung, dass wir Deutsche sind. Weil wir ja von meinem Kollegen eingesetzt wurden. Aber dann kriegt ein neuer

Beamter unseren Ordner. Er findet unsere polnischen Papiere.
Er denkt sich: »Ah, da tun wir uns nicht lang umanander,
die schieben wir in das von Deutschland besetzte Polen ab!
Die sollen dort vom deutschen Gericht abgeurteilt werden.«
Also kommen wir nach Krakau. Wir werden verhört, aber es
kommt natürlich nix G'scheits aussi. Und eines Tages werden
alle 450 Häftlinge, das ganze Zuchthaus, abtransportiert. Wir
haben keine Ahnung, wohin. Aber im Viehwaggon ist so
a klans Fensterl. Die Polen schauen aussi, und einmal hör
ich: »Oświęcim«. Das ist das polnische Wort für Auschwitz.
Schon in der Tschechoslowakei hatten wir davon gehört, dass
man da ein KZ baut, wo viele Leut' hinkommen und keiner
wegkommt. Die Polen wissen auch, was da los ist. Wir sind
in Schrecken versetzt: Wir kommen nach Auschwitz. Einen
Kilometer davor ist die Bahnstation. Wir mussten durch einen
Kordon SS-Leute. Es wurde geschossen, geschlagen, getreten.
Man sieht die g'streiftn G'wandln: Tragen die alle Pyjamas?
Was soll ich sagen: Furchtbar! Hinein ins Lager. Ich hatte die
Nummer 11.900. Ich war wohl der erste Österreicher, der nach
Auschwitz kam. Erst langsam lernt man das System kennen.
Man braucht ja Funktionäre im KZ. Also holt man aus Zucht-
häusern Häftlinge, die zu 10, 20, 30 Jahren abgeurteilt wurden.
Und die sind jetzt die Chefs. Muss ich Ihnen sagen, wie das
ist, wenn man ihnen begegnet? Das sind brutale Zusammen-
schläger, brutale Mörder! Wie gesagt: Ich hatte die Nummer
11.900. Damals existierte Auschwitz sechs Monate. Aber mehr
als 3000 oder 4000 Häftlinge hat man nicht gesehen. Und es
hat noch keine Gaskammern gegeben. Es hat immer geheißen:
Ein Häftling wird nicht erschossen; es wäre schade um die
Kugel. Wo sind die also hingekommen? Erschlagen! Wenn
wir von unserem Block frühmorgens ausg'rückt sind, sind
immer 15 oder 20 Häftlinge belämmert liegen geblieben. Am
Abend waren sie weg. Eins hab ich noch vergessen: Nach dem
Einrücken musste man alles abgeben. Kriminelle Häftlinge
nehmen die Sachen entgegen. Papiergeld grabst er sich gleich.
»Was machst du mit meinem Geld?« – »Du wirst es nicht
brauchen. Du hast in Auschwitz eine Lebenserwartung von

drei Monaten. Dann gehst du durch den Kamin.« Man denkt
sich: »So ein Blödsinn, was der sagt.« Dann geht man weiter,
man muss sich ausziehen, dann steht man vor der Dusche
und wird kahlgeschoren. Man entmannt jemanden damit.
Ich schau meinen Bruder an: »Weißt du, wie wir ausschauen?
Wie ein Arsch mit Ohren!« Die Tränen rinnen uns über die
Wangen. Man fängt an zu denken: Das kann stimmen mit den
drei Monaten. Waren Sie schon einmal in Auschwitz?

Nein.

Wir kamen in den Block 13. Im Keller waren Bunker, im
oberen Stock war die Gestapo, und darüber die Häftlings-
räume. Alle übrigen Gebäude waren Holzbaracken. Das war
der erste gemauerte Block, noch nicht fertig. Keine Fenster,
keine Türen, keine Installation, gar nichts. Im Hof hat es eine
Pritsche gegeben mit einer einzigen Wasserleitung. Wenn
sich 400 Häftlinge haben waschen wollen: Kaum, dass man
mit dem Handtuch einmal reinfahren konnte, um es nass zu
machen. Zuerst haben wir zwei, drei Tage im Hof exerzieren
müssen. Dann haben wir unsere Zeichen annähen müssen.

***Den roten Winkel für politische Häftlinge, den gelben für Juden
und das Zeichen für die Strafkompanie.***

Schon am ersten Morgen, an dem wir ausrücken mussten,
hat mich ein polnischer politischer Häftling, nicht einmal
ein Krimineller, ausersehen: Dich mach ich fertig! Mit einem
anderen musste ich einen Kasten tragen, in den Kies einge-
worfen wurde. Wir mussten einen Eisenbahndamm aufschüt-
ten, damit die Züge ins Lager hineinfahren konnten. Schon
bald waren die Händ' ganz offen. Der Pole steht auf so einem
Kieshaufen, sechs, acht Meter hoch. Ich muss zu ihm hinaufgehen, er gibt mir einen Kinnhaken, ich flieg nach hinten abi.
Kaum, dass ich unten bin, muss ich wieder hinauf. Dreimal
hab ich die Tour gemacht. Dann war ich voll Blut. Ich muss
furchtbar ausg'schaut haben. Denn ein grüner, also krimineller

Kapo kommt zu mir: »Wie schaust denn du aus? Von was hast denn des?« – »Ich bin hingefallen.« Er fragt aber wieder. Dann war mir schon alles wurscht. Ich sagte ihm: »Der will mich fertigmachen.« Der wusste schon, dass da zwei Brüder Feingold angekommen sind. Denn wir hatten nach der Einlieferung den Fluchtpunkt bekommen, also dass auf uns besonders achtgegeben werden muss. Er sagte: »Du hast ja auch einen Bruder.« – »Ja, der geht da drüben.« Er hat ihn hergerufen. »Kommt's mit mir!« Dort, wo man den Kies in die Kästen eingefüllt hat, hat er gesagt: »Nur so viel, dass der Boden bedeckt ist. Mehr kann ich euch nicht helfen. Jetzt ist es elf Uhr. Um zwölf ist Mittagspause. Danach nehmt ihr euch eine Schaufel. Dann könnt ihr am Damm schaufeln. Das ist leichter.« Das war der erste Tag. In den darauffolgenden Tagen: Die Kost minimal. Essen wurde mit Absicht zurückbehalten. Man bekommt Durchfall. Man kriegt alle möglichen Zustände. Innerhalb von zweieinhalb Monaten bin ich auf unter 30 Kilo gekommen. Katastrophal.

Die Berichte in Ihrem Buch sind erschütternd.

Mitte Mai wird ein Transport nach Neuengamme zusammengestellt. Wir wussten nichts über das KZ. Mein Bruder wurde ausgesucht, ich nicht. Ich war schon ein Muselmann, wie man das in Auschwitz nannte. Ich geh natürlich zu den Kapos und sekkier sie, sie sollen mich auch nehmen. Der eine gibt mir einen Tritt, der andere einen Schlag. Bis ich einen erwisch, der mich akzeptiert und meine Nummer aufschreibt. So bin ich mit meinem Bruder nach Neuengamme gekommen. Ein KZ in der Nähe der Ostseeküste. Kalte, feuchte Luft, lehmiger Boden. Wir sollen einen Seitenarm der Elbe regulieren. Schlimmer kann es einem Menschen nicht ergehen. Nun ist es aber so, dass Neuengamme erst im Aufbau ist. Das Krematorium ist noch nicht fertig. Zehn, zwölf Leichen schickt man jeden Tag nach Hamburg. Mehr traut man sich nicht. Beim Appell sucht man immer wieder Leute raus. Ich wollte bleiben, aber ein paar Tage später hab ich gemerkt: Es hat keinen Sinn, mein Bruder hat nichts davon, wenn ich hier sterbe, es ist besser, ich geh weg. Ich steck den Kopf raus – und schon hat man mich gehabt. Am nächsten Tag sind 250 Häftlinge nach Dachau geschickt worden. Zur Verbrennung. Von Neuengamme nach Dachau: Da ist es mir am miesesten gegangen. Mir hingen hinten die Gedärme raus. Wenn ich mich setzen wollte, musste ich sie erst wieder hineinschieben. 75 kamen lebend in Dachau an. Die kamen auf einen Quarantäneblock, um zu sehen, wer eventuell noch arbeitsfähig wird. Der Kapo sieht, dass sich viele Häftlinge um mich herumscharen. Jeder will was wissen.

Sie konnten ja viele Sprachen.

Ja. Da denkt er sich: Den können wir brauchen. Und er macht aus mir einen Dolmetscher. Dann geht es mir drei Wochen sehr gut, ich hab reichlich zu essen. Normalerweise, das muss ich ehrlich zugeben, haben Funktionäre immer die Häftlinge bestohlen. Aber wir haben das nicht notwendig, denn der Kapo ist sehr gescheit. Jede Nacht sterben etliche Häftlinge. Aber er meldet sie erst einen Tag später. Daher bekommen wir auch für die Toten das Essen. Nach drei Wochen muss ich meine Zeichen annähen: Rot für politischer Häftling, dann bin ich mit Gelb beschäftigt. Da kommt der Kapo: »Du bist a Jud?« – »Ja. Hast du des net g'wusst?« – »Nein. Juden dürfen in Dachau keine Funktion ausüben.« Ab dem nächsten Tag arbeite ich auf der Plantage, also in der Gärtnerei.

Sie mussten die Tätigkeiten gebückt verrichten: Nicht die Arbeit, sondern die Quälerei stand im Vordergrund. Es war Sommer 1941.

Zwei Jahre in Haft. Es wird immer schwieriger. Es fehlen mir Vitamine, ich bekomme Hautausschläge, dann brechen Beulen auf, ich krieg zwei Wunden am Oberschenkel und in der Kniekehle. Eiter und Blut rinnen heraus. Furchtbar. Juden werden in Krankenrevier nicht aufgenommen, sie können nur am Block behandelt werden. Die Sanitäter kommen mit einem Brett. Ich frag mich: Was wollen sie damit? Sie gehen auf die Toilette. Da stehen sechs Muscheln nebeneinander – ohne Zwischenwand. Denn der Häftling soll sich doch unterhalten können, wenn er auf dem Klo sitzt. Das Brett wird auf die Muscheln gelegt. Und dort wird man operiert. Das ist deutsche Hygiene! Der Sanitäter fiezelt in der Kniewunde umanander, sie wird immer größer. Nach kurzer Zeit lande ich bei den gehbehinderten Häftlingen. Ein gehbehinderter Häftling wird in ein anderes Lager gebracht, aber nicht in eines, in dem er gleich ankommt, sondern da soll er hingehen. Beim Gehen brechen die Häftlinge zusammen, und die darf die SS erschießen. So ist es auch bei uns. Wir werden von Dachau nach Buchenwald transportiert. Und müssen acht Kilometer bergauf gehen, weil Buchenwald oben auf einem Berg liegt. Mehr als die Hälfte hat es nicht geschafft. Mit Ach und Krach komm ich oben an. Es war bereits Nacht, wir konnten nicht versorgt werden, sind am Appellplatz liegen geblieben. Am nächsten Morgen hat man mich ins Krankenrevier geschleppt. Dort wurde ich operiert. Die Wunden heilen aber nicht. Eines Tages kommt ein Arzt, der eine Hautübertragung machen will. Er sucht zwölf Häftlinge aus, darunter mich. Am nächsten Morgen kommt der Arzt. Er schaut sich meine Wunde an und sagt: »Der nicht!« Über Nacht war die Wunde fast geheilt. Mindestens 20 solche Sachen hab ich erlebt, die unerklärlich sind. Alle anderen elf sind operiert worden – und an Blutvergiftung gestorben.

Ein andermal wurde ein Transport nach Flossenbürg zusammengestellt. Das KZ war bei uns bekannt als Hinrichtungsstätte. Denn sie haben immer wieder Häftlinge zum Straßenbau angefordert. Aber so viele Straßen hat es dort nicht geben können. Auch meine Nummer wurde aufgeschrieben. Ich geh runter ins Revier. Ein SS-Mann sagt: »Hose runter!« Ich lass die Hose herunter. Er sagt: »Kommt nicht in Frage.« Ich geh wieder hinauf zum Block und frag mich: Was kann der gesehen haben? Im Block schau ich nach: Ich hatte zum ersten und einzigen Mal ganz dicke, geschwollene Füße.

Oder, eine andere Geschichte. Ich war zuerst im Steinbruch, dann in der Fuhrkolonne. Und dann gab es die Ausschreibung, man kann Maurerlehrling werden. Erst beim zweiten Turnus werde ich akzeptiert. Und ich werde ein sehr guter Maurer. Irgendwann, im Oktober 1942 höre ich, dass ein Transport nach Neuengamme weggeht. Ich hatte eine Schwester, Rosa, die unter falschem Namen gelebt hat. Bis '44 bekam ich von ihr Nachrichten. Sie hat mir immer geschrieben: »Deinem Bruder geht es sehr gut.« Ich renn also auf die Schreibstube: »Ich will nach Neuengamme!« Er fragt: »Bei welchem Kommando bist du?« – »Bei den Maurern.« – »Von denen darf keiner weg!« – »Schreib hin, ich bin Steineträger!« So werde ich eingeteilt, komme auf einen Transportblock, freu mich schon, dass ich meinen Bruder wiedersehen werde. Um elf Uhr nachts eine Durchsage: »Reichsführer SS Himmler befiehlt: Alle Juden in Konzentrationslagern auf deutschem Boden müssen nach Auschwitz verbracht werden. Mit Ausnahme der Bauhandwerker.« Ich renn zurück auf die Schreibstube. Sitzt ein anderer dort.

Er glaubte Ihnen nicht, dass Sie doch Maurer sind.

»Da steht, du bist Steineträger.« Bis ich dem klarmachen konnte, dass ich nur meinen Bruder sehen wollte!

Und Sie hätten ihn gar nicht mehr gesehen.

Ja. Mein Bruder ist bereits am 15. Jänner '42 in Neuengamme verstorben. Meine Schwester hat mich nicht treffen wollen – und belogen. So lebte ich weiter im Glauben, dass es meinem Bruder gut geht. Aber so viel Platz haben sie doch gar nicht! Ganz schnell: Am 11. April 1945 werden wir in Buchenwald befreit. Wir sind 28 Nationen. 27 werden von ihren Heimatländern mit Sanitätsautos und Bussen geholt. Nur die 500 Österreicher, darunter 30 oder 40 Juden aus Wien, nicht. Viele blieben in Deutschland. 128 wollten aber zurück. Es wurden drei Busse der Verkehrsbetriebe von Weimar konfisziert. In amerikanischer Begleitung ging es über München, Salzburg, Linz in Richtung Wien. An der Zonengrenze bei Enns hieß es: Wir dürfen nicht durch. Was geschieht mit uns? Man beschließt, uns nach Buchenwald zurückzubringen.

Das wollten Sie aber keinesfalls.

Bei jeder Station, in Wels, in Linz, in Attnang-Puchheim, steigen ein paar nicht mehr wieder ein. Und ich bin eben mit fünf anderen in Salzburg ausgestiegen. Es war halb neun Uhr am Abend. In der Nonntaler Schule war ein Lazarett eingerichtet. Dort haben wir übernachtet. Am nächsten Tag sind wir zur Polizei gegangen. Ein netter Beamter fragte: »Habt ihr schon was zum Schlafen?« – »Nein.« – »Geht's in die Haydnstraße Nummer 2, da ist im ersten Stock ein Büro von der NSV, der Nationalsozialistischen Volkswohlfahrt. Die könnt's nehmen.« Dort haben wir uns eingerichtet. Und so bin ich in Salzburg hängen geblieben.

Nach ein paar Tagen übernahmen Sie die Leitung der Küche für ehemals politisch Verfolgte.

An manchen Tagen hat Salzburg 30.000, 40.000 Flüchtlinge beherbergt. Alle Kasernen waren voll. Ungefähr 100.000 jüdische Flüchtlinge hab ich nach Italien gebracht. Die meisten Grenzübergänge waren in der französischen Zone. Und die Franzosen haben weggeschaut. Erst '47 haben sie die Flüchtlinge nicht mehr durchgelassen. Da waren aber noch 5000 Juden in Saalfelden. Da hab ich entdeckt, dass auf zehn Kilometer Luftlinie die amerikanische Zone direkt an Italien anschließt: der Krimmler Tauern. In der Nacht hab ich sie nach Italien runtergebracht.

Warum sind Sie nicht auch nach Palästina?

Warum hätte ich das tun sollen? Mir ist es gut gegangen. Die ersten Jahre hab ich gehofft: Vielleicht taucht doch noch irgendeiner meiner Verwandten auf. Dann hab meine Frau kennengelernt, 1947 geheiratet, mit einem Partner ein Modengeschäft aufgemacht. Eins hat das andere ergeben.

Aber die Österreicher verhielten sich Ihnen gegenüber mies.

Das Land ist schön. Über Menschen kann man hinwegschauen. Viele Leute sind nach '45 zu mir gekommen. Sie haben gebeten, ich soll ihnen verzeihen. Ich hab ihnen gesagt: Ich kann Ihnen verzeihen – aber ich kann das nicht für andere tun.

Sie haben Ihren Peinigern verziehen?

Ja.

Haben Sie eine Erklärung, warum gerade Sie als Einziger Ihrer Familie überlebten?

Nein.

Und wie wird man 99?

Ich weiß es nicht. Ich friss alles. Ich glaube wohl an einen Gott, denn irgendetwas muss es da geben – das sind die Zufälle in meinem Leben; aber religiös bin ich nicht. Ich werde immer wieder nach meinem Rezept gefragt. Und ich antworte: »Nächstes Jahr bring ich mein Wasserle heraus.« Aber ich weiß immer noch nicht, was ich hineingeben soll.

GEORGE TABORI:
»ICH HABE IMMER ÜBER DEN TOD
GESCHRIEBEN«

Er täuschte Selbstmord vor. Und war fortan First Lieutenant Turner. Er war allein mit Marilyn Monroe. Und plauderte mit ihr über die »Brüder Karamasow«. Er arbeitete mit Alfred Hitchcock. Und schied von ihm im Streit. Er ließ sich vom Zufall leiten. Und dieser führte ihn, am 24. Mai 1914 als Sohn eines Journalisten in Budapest geboren, durch die ganze Welt. Von 1987 an lebte der Regisseur, Schriftsteller und Übersetzer George Tabori, der sich selbst als »Spielmacher« bezeichnete, in Wien: Er leitete einige Jahre den »Kreis« in der Porzellangasse und inszenierte fast jede Saison an der Burg, zumeist im Akademietheater, wo er auch mehrere seiner eigenen Stücke zur Uraufführung brachte, darunter »Mein Kampf« (1987), »Weisman und Rotgesicht« (1990), »Goldberg-Variationen« (1991) und »Requiem für einen Spion« (1993). Zwölf Jahre später, im Sommer 1999, ging er schließlich doch mit Claus Peymann, dem langjährigen Burgtheaterdirektor, nach Berlin, wo er am 23. Juli 2007 starb.

Am frühen Abend des 25. August 1997 traf ich George Tabori zu einem Interview für die Schweizer Zeitschrift »Musik & Theater«. Als Treffpunkt hatte Tabori das Café Traviata in der Gentzgasse vorgeschlagen, weil er, wie er sagte, gleich ums Eck wohnte. Ohne ihn hätte ich das Lokal trotz des sehnsuchtsvollen Namens wohl nie aufgesucht: Es war ziemlich heruntergekommen und düster. Als ich eintrat, saß George Tabori, der gerade Elfriede Jelineks »Stecken, Stab und Stangl« inszenierte (Premiere war im September 1997), bereits an einem Tisch. Er trug eine Baseballkappe, die mich ein wenig irritierte. Es bedurfte nur einiger Stichwörter: George Tabori erzählte aus seinem Leben und sinnierte über den Tod.

Für den New Yorker Autor Paul Auster ist der Zufall ein bestimmendes Element. Nicht nur in seinen Erzählungen und Romanen, auch in seinem Leben.

Das ist bei mir auch so. Der Zufall war immer entscheidend. Ich habe nie, nein: sehr selten geplant, habe mich immer auf den Zufall verlassen. Und ich habe Glück gehabt. Das deutsche Wort »Glück« hat zwei Bedeutungen: »happiness« und eben »Zufall«. Ich bin rechtzeitig aus Deutschland weggegangen – zufällig. Und als ich nach Deutschland zurückkam, war auch das rein zufällig. Ich weiß nicht, wie es der Paul Auster sagt, aber irgendwie entsteht dadurch eine Ordnung.

Sie haben angekündigt, Ihre Autobiografie schreiben zu wollen. Wie weit sind Sie denn?

Ich habe diesen Sommer angefangen. Ich war in der Gegend von Lienz. Eine sehr schöne Gegend. Die Dolomiten. Der erste Teil ist fertig. Er behandelt nur meine Familie, meinen Vater, meine Mutter, meinen Bruder.* Im Dezember ist die

---

* Der erste Teil der Autobiografie, »Autodafé: Erinnerungen«, erschien 2002 im Wagenbach Verlag.

Premiere von Becketts »Endspiel«, das ich mit Gert (Voss), Ignaz Kirchner, dem kleinen Peter Radtke und meiner Frau (Ursula Höpfner) mache. Dann schreibe ich den zweiten Teil. Ich schreibe immer mit der Hand. In Englisch. Es ist eine endlose Sache! Ich bin doch der dienstälteste Regisseur, als ich geboren wurde war noch die K&K-Zeit! Der zweite Teil wird Berlin behandeln, der dritte London, der vierte meine drei Frauen, der fünfte vielleicht Amerika. Ich weiß noch nicht. Meine Lieblingsautobiografie ist von Malraux. Er hat gelogen.

Sie haben gesagt, Sie wollen Ihre Autobiografie schreiben, den »König Lear« inszenieren und dann, im Jahr 2000, sterben. Das ist hoffentlich Koketterie.

Na ja, wenn man 83 ist, denkt man eben an den Tod. Ich habe immer über den Tod geschrieben. Es ist ja das einzige Thema, das man hat: das Leben und der Tod. Ich bereite mich vor auf den Tod. Ich weiß natürlich nicht, ob es mir gelingt. An manchen Tagen denke ich mir, ich lege mich schlafen. In Holland gibt man einem Zyankali, wenn er Schluss machen will. Solche Gedanken sind unvermeidlich. Und an anderen Tagen fühle ich mich besonders wohl, so wie gerade jetzt. Und dann tue ich so, als ob ich ewig leben würde.

Ja, und jetzt lebe ich eben in Wien. Ich sage nicht, dass ich mich in Wien zu Hause fühle. Außer in meiner Wohnung. Das habe ich während des Krieges akzeptiert: Dass ich ein Fremder bin. In Ungarn geboren, in London gelebt, in Hollywood und weiß Gott wo noch, auch in Ägypten. Ich habe das Fremder-Sein akzeptiert – und das meine ich nicht negativ. Ich finde es richtig, dass ich ein Fremder bin. Weil mir dadurch mehr auffällt. Egal ob das in Lienz ist, in Wien oder im Zug. Österreich ist ein schönes Land, ein sehr schönes Land. Darum habe ich Österreich gern: Weil es eines der kleinsten Länder ist, nicht viel größer als Liechtenstein und San Marino. Und weil es so eingerichtet ist, dass es für Ausländer richtig ist. Nehmen Sie Salzburg und die Festspiele:

Da ist ein Belgier der Intendant*, da arbeitete der Peter Stein, ein Deutscher, da kommt jetzt ein Ungar, der Ivan Nagel, da inszeniert der Stefan Bachmann, ein Schweizer, und der Peter Sellars, ein Amerikaner. Die Sänger sind Russen, Bulgaren, Engländer und so weiter. Und das finde ich richtig. Salzburg ist eine Utopie: Salzburg zeigt mir, wie es sein könnte. Österreich ist das einzige Land, das – soll man es international nennen? Egal, wie man es nennt. Ich hoffe, das bleibt so: ein kleines Land, wo alles stattfindet.

Aber gerade in Salzburg stießen Sie auf borniertе Menschen: Ihre Inszenierung von Franz Schmidts Oratorium »Das Buch mit den sieben Siegeln« geriet 1987 zum Skandal.

Skandal?! Es war eine merkwürdige Sache. Ich habe in einer Kirche, der Kollegienkirche, gearbeitet. Fast zwei Monate. Ich habe Leute eingeladen – ich lade immer Leute zur Probe ein –, aber niemand hat etwas beanstandet. Auch bei der Voraufführung mit Publikum hat mir niemand etwas gesagt. Aber zwei Minuten vor der Premiere kam der Festspielleiter und sagte, dass etliche Leute zum Erzbischof gegangen seien und sich beklagt hätten. Es gäbe zwei Sachen, die ich ändern sollte. Schauen Sie, sagte ich, wenn Sie vor einer Woche gekommen wären, dann hätte ich es ändern können, aber zwei Minuten vor der Premiere? Aus Neugierde fragte ich trotzdem, was denn geändert werden sollte. Da war ein Gerüst aufgebaut, auf dem die Sänger und Sängerinnen standen. Die Leute hätten sich beklagt, sagte er, dass die Damen keine Unterhosen tragen würden. Ich sagte, das kann nicht sein, ich habe zwar nie so genau geschaut, aber das ist nicht wahr! Und dann gab es eine Szene, in der sich jemand ausgezogen hat. Ich sagte, es tut mir leid, ich kann es jetzt nicht mehr ändern. Und dann war die Premiere. Die Schauspieler und Sänger haben viel Applaus bekommen, und als ich kam, haben mich die Leute im Smoking ausgebuht. Am

---

* Gerard Mortier war von 1992 bis 2001 Intendant der Salzburger Festspiele.

nächsten Tag kamen ein Bischof und der Festspielleiter. Sie sagten, ich sollte das ändern. Ich sagte, jetzt ist es zu spät. Und dann haben sie es abgesetzt. Das Oratorium wurde weiterhin zwar gesungen, aber nicht gespielt. Das war der einzige Skandal in meinem Leben.

Ich bin nicht für den Skandal. Er ist nicht der Sinn des Theaters. Das Theater ist für die Mitwirkenden. Nicht für das Publikum. Was ist das Publikum? Es besteht aus Hunderten Menschen, und alle sind anders. Die Zuschauer applaudieren oder sagen Buh, dann gehen sie nach Hause. Aber etwas bleibt, etwas, das sie uns nicht sagen. Und das ist auch richtig. Aber ich mache nicht Theater für das Publikum. Ich mache es mit den Schauspielern. Ich mache aber nur sehr wenig. Besonders heutzutage. Ich meine, vor 200 Jahren gab es keine Regisseure, den »Regisseur« hat ein Deutscher erfunden. Ich habe auch das Wort »Regie« nicht gerne. Das erinnert mich an »Regime«. Und das hat mit Theater nichts zu tun.

Sie bevorzugen das Wort »Spielmacher«.

Ja. Und jetzt habe ich das Jelinek-Stück *(»Stecken, Stab und Stangl«)* gemacht. Merkwürdig. Ich wollte »König Lear« machen mit Gert. Aber die *(beiden Direktoren des Burgtheaters, Claus Peymann und Hermann Beil)* haben gesagt, das geht nicht, weil auch Handkes Königsdrama *(»Zurüstungen für die Unsterblichkeit«)* gespielt wird. Zwei Königsdramen in einer Spielzeit ist zu viel, haben sie gesagt. Na gut, ich bin ein guter Junge. »Also, was soll ich machen«, fragte ich. »Mach die Jelinek«, sagten sie. Und zwei Wochen später habe ich angefangen. Es ist mir eigentlich – ich zögere, aber eigentlich ist es mir fast egal, was ich mache. Es ist mir jetzt egal. Weil ich schon so viel gemacht habe. 50 Jahre mache ich Theater. Das Theater ist gewissermaßen mein Leben. Fernsehen kann ich nicht ausstehen. Auch Filme sehe ich nur selten. Ich war in Hollywood. Es war eine schlimme Zeit in Hollywood.

Warum schlimm?

Das war nach dem Krieg, die McCarthy-Ära fing an. Jetzt machen sie in Hollywood viel bessere Filme. Aber der Film hat mich nie besonders interessiert, nicht so wie das Theater.

Sie haben doch für Alfred Hitchcock das Drehbuch zu »I Confess« geschrieben.

Ja. Na und? Ich habe Hitchcock sehr gerne gehabt. Aber er war dann sehr böse auf mich. Es gab ein zweites Projekt. Er sagte eines Tages, der Cary Grant soll der Held sein. »Was soll das für ein Mensch sein?«, fragte er mich. »Ich weiß es noch nicht«, sagte ich, »lassen Sie mich nachdenken«. – »Ich glaube, er sollte ein FBI-Agent sein«, sagte er. Ich aber war damals sehr links, das FBI und McCarthy waren mir zuwider, und da sagte ich: »Ich muss nach Hause gehen, ich fühle mich nicht wohl.« Ich habe ihm dann einen langen Brief geschrieben, dass ich nicht geeignet bin für diese Arbeit, es täte mir leid. Da wollte er mich sogar verklagen. Zwei Jahre später habe ich in Südfrankreich in einem Hotel abendgegessen. Und er kommt herein mit seiner Frau. Ich begrüße ihn: »Hallo, Hitch.« Aber er ist vorbeigegangen. Ich kann es gut verstehen. Er war ein begnadeter Sadist. Einmal – ich weiß nicht, ob Sie das interessiert – einmal, das war in den Anfängen des Fernsehens, da gab es ein Ehepaar, das immer mit Gästen geredet hat, eine Talkshow. Hitchcock hat gesagt: Ich mache diese Ehe kaputt. Anonym hat er ihr einen riesigen Rosenstrauß geschickt, das nächste Mal hat er ihr ein Collier geschickt, und schließlich hat er ihr ein Auto geschenkt. Und die Ehe war kaputt. Er hat Spaß gehabt – am Quälen? Ich weiß es nicht. Ich weiß nur: Ich habe Hollywood eigentlich nicht sehr gern gehabt.

Aber Sie waren doch mit all den Stars zusammen, mit Charlie Chaplin, mit Greta Garbo, mit Marilyn Monroe...

Ende der 4oer Jahre war es, meine Frau war nach Israel gefahren. Ich habe in einem alten Haus in Brentwood gewohnt und an einem Roman gearbeitet. Das Schreiben war das Wichtigste für mich. Ich wohnte zusammen mit einem Freund, einem Fotografen von »Vogue«. Er war ein merkwürdiger Kerl. Jeden Tag ist er mit einer anderen Frau nach Hause gekommen. Er hat gekocht und mich immer zum Abendessen gerufen. Ich bin hinuntergekommen: Jedes Mal eine andere Frau! Nach dem Essen ist er immer verschwunden: »Ich muss auf die Post nach Beverly Hills«, sagte er. Und ich habe den Frauen gesagt: »Es tut mir leid, ich muss zurück an die Arbeit.« Ich war besessen. Eines Tages brachte er eine Blondine mit. Als ich wieder hinaufgehen wollte, sagte sie: »Kennen Sie die Brüder Kamarasow?« – »Karamasow?«, fragte ich. »Ja, Karamasow«, sagte sie. »Warum?«, fragte ich. »Ich liebe das Buch«, sagte sie, »da gibt es eine Rolle, die Gruschenka, ich möchte sie spielen.« Zwei Stunden hat sie darüber geredet. Es war die Monroe. Aber ich wusste das nicht. Und dann kam mein Freund zurück von der Post, und sie saß noch immer da, und noch jahrelang hat er mich gefrotzelt: »Du warst mit der Monroe zwei Stunden allein – und hast nur über die Gruschenka gesprochen!«

Ich habe sie dann noch einmal getroffen, da war sie schon verheiratet mit dem Arthur Miller. Wir waren zu einem Abendessen eingeladen bei den Millers. Die gesamte Miller-Familie bestand aus mächtigen Juden aus Brooklyn, die so ganz anders waren wie sie. Sie trug ein glitzerndes Kleid, sie passte nicht zu dieser Gesellschaft. Ich erkannte in ihr nicht jene Blondine von damals in Hollywood, denn sie hatte ihren Namen nicht genannt. Aber sie sagte zu mir: »Ich will mich bedanken.« – »Für was?«, fragte ich. »Für die Gruschenka«, sagte sie. Und dann ist sie rausgegangen.

Wieder ein Zufall, oder?

Zufall, ja. Ich bin ein großer Gläubiger des Zufalls.

Nur durch einen Zufall und viel Glück haben Sie die Bombardie-
rung Londons überlebt. Sie banden sich die Schuhe zu.

Ja. Ich bin zur Bäckerei gegangen … Ich weiß nicht, woher Sie
diese Geschichte kennen?! Wahrscheinlich habe ich sie schon
einmal erzählt. Jedenfalls, kurz vor der Bäckerei ist mein
Schnürsenkel lose geworden, und so habe ich mich hinunter-
gebückt. Und als ich aufschaute, flog eine V2 auf einen Bus.
Von dem Bus war nichts geblieben. Und es flog auch eine auf
die Bäckerei. Zufall also. Ich hatte Glück.

Zum Informationsdienst sind Sie auch durch Zufall gekommen?

Es war eine Ehre mitzuarbeiten, es war üblich. Soll ich die
ganze Geschichte erzählen? Sie fing an in Istanbul 1941.
Istanbul war wunderbar. Ich war Korrespondent für »United
Press« und eine schwedische Zeitung. Ich hatte sehr gute
Beziehungen mit der englischen Botschaft, denn zuvor hatte
ich ja in London gelebt. Ich hatte dort einen Freund, den
Basil Davidson. Mein Auftrag war, die Ungarn, die in Istanbul
waren, für die englische Seite zu organisieren. Die Geschichte
werden Sie mir nicht glauben! Anfang 1942 hat der Basil, ein
guter Junge, zu mir gesagt: »Du musst nach Süden gehen!«
– »Wohin?«, fragte ich. »Das kann ich dir nicht sagen, du
wirst es erfahren.« Nur so viel: Ich sollte an einem Abend
an das Ufer des Bosporus gehen, dort würde ein Mann auf
mich warten mit Militärkleidung. Ich sollte alles ausziehen
und einen Abschiedsbrief schreiben, ich könne die deutschen
Triumphe nicht mehr ertragen, ich hätte Selbstmord verübt.
So geschah es auch. Ich ging danach nicht mehr nach Hause,
fuhr am nächsten Tag mit dem Zug nach Süden. Nach Ankara
und weiter. Und dann bin ich angekommen an der Grenze
zu Syrien. Der Zöllner kam. Ich hatte einen ungarischen
Pass, aber die Engländer hatten mir auch ein offizielles Papier
mitgegeben, in dem mein Name Turner war, First Lieutenant George Turner. Ich sagte, ich muss nach Süden gehen.
»Wohin?«, fragte der Zöllner. »Nach Süden«, sagte ich, »bitte

lassen Sie mich durch.« In Syrien waren bereits die Australier, denn die hatten den Nahen Osten befreit. Während des Gesprächs kam ein australischer Soldat, sieben Meter lang, der hat ein bisschen zugehört. Ich war natürlich sehr verdächtig. Zwei Stunden haben sie mich verhört, und dann kam die Nachricht aus Istanbul, dass ich okay bin und dass sie mich durchlassen sollen. Der Offizier sagte mir, dass ich nach Aleppo gehen, dort ein Taxi nehmen und nach Jerusalem fahren solle. »Mit dem Taxi?«, fragte ich, »das sind doch hunderte Kilometer!« – »Das macht nichts, wir zahlen das schon«, sagte er.

Und so nahm ich ein Taxi nach Jerusalem. Dort wählte ich eine Nummer, die man mir gegeben hatte, um weitere Instruktionen zu erhalten. All das war blöd, denn die Deutschen wussten sicher genau Bescheid! Ich meldete mich als Lieutenant Turner, und man sagte mir, ich solle mit dem Taxi zum Berg Zion fahren, dort ist ein Kloster. In diesem Kloster gab es eine kleine BBC-Radiostation. Dort waren 30, 40 Leute – Deutsche, Österreicher, Jugoslawen. Ich wurde in die ungarische Abteilung eingewiesen. Ich musste täglich 20 Minuten lang sprechen, egal was, es gab keine Zensur. Nur musste ich so tun, als ob ich in Ungarn wäre, versteckt, und gelegentlich musste ich sagen, jetzt muss ich aufhören, weil ich eine Wache höre oder ungarische Faschisten. Das habe ich ein Jahr lang gemacht. Und dann hat man die Station aufgelöst. Ich habe dann in Palästina geheiratet, Hannah Freund. Sie war mit 13 Jahren mit ihrer Schwester aus Darmstadt gekommen, ihre Eltern waren schon tot. Ihr Bruder hatte es arrangiert, dass sie im Kinderkibbuz aufwachsen konnte. 1942 war sie die Leiterin dieses Büros gewesen. Sie war sehr blond, sehr schön, sehr zionistisch. Es hat fast ein Jahr gedauert, bis ich sie überredet hatte, mich zu heiraten.

Aber jetzt muss ich noch das Ende der Geschichte erzählen. Der Krieg ist vorbei, ich traf meine Mutter. Ich fragte sie, ob sie mich im Radio gehört hat. Sie sagte Nein. Vier oder fünf Leute habe ich noch gefragt, aber niemand hatte mich gehört. Dann bin ich nach Amerika und vergaß die Sache fast. 1952 war ich in London und habe den Basil Davidson getroffen. Ich sagte zu ihm: »Ich weiß, während des Krieges durften wir nie Fragen stellen. Aber jetzt frage ich: Warum hat man mich nicht gehört in Ungarn?« Und er sagte: »Niemand hat dich gehört, die Sendungen gingen nie hinaus.« Die Engländer hatten Leute zusammengesammelt, um mit ihnen eine Art Regierung bilden zu können, die Widerstand gegen die Deutschen leistet. Aber dann überlegten es sich die Engländer anders, und sie brauchten uns nicht. Uns in ein Konzentrationslager zu schicken, das hätte, obwohl es ein Tennisklub war, nicht gut ausgesehen. Und dann haben sie die ganze Sache inszeniert. Es war eine rein potemkinsche Sache.

Nach dem Krieg gingen Sie nach Amerika, lebten auch in New York. Und 1968 kamen Sie nach Deutschland zurück.

Am Schiller-Theater wollte man meine »Kannibalen« herausbringen, und man wollte, dass ich die Inszenierung mache. Das war eine ganz merkwürdige Geschichte. Ich hatte eine unglückliche Liebesaffäre in London. Ich bin mit ihr zum Flughafen gefahren. Zum ersten Mal in meinem Leben war ich wirklich gemein zu einer Frau. Denn sie wollte mitkommen nach Berlin. »Nein«, sagte ich, »lass mich in Ruhe, auf Wiedersehen!« Ich bin ins Flugzeug gestiegen, und als wir abgehoben hatten, kam eine Erleichterung über mich, die ich sehr selten erfahren habe. Ich habe mich toll gefühlt. Und dann haben wir »Die Kannibalen« gemacht. Zur Premiere habe ich mir ein Fluchtauto bestellt, weil ich Angst hatte. Aber es wurde ein Erfolg.

Auch nach Österreich kam ich rein zufällig. Ich war in München, und der Günter Einbrodt, ein Schauspieler, sagte, dass das Schauspielhaus in der Porzellangasse frei wird, weil der Intendant *(Hans Gratzer)* nach New York geht. Ich habe gleich zugesagt – bevor ich es noch gesehen habe. So kam ich nach Wien.

*Ihr größter Erfolg in jener Zeit des »Kreises«, wie Sie das Schauspiel-
haus nannten, war wohl »Masada«.*

Und die Shakespeare-Collage. Ich habe sehr viel Shakespeare
gemacht. In England habe ich sehr viel Shakespeare gesehen.
Ich war etwas befreundet mit Lawrence Olivier. Ich war
immer der Meinung, dass es den Perfektionismus, den die
Kollegen immer wollten, nicht gibt. Auch der Shakespeare war
nicht perfekt. Olivier hat zwei- oder dreimal den König Lear
gespielt. Er sagte zu mir: »Den einen Abend spiel ich die erste,
die fünfte und die zehnte Szene, alles andere ist Scheiße. Und
am nächsten Abend spiel ich die zweite, die dritte und die
achte Szene, alles andere ist Scheiße. Perfektion gibt es nicht.«
Und das hat mir imponiert.

Was imponiert Ihnen an Shakespeare?

Er ist einfach der Größte. Er hat 35 oder 36 Stücke geschrieben. Ich möchte alle machen. Ich habe den zweiten »Richard«
vorgeschlagen, nachdem sie am Burgtheater den »König Lear«
abgelehnt hatten. Ein viel besseres Stück als »Richard III«!
Aber eben: »Keine Königsdramen!« Umgekehrt gibt es viele
Stückeschreiber, die ich nie gemacht habe. Molière nicht.
Büchner nicht. Büchner ist für mich der größte Deutsche.

Werden Sie jetzt in Wien bleiben?

Ich habe meine Frau von Bremen nach München und Wien
geschleppt. Sie fühlt sich hier sehr wohl. Nein, ich werde wohl
nicht mit Claus Peymann nach Berlin gehen. Ich glaube, ich
bleibe hier. Ich bin im Frühjahr Ehrenmitglied des Burgtheaters geworden. Ich habe gefragt, was das bedeutet. Man hat
mir erklärt, dass man mich, wenn ich gestorben bin, im Sarg
rund um das Burgtheater trägt. Na ja, dachte ich mir, ich will
eigentlich keinen Sarg, ich will eher eingeäschert werden. Das
war immer meine Hoffnung: Sechs kleine Urnen für meine
Ehefrau, meine Kinder und Enkelkinder, und in jeder ist ein

bisschen Asche von mir. Bis ich erfahren habe, dass meine Asche im Ofen mit der Asche der anderen vermischt wird. Aber das geht doch nicht! Es muss doch meine Asche sein, es kann doch nicht eine andere Asche sein! Jetzt weiß ich nicht, ob das geht.

MARIA ALTMANN:
»NIE KOMMEN DIE NAZIS! SO VERBLENDET
WAR MAN!«

Hubertus Czernin berichtete am 21. Februar 1998, eine Woche nach meiner Rothschild-Recherche, im »Standard« erstmals über den Fall Bloch-Bauer. Und am 5. November jenes Jahres begann »Der Kampf um Klimt«: Maria Altmann erhob offiziell Anspruch auf fünf Gemälde von Gustav Klimt, die ihrem Onkel, dem Zucker-industriellen Ferdinand Bloch-Bauer, gehört hatten. Konkret ging es um das Porträt »Adele Bloch-Bauer I«, genannt die »Goldene Adele«, und das Porträt »Adele Bloch-Bauer II« sowie die Land-schaften »Apfelbaum I«, »Buchenwald (Birkenwald)« und »Häuser in Unterach am Attersee«. Die fünf Bilder befanden sich seit der NS- beziehungsweise Nachkriegszeit in der Österreichischen Galerie Belvedere.

Maria Altmann wurde am 18. Februar 1916 als fünftes und letztes Kind des Rechtsanwalts Gustav Bloch-Bauer in Wien geboren. Am 9. Dezember 1937 heiratete sie Fritz Altmann, einen

Bruder des Textilfabrikanten Bernhard Altmann. Ferdinand Bloch-Bauers Hochzeitsgeschenk, ein Diamantcollier samt Ohrringen, das dessen verstorbener Ehefrau Adele gehört hatte, wurde später von den Nationalsozialisten geraubt und gelangte in den Besitz der Familie von Hermann Göring. Seit 1940 lebte Maria Altmann in den USA, seit 1942 in Los Angeles.

Ende Juni 1999 lehnte der Kunstrückgabebeirat eine Restitution ab: Die Republik Österreich fühlte sich aufgrund einer Passage im Testament von Adele Bloch-Bauer zu Recht im Besitz der fünf Gemälde. In der Folge brachten die Bloch-Bauer-Erben Klage ein – zunächst in Wien. Es stellte sich aber heraus, dass ob des hohen Streitwerts 1,74 Millionen Euro an Gebühren zu entrichten wären. E. Randol Schoenberg, der Anwalt von Maria Altmann, klagte daher die Republik am 23. August 2000 in Los Angeles. Österreich bestritt natürlich die Zuständigkeit des US-Gerichts, doch auch die Berufung half nichts: Im Juni 2004 erkannte das Höchstgericht in Washington die Zuständigkeit an. Mitte Mai 2005, ein halbes Jahr vor dem anberaumten Prozessbeginn, einigten sich die Parteien auf ein Schiedsverfahren. Am 15. Jänner 2006 sprach sich das dreiköpfige Schiedsgericht für die Rückgabe aus. Die Republik leistete dem Urteil Folge – und verzichtete, wie am 2. Februar 2006 bekannt gegeben wurde, auf das Vorkaufsrecht. Zwei Wochen später, am 18. Februar, feierte Maria Altmann ihren 90. Geburtstag. An jenem Tag erschien im »Standard« ein Telefoninterview, das ich zwei Tage zuvor mit der rüstigen Dame und vierfachen Mutter geführt hatte.

Sie sprechen ein so wunderschönes Deutsch. Es klingt, als wären Sie noch immer Österreicherin.

Aber das bin ich ja auch! Meine Kinder haben leider kein elegantes Deutsch gelernt. Wir lebten in einer kleinen Stadt, und weil Amerika feindliches Ausland war, wollten wir nur Englisch reden. Daher kennen meine Kinder nur deutsche Schimpfworte, die mein Mann ihnen zugeworfen hat. Und ich spreche dafür kein akzentfreies Englisch. Ich brauche nur meinen Mund aufzumachen – und schon fragen mich die

Leute: »Where do you come from?« Das ärgert mich. Denn bin ich schon seit 1940 in Amerika.

Die Verfolgung der Juden hatte sich in Deutschland ja schon abgezeichnet gehabt: Warum ist man nicht schon eher geflohen?

Sie haben recht. Die Juden waren vertrottelt. Einer, der wirklich intelligent war, war mein Schwager Bernhard Altmann, der Textilwarenfabrikant. Er hat am 11. März den letzten Zug nach Ungarn genommen. Die meisten Leute, auch die geistig hochstehenden Menschen, von denen man wirklich geglaubt hat, sie hätten es wissen müssen, aber haben gesagt: »Nein, nie kommen die Nazis!« So verblendet war man!

Sie waren damals gerade frisch verheiratet …

Ja, ich habe meinen Mann im Dezember 1937 geheiratet. Wir waren dann auf Hochzeitsreise in St. Moritz und Paris. Es war wunderschön. Als wir zurückgekommen sind, haben wir schon hie und da das Horst-Wessel-Lied gehört. Und mein Mann hat mich öfter gefragt: »Hat man noch nie ›Saujüdin‹ zu dir gesagt?« Nein, ich wurde nie beschimpft oder bedroht. Mein Mann schon. Und bei meinem Vater zu Hause war am 12. März, es war ein Freitagabend, Kammermusik. Da kam die Rede vom Schuschnigg. Es gibt in Wien noch einen Jugendfreund, ein ganz reizender Mann, er ist 92, Hans Mühlbacher, der hat den ganzen Krieg mitgemacht: Der hat an jenem Abend schon gewusst, das ist das Ende einer Ära.

Auch nach dem »Anschluss« haben Sie nicht an Flucht gedacht?

Ich hätte meinen Vater nie verlassen. Er starb im Juli 1938 eines natürlichen Todes. Mein Vater war ein verzeihender, unendlich gütiger Mensch. Und wir haben auch nicht damit gerechnet, dass die Nazis gerade meinen Mann festnehmen würden. Wir hatten eine wunderschöne Wohnung im Haus meines Schwagers in der Siebenbrunnengasse. Wir waren gerade zwei, drei Wochen darin, sie war noch nicht einmal fertig eingerichtet. Und da ist der Mann von der Gestapo gekommen. Er hat den ganzen Schmuck weggenommen und uns ein Zimmer zugewiesen. Acht Tage später haben sie den Fritz verhaftet. Bernhard war ja weiter nach Paris gegangen und hat seine Kunden gebeten, ihm das Geld für die Waren nach Paris zu schicken, weil ihm die Fabriken gestohlen worden waren. Aber die Nazis wollten ihn zwingen, das Geld nach Wien zu überweisen. Und deshalb haben sie Fritz nach Dachau geschickt. Er war der erste Transport: zusammen mit dem Direktor der Oper und mit Urenkeln vom Kaiser. Damals war Dachau nicht, was es später geworden ist. Da gab es noch eine Kantine. Fritz ist nie misshandelt worden. In Dachau war auch ein wunderbarer Komiker inhaftiert, der Fritz Grünbaum. Mein Mann hat mir erzählt, er war so goldig, er hat alle immer amüsiert. Der ist später auf die fürchterlichste Weise umgekommen.

Ihr Mann hingegen kam frei.

Die Nazis sind dann zu meinem Schwager nach Paris: Wenn Sie Ihren Bruder wiedersehen wollen, dann unterschreiben Sie, dass die Schecks nach Wien gehen. Sie haben Wort gehalten: Fritz ist zwei Tage später nach Hause gekommen. Er hat fürchterlich ausgesehen. Und dann erst haben wir begonnen, an eine Flucht zu denken. Mein Schwager hat das organisiert. Ich hatte ja einen Pass, aber mein Mann hatte keinen mehr.

Er stand unter Hausarrest.

Ja. Es wurde ein bestimmter Tag ausgemacht, an dem wir den Flug nach München nehmen sollten. Ich habe die Herren, die uns bewacht haben, gefragt: »Mein Mann muss zum Zahnarzt, dürfen wir danach mittagessen und spazieren gehen?« Und sie sagten: »Natürlich, aber bitte seien Sie um fünf Uhr zu Hause!« Wir haben meiner Mutter natürlich nichts gesagt, weil ich nicht wollte, dass sie lügen muss. Sie war sehr tough. Sie hat zum Gestapo-Mann gesagt: »Nehmen Sie den Hut herunter, wenn Sie mit mir reden!« Und er hat ihn heruntergenommen. Man nahm ihr alles weg. Aber sie konnte, nachdem sie die Reichsfluchtsteuer gezahlt hatte, ganz legal ausreisen.

Das war erst einige Zeit später. Wie ging Ihre Flucht weiter?

Wir sind also mit dem Taxi zum Flugplatz. Eine kleine Maschine, vielleicht zehn Leute. Sie nehmen die Gangway weg, der Motor heult auf – und ist plötzlich aus, die Stiege wird wieder angesetzt. Wir haben gedacht: Das ist der letzte Moment unseres Lebens. Aber es war nur Schlechtwetter in München. Und daher 20 Minuten Aufenthalt. Von München ging es mit dem Zug weiter nach Köln. Und dann zu einem Bauern nach Aachen, der uns über die Grenze nach Holland bringen sollte. Ein Priester, ein wunderschöner Mann, hat uns zu ihm geführt. Mein Mann hat jahrelang gesagt: »Das war ein Glück, dass er Priester war. Denn er hat dir so gut gefallen. Du wärest mit ihm gegangen!« Kurz und gut: Um elf am Abend war niemand von der Grenzpolizei da. Da sind wir über den Stacheldraht gesprungen. Ich bin natürlich hingefallen. Ich war nie sehr sportlich. Wir dachten: Wir sind im Paradies.

Aber Sie blieben nicht in Holland.

Ja, mein Schwager war sehr gescheit. Er wusste, dass die Holländer die Flüchtlinge zurückschicken. Bernhard hat ein Flugzeug für uns gechartert, und so sind wir nach Liverpool geflogen. Wir haben dort ein Haus mit Heckenrosen gemietet. Wir waren sehr glücklich. Es war Freiheit für uns! Mein Mann hat sogar in der Liverpool Opera Company singen dürfen. Wir wären wahrscheinlich immer in England geblieben. Mein Schwager hat dort eine ganz neue Fabrik gebaut. Aber dann ist der Krieg ausgebrochen. Und da wären wir als »enemy aliens« auf der Isle of Man interniert worden. Wir haben nie daran gedacht, nach Amerika zu gehen. Aber jemand hatte uns eingeladen, und er gab ein »Affidavit«, er garantierte, dass wir dem Staat nicht zur Last fallen. Und so sind wir im Mai 1940 mit der Brittanic nach Amerika.

Ich war im sechsten Monat schwanger. Wir haben dann in der Nähe von Boston gelebt. Wir hatten eine kleine Mansarde. Ich war selig, das war meine liebste Wohnung. Ich hatte mein erstes Kind. All das ist doch furchtbar langweilig für Sie?

Überhaupt nicht.

Aber es gibt doch so viele Leute, die ein ganz ähnliches Schicksal haben! Nur haben sie zufällig keine »Goldene Adele«. Ich wurde erst gestern wieder gefragt, ob das der glücklichste Tage in meinem Leben war, als ich gehört habe, dass wir die Klimt-Bilder zurückbekommen. Weiß Gott nicht! Das waren andere Tage: Wie ich mich mit meinem Mann verlobt habe, als ich meine Tochter bekommen habe. Aber ich habe mich natürlich riesig gefreut: Weil ich das, was ich verlangt habe, zu Recht verlangt habe. Geld bedeutet mir nicht so viel. Ich wollte Gerechtigkeit haben. Und ich habe sie bekommen. Noch dazu von einem Schiedsgericht mit drei Österreichern.

Die fünf Klimt-Bilder wurden am 14. März 2006 nach Los Angeles transportiert und dort ab dem 4. April im County Museum Of Art gezeigt. Die Rückgabe war der letzte Triumph, den der couragierte Publizist und Verleger Hubertus Czernin, seit Jahren schwer und unheilbar krank, feiern durfte: Er starb am 10. Juni 2006 in Wien. Zwei Wochen später wurde bekannt, dass der Kosmetikhersteller Ronald S. Lauder die »Goldene Adele« für die Neue Galerie in New York um kolportierte 135 Millionen Dollar, damals umgerechnet 106,7 Millionen Euro, erworben hatte. Die restlichen vier Bilder gelangten am 8. November 2006 bei Christie's in New York zur Versteigerung.

Maria Altmann, die bis zu ihrem 85. Geburtstag eine Boutique betrieben hatte, starb am 7. Februar 2011 – wenige Tage vor ihrem 95. Geburtstag – in ihrem Haus in Cheviot Hills bei Beverly Hills.

EMILE ZUCKERKANDL:
»ES WAR EIN ABSCHIED. BESONDERS FÜR
MEINE GROSSMUTTER«

Wenige Tage nach dem Anschluss im März 1938 wurde das Sanatorium Westend in Purkersdorf von den Nationalsozialisten unter kommissarische Verwaltung gestellt. Der Industrielle Viktor Zuckerkandl hatte es von Josef Hoffmann, Kolo Moser und der Wiener Werkstätte zwischen 1904 und 1906 als Gesamtkunstwerk des Jugendstils errichten lassen. Am 25. August 1939 folgte die »Arisierung«: Hans Gnad, Mitglied der NSDAP, erwarb die Liegenschaft für 3770 Reichsmark von der Kontrollbank.

Nach dem Zweiten Weltkrieg versuchte Emile Zuckerkandl, am 4. Juli 1922 in Wien geboren, das Sanatorium zurückzubekommen. Das im Februar 1947 eingeleitete Rückstellungsverfahren zog sich über Jahre hin – ohne Aussicht auf Erfolg. In finanzieller Notlage akzeptierte Emile Zuckerkandl im Juni 1952 einen Vergleich.

Er hatte lediglich einige Kunstwerke zurückbekommen, darunter die »Mohnwiese« von Gustav Klimt. Eine Genehmigung zur Ausfuhr erhielt er vom Bundesdenkmalamt aber nicht. Denn: »Das Interesse an dem malerischen Werk Klimts ist noch immer im Steigen begriffen, und vor allem das kunstinteressierte österreichische Publikum hat ein Recht darauf, die Landschaften des heimischen Malers Gustav Klimt zu sehen.«

Eine Beschwerde schmetterte das Unterrichtsministerium ab. Man wusste, dass die Österreichische Galerie im Belvedere ein hohes Interesse am Erwerb des Ölgemäldes hatte, und empfahl Emile Zuckerkandl, sich mit dem Belvedere in Verbindung zu setzen. Was dieser – notgedrungen – auch tat: Im Juli 1949 gab die Österreichische Galerie bekannt, dass man 15.000 Schilling zu zahlen bereit wäre.

Emile Zuckerkandl antwortete, dass der Wert des Bildes, wie ihm mehrfach versichert worden war, weit höher sei: Er forderte 20.000 Schilling – »ein Preis, der nach Angaben der Spezialisten noch immer ein recht bescheidener ist«. Doch das Belvedere hielt ihn für nicht diskutabel; es lehnte auch das Kompromissangebot von Zuckerkandl (17.500 Schilling) ab.

Ein paar Jahre später, 1955, bekundete der Wiener Augenarzt Rudolf Leopold Interesse. Zuckerkandl, der damals in der Bretagne lebte, pokerte hoch – und nannte eine »extravagant« hohe Summe. Leopold ging in sich und machte Ende 1956 einen Kompromissvorschlag: »Da Ihr Bild in meine Sammlung sehr gut passen würde, bin ich jetzt bereit, Ihnen einen solchen wirklich außerordentlichen Preis zu bezahlen, nämlich 30.000 österr. Schilling.« Zuckerkandl willigte im Jänner 1957 ein.

Leopold wollte das Gemälde aber gar nicht für seine Sammlung erwerben: Wenige Tage später bot er der Österreichischen Galerie die »Mohnwiese« an – im Tausch gegen zwei Werke von Egon Schiele, die ihn weit mehr interessierten, nämlich »Kardinal und Nonne« sowie »Zwei kauernde Frauen« aus der ehemaligen Sammlung Rieger.

Das Belvedere war einverstanden, da die beiden unmoralischen Bilder zumindest in der damaligen Zeit nicht ausstellungsfähig waren. Man dachte, ein Schnäppchen gemacht zu haben. Denn die beiden Schieles hatte man 1950 um 11.500 Schilling erworben – und erhielt dafür einen Klimt, für den Leopold 30.000 Schilling bezahlte. Zudem musste der Augenarzt noch eine »Holländische Landschaft« von Rudolf Ribarz und einen Heiligen Aegydius drauflegen. Leopold schlug ein: Bereits am 16. Februar 1957 ging der Deal über die Bühne. Heute gilt »Kardinal und Nonne« als ein ·zentrales Werk von Egon Schiele – und ist viel wertvoller als die »Mohnwiese« von Gustav Klimt.

Im November 2009 wurde das 1998 beschlossene Kunstrückgabegesetz novelliert. Seither sind nicht nur Objekte rückgabefähig, die nach den Bestimmungen des Bundesgesetzes über das Verbot der Ausfuhr von Gegenständen unentgeltlich in das Eigentum des Bundes übergegangen sind, sondern alle Objekte, die Gegenstand von Rückstellungsverfahren waren. Alfred Noll, der Anwalt von Emile Zuckerkandl, vertrat daher die Meinung, dass die »Mohnwiese« restituiert werden müsse – und forderte das Bild 2010 zurück.

Der Rückgabebeirat lehnte eine Restitution aber ab. Alfred Noll schrieb sich (auch wegen eines zweiten Falles) den Frust von der Seele – und veröffentlichte Ende 2010 im Czernin Verlag die Streitschrift »Abnehmende Anwesenheit«. Die Bürokratie habe »mit einem Federstrich« erledigt, was dem NS-Regime nicht gelungen war: Sie löschte, so Noll, die Existenz des jüdischen Flüchtlings Emile Zuckerkandl aus. Denn der Beirat empfahl, das Bild nicht »an die Erben nach Emile Zuckerkandl« zurückzugeben. Auf den Gedanken, »dass ein Nazi-Opfer aus Fleisch und Blut noch unter den Lebenden« weilen könne, schien man, so Nolls Mutmaßung, gar nicht gekommen zu sein.

Emile Zuckerkandl lebte jedoch – in Palo Alto. Und er kämpfte auch um Purkersdorf: Er empfand den einst abgeschlossenen Vergleich als »extrem ungerecht«.

2008 hatte Alfred Noll, da die Liegenschaft in Bundesbesitz übergegangen war, bei der Schiedsinstanz des Nationalfonds einen Antrag auf Naturalrestitution eingereicht. Doch man schien den Argumenten nicht zugänglich, fand immer wieder neue Gründe, sich nicht mit dem Fall auseinandersetzen zu müssen. Die Provenienzforscherin Ruth Pleyer, die sich seit vielen Jahren um Gerechtigkeit für Emile Zuckerkandl bemühte, schlug mir vor, nach Palo Alto zu reisen. Wenn schon der Rückgabebeirat auf die Gelegenheit verzichtet hatte, Zuckerkandl zu befragen, dann sollte dieser bedeutende Zeitzeuge zumindest im »Standard« die Gelegenheit erhalten, sich zu seinem Fall und über seine Familie zu äußern.

Emile Zuckerkandl ist der Enkel der Journalistin Berta Zuckerkandl, die in ihrer Wohnung über dem Café Landtmann einen legendären Salon führte. Deren Vater war Moriz Szeps, einer der einflussreichsten liberalen Journalisten der Monarchie. Verheiratet war sie mit dem berühmten Anatomieprofessor Emil Zuckerkandl, nach dem u. a. ein Organ benannt ist. Über ihre Schwester, die Paul Clemenceau, den Bruder des nachmaligen französischen Ministerpräsidenten, geheiratet hatte, war Berta Zuckerkandl außerdem eng mit dem politischen und kulturellen Leben Frankreichs verbunden. Doch auch der Enkel macht dem Namen alle Ehre: 1962 postulierte Emile Zuckerkandl, der u. a. an der Sorbonne Biologie studiert hatte, mit Linus Pauling, dem zweifachen Nobelpreisträger, die Hypothese einer molekularen Uhr.

Wenn schon, dann wollte ich aber nicht nur Emile Zuckerkandl interviewen, sondern auch dessen Cousin Georges Jorisch, der in Montreal lebte. Beide waren im Sanatorium Purkersdorf aufgewachsen, beide hatten aus Österreich fliehen müssen. Und so geschah es auch: Ich flog im Mai 2011 nach San Francisco, wo ich Ruth Pleyer traf. Das Interview mit Emile Zuckerkandl fand am 14. und 15. Mai in dessen Wohnung in Palo Alto statt, jenes mit Georges Jorisch am 17. Mai in Montreal. Aus den Erinnerungen beider kompilierte ich den Text »Ein Abschied für immer«, der am 6. Juni 2011 im »Album«, der Wochenendbeilage des »Standard«, erschien.

Herr Professor, können Sie sich an den 13. März 1938 erinnern?

Schwer zu vergessen! Ich bin 1922 geboren, ich war fast 16 Jahre alt. Ich erinnere mich an die deutschen Flugzeuge, die in großer Zahl eingeflogen sind. Ich bin zum Tor des Sanatoriums Purkersdorf gegangen und sah die einmarschierenden Truppen. Und ich sah Hitler stehend in seinem Auto vorbeifahren. Die Nazi-Aufmärsche waren so deprimierend. Die Leute haben geschrien: »Ein Volk, ein Reich, ein Führer!« Es war grauenhaft. Meine Großmutter Berta wagte nicht mehr, in ihre Wohnung zurückzukehren. Sie verbrachte diese Tage in Purkersdorf. Aber sie war nicht überrascht. Sie war zuvor in Paris gewesen und sehr beunruhigt zurückgekommen. Sie hatte so etwas erwartet. Sie war oft pessimistisch – sie war es auch damals. Und hatte recht gehabt.

1929 waren Ihre Eltern von Wien ins Sanatorium Purkersdorf übersiedelt, das Victor Zuckerkandl, der Schwager von Berta Zuckerkandl, erworben und ausgebaut hatte. Wie war es dort?

Meine Eltern und ich haben dort angenehm in einer Villa gelebt, die etwas abseits lag. Es war ein wirklich großes Landstück, 144.000 Quadratmeter. Wir hatten immer Kontakt mit den Leuten im Sanatorium – aber gleichzeitig auch ein vollkommen unabhängiges Leben.

Sie gingen in Hietzing ins Gymnasium Fichtnergasse. Kamen Sie noch hin und wieder nach Wien?

Jede Woche. Ich war oft bei meinen Großmüttern zu Besuch, besonders bei Berta. Sie nannte mich immer »Bubi«. Ich war ihr einziger Enkel, sie hat mich sehr verwöhnt. Und ich hab sie sehr geliebt.

Waren Sie auch bei den berühmten Salons?

Ja, oft. Oppolzergasse 6, 4. Stock rechts. Über dem Café Landtmann. Man hat sich getroffen und miteinander geredet. Die Leute schienen sich wohlzufühlen. Es war immer eine ausgezeichnete Stimmung. Einige waren Stammgäste, besonders der Friedell (*Egon Friedell*). Er war sprühenden Witzes. Und auch der liebe Julius Bauer.

Können Sie sich noch an andere Gäste erinnern?

Einmal, im Oktober 1932, gab meine Großmutter am Cobenzl einen Empfang zu Ehren des französischen Politikers Paul Painlevé, der ein guter Freund war. Während des Déjeuners hatte ich die Idee, Autogramme zu sammeln. Ich war ein enthusiastischer Sammler, aber Autogramme hatte ich noch nicht. Ich bat Paul Painlevé, etwas für mich zu schreiben. Ich bekam auch ein Autogramm von Franz Werfel, den ich oft bei meiner Großmutter sah, und von Comte Clauzel, der damals französischer Gesandter in Wien war. Diese Papiere habe ich dann in ein kleines Album eingeklebt.

Dieses Album liegt, zusammen mit einem zweiten, auf dem Beistelltisch neben Emile Zuckerkandl. Er öffnet es und sagt: »Ich habe meine Großmutter gebeten, als Erste hineinzuschreiben.« Sie schrieb: »Ich bin nicht berühmt, aber ich habe Dich so lieb, dass ich dieses Buch als erste zeichnen will. Die O. Mama.« Dann folgt der Eintrag: »Sonntagnachmittag, den 26. Februar 1933, zu Ehren von Henri-René Lenormand. Etwa 50 Personen.« Emile Zuckerkandl erklärt: »Das war eine Gesellschaft bei Großmutter Berta. Lenormand war ein französischer Dramatiker, dessen Stücke meine Großmutter übersetzt hat.« Dann folgen Autogramme und Widmungen, Emile Zuckerkandl blättert und entziffert die Namen.

Wilhelm Dessauer, ein Schriftsteller. Julius Tandler, der Sozialreformer. Franz Theodor Csokor: »Das war ein sehr guter Freund, der hat auch zeitweise bei meinen Eltern in Purkersdorf gelebt.« Walther Mayer, ein Mathematiker, der mit Albert Einstein an der Relativitätstheorie arbeitete und ihm nach Princeton folgte. Julia Janssen, eine Schauspielerin am Burgtheater, und ihr Kollege Raoul Aslan. Georg Terramare, ein jüdischer Regisseur und Dramatiker, der durch seine katholisch geprägten Mysterienspiele bekannt geworden war. Egon Friedell, der am 16. März 1938 in Panik aus dem Fenster sprang. Gertrude Bien: »Eine Ärztin, eine Studentin meines Großvaters Emil.« Richard Nicolaus Coudenhove-Kalergi, der Gründer der Paneuropa-Bewegung: »Der war auch öfters bei meiner Großmutter.« Ludwig Ullmann, ein Schriftsteller. Anna Zsolnay, die Tochter von Alma Mahler-Werfel. Gertrude Zuckerkandl: »Meine Mutter, eine ganz besonders talentierte Malerin.« Heinrich Schnitzler. Otto Tressler, ein Burgschauspieler. Emilie Goldberger: »Meine Klavierlehrerin, eine ehemalige Schülerin Anton Rubinsteins, eine ganz kleine, gebrechliche, ältliche Dame.«

Dann: »Kleine Gesellschaft bei uns« am 9. April 1933. Bernhard Gottlieb, ein Zahnarzt, schrieb »Nur Palästina!« ins Buch. Erich Stekel setzte ein paar Noten: »Mein Onkel, ein wahrhaftig bedeutender, obwohl trotz seiner großen Erfolge unverständlicherweise niemals wirklich berühmt gewordener Dirigent und Komponist.« Es folgen: Karl Seitz, sozialdemokratischer Bürgermeister von Wien. August Lederer, Industrieller und Kunstmäzen. Paul Clemenceau, der Großonkel von Emile Zuckerkandl, und seine Frau Sophie Clemenceau. Alexander Moissi und Hugo Thimig, der Schwiegervater von Max Reinhardt. Manche Autogramme sind eingeklebt, zum Beispiel jenes von Kurt Schuschnigg: »Meiner Großmutter lag die Idee, Autogramme zu sammeln, völlig fern. Aber sie hat mich immer verwöhnt. Sie hat Schuschnigg bei einer Gelegenheit um ein Autogramm gebeten.« Und zwar am 23. Mai 1934. Dann Colette, die französische Schriftstellerin und Journalistin. Daneben, in zierlicher Schrift, ebenfalls eingeklebt: »Für Herrn Zuckerkandl junior. Jeder Blödsinn kann dadurch zu Bedeutung gelangen, dass er – von Millionen Menschen geglaubt wird. Albert Einstein. 1932.« Emile Zuckerkandl sagt: »Walther Mayer hat ihn gebeten, etwas für mich aufzuschreiben.« Mittendrin die Autogramme auf dem Geschäftspapier vom Hübner, der auch den Cobenzl betrieb. Franz Werfel schrieb: »Für Emil Franz Zuckerkandl zur Erinnerung an den 4. 10. 1932 an unsere Zusammenkunft mit Paul Painlevé.«

Dann Ileana, Erzherzogin von Österreich, Prinzessin von Rumänien: »Deren Mutter hat eine Zeit im Sanatorium verbracht.« Erich Wolfgang Korngold, der Komponist und Pianist, notierte: »Für Emil (ohne Detektive) mit herzlichem kollegialem Gruße.« Emile Zuckerkandl sinniert: »Ich dürfte damals wohl eine kleine Komposition von mir auf dem Klavier vorgespielt haben.« Max Reinhardt, Dezember 1933 in Paris: »Das hat meine Großmutter für mich gesammelt. Sie hat später auch einen Sommer bei ihm auf Leopoldskron verbracht.« Ralph Benatzky, der Operettenkomponist, im November 1934 im Sanatorium Westend. Subhash Chandra Bose, ein Führer der indischen Unabhängigkeitsbewegung, der im Zweiten Weltkrieg mit den Nationalsozialisten zusammenarbeitete: »Der war eine Zeit lang in Purkersdorf.« Dann Engelbert Dollfuß mit dem Datum 3. Juli 1933: »Er ist ins Sanatorium gekommen, um sich auszuruhen.«

Emile klebte dazu ein Foto vom aufgebahrten Dollfuß, der am 25. Juli 1934 von Nationalsozialisten ermordet worden war. Dann Ferdinand Bruckner, ein Schriftsteller. Paula Wessely, Paris 5. Mai 1935: »Das bekam ich von meiner Großmutter.« Dann Max Gerson: »Ein deutscher Arzt, der eine besondere Kur gegen Tuberkulose erfunden hatte. Der ist nach Purkersdorf gekommen und hat viele Patienten behandelt.« Der letzte Eintrag ist mit dem 23. Juli 1935 datiert. Das Kunterbunt quer über alle Ideologien verblüfft.

Emile Zuckerkandl nimmt das zweite Bändchen zur Hand. Wieder bat er seine Großmutter um eine Widmung. Sie schrieb: »Wahr sein, gütig sein, gerecht sein! In frohen Tagen nicht übermütig, in traurigen Tagen nicht verzagt! Stark sein! Denn Schwäche zerstört das edelste Wollen! Deine Großmama Berta Zuckerkandl-Szeps.« Julius Bauer, ein Schriftsteller, ließ sich am 29. Juli 1935 ein Gedicht einfallen, das gar nicht so heiter ist, wie es klingt: »Mein junger Gönner, Dein Brief mich freute, als Deine artige Schrift ich sah, die mir bewies, Du schreibst schon heute viel deutlicher als Deine Großmama. (...) Zwar sind zuwider mir Autogramme, doch Dir nicht widerstehen ich kann. Du bist ja ein Reis von edlem Stamme, Dein Großvater war ein großer Mann. Wie er in derselben Stadt und Gasse erblickte auch ich das Licht der Welt. Und seinem Genie hat die Frage der Rasse – heut klingt's wie ein Märchen – den Weg nicht verstellt. Auch Du wirst selbst im Wahnwitz von heute, ich ahne es, kommen über den Damm. Und nun grüßt Dich und all Deine Leute dies ausgewachsene Autogramm.«

Oskar Strnad zeichnete mit Tinte sein Bühnenbild für »Don Giovanni« bei den Salzburger Festspielen ins Buch. Es folgen Einträge von Karl Schönherr, Helene Thimig und Felix Salten. Joseph Roth, Paris November 1935. Felix Weingartner, Komponist und Direktor der Wiener Staatsoper. Hanns Eisler, Komponist. Stefan Zweig. Franz Karl Ginzkey, der Autor von »Hatschi Bratschis Luftballon«. Kardinal Innitzer. Alban Berg: »Meine Mutter hat ihn porträtiert.« Dann Paul Géraldy, ein französischer Dramatiker, dessen Stücke Berta Zuckerkandl übersetzte. Arturo Toscanini. Alfred Polgar. Julius Wagner-Jauregg, ein Psychiater, der 1927 den Nobelpreis für Medizin erhalten hatte und eugenetisches Gedankengut vertrat. Leo Slezak, Heldentenor. Hermann Thimig und

Hans Thimig, Schauspieler wie ihre Schwester Helene Thimig, die Ehefrau von Max Reinhardt. Grete Wiesenthal, Tänzerin und Choreografin. Vilma Degischer, Schauspielerin. Hans Wengraf, Schauspieler. Carl Zuckmayer, März 1936. Fritz Grünbaum, Kabarettist. Wilhelm Kienzl und Julius Bittner, Komponisten. Felix Braun, Schriftsteller. George Enescu, Komponist. Lotte Lehmann, Sopranistin. Ödön von Horváth, Wien, 2. Mai 1936: »Der war bei uns in Purkersdorf zu Besuch.« Wieder Ferdinand Bruckner. Nochmals Max Reinhardt. Attila Hörbiger. Hubert Marischka, Schauspieler und Regisseur. Jean Giraudoux, dessen Stücke Berta Zuckerkandl übersetzte. Lion Feuchtwanger, Schriftsteller. Moriz Rosenthal, Pianist. Fred Liewehr, Burgschauspieler. Reinhold Häussermann, Schauspieler. Kees van Dongen, Maler. Bert Brecht. Paul Valéry, Lyriker. Magda Schneider und Wolf Albach-Retty, Schauspieler. Versammelt waren, bis auf wenige Ausnahmen, nur mehr Künstler. Emile Zuckerkandl ist mit dem zweiten Büchlein noch nicht zu Ende. Doch das Weiterblättern unterbrechen wir.

Victor Zuckerkandl starb 1927. Ist es richtig, dass nach seinem Tod drei Familien das Sanatorium geerbt haben?

Eigentlich vier. Da war Amalia Redlich, eine Schwester meines Großvaters Emil. Sie hat ein Drittel geerbt. Mein Vater hat auch ein Drittel geerbt. Nora Stiasny, die Tochter von Otto Zuckerkandl, und Mini Müller-Hofmann haben je ein Sechstel geerbt. Mini hat aber wenig mit dem Sanatorium zu tun gehabt.

Haben sich die Familien geeinigt, wer das Sanatorium leitet?

Mein Vater hat sich nie für die Leitung interessiert. Solange er noch in Wien war, hat er oft chemische Analysen für die Patienten gemacht. Der Direktor war Paul Stiasny, der Mann der Nora Stiasny. Meine persönliche Beziehung zu ihm war keine besondere. Ich habe wenig Respekt für ihn gehabt. Das Sanatorium ist eine Zeit lang schlecht gegangen. Paul Stiasny trat dann zurück. Und meine Mutter – das war unerwartet, denn sie manifestierte sich nie als eine »femme d'affaires« – hat die Leitung im letzten Jahr vor dem Anschluss übernommen. Zuvor hatte sie keine Rolle gespielt. Aber sie hat sich sehr gut bewährt. Unter ihr ging das Sanatorium wirtschaftlich wieder sehr hinauf.

Ihr Vater Fritz Zuckerkandl, ein Chemiker, ging bereits 1935 nach Paris.

Aus beruflichen Gründen. Es war vorgesehen, dass meine Mutter und ich nach meiner Matura nachkommen. Das geschah dann früher als geplant – wegen des Anschlusses.

Wann genau?

Ungefähr 14 Tage nach dem Anschluss bin ich mit meiner Großmutter Berta nach Paris gefahren, meine Mutter blieb noch in Purkersdorf. Ich weiß nicht, was sie dachte, noch retten zu können. Wir sind mit dem Arlberg-Express – es sollte ein guter Zug sein, da hat man sich etwas sicherer gefühlt – nach Paris. Das war nur möglich, weil sich einer der größten Freunde meiner Großmutter, der später auch ein großer Freund von mir wurde, für uns eingesetzt hat. Paul Géraldy, ein französischer Schriftsteller, dessen Dramen Berta ins Deutsche übersetzt hatte, nahm sofort das Flugzeug nach Wien, um zu sehen, wie es um meine Großmutter stand. Und dann ist er eigens von Wien nach Budapest, um von dort frei mit meinem Großonkel Paul Clemenceau in Paris telefonieren zu können. Er sagte ihm, dass er Schritte unternehmen müsse, damit meine Großmutter, meine Mutter und ich französische Visa bekommen. Denn Frankreich hatte, anstatt Leute zu retten, sofort die Grenzen dicht gemacht. Und mein Großonkel hat sich an den französischen Gesandten in Berlin gewandt. Dadurch haben wir die Visa bekommen.

Sie und Ihre Großmutter nahmen also Ende März 1938 den Arlberg-Express.

Es war ein Abschied. Besonders für meine Großmutter. Als man aus dem Zug Salzburg und die Festung Hohensalzburg sah, sagte meine Großmutter: »Das werde ich nie wieder sehen.« Und auch damit hat sie recht gehabt.

Wie war es für Sie? Auch ein Abschied? Oder ein Abenteuer?

Beides. Abenteuer aber nicht in dem Sinn, dass man sich freute, etwas Interessantes zu erleben. Man erlebte etwas Furchtbares.

Und wie erging es Ihrer Mutter? Das Sanatorium wurde ja unter Zwangsverwaltung gestellt und in der Folge von der Kontrollbank an Hans Gnad, einen Nationalsozialisten, arisiert.

Sie bekam ihr französisches Visum zur gleichen Zeit wie meine Großmutter und ich. So konnte sie zu jeder Zeit weg. Wir waren sehr beunruhigt in Paris. Nach einigen Wochen musste sie erkennen, dass sie in Österreich nichts erreichen konnte, und ist nachgekommen.

Nun ist es Zeit, weiter im Album zu blättern. Fritz von Unruh, Schriftsteller, 20. Oktober 1938 im Paris. Emile Zuckerkandl sagt: »In unserer Flüchtlingswohnung.« Dann Ernst Toller, Schriftsteller. Guido Zernatto, Generalsekretär der Vaterländischen Front, parteiloser Ständestaat-Bundesminister 1936 bis 1938, geflohen nach Paris, datiert mit 28. Februar 1939. Stefan Zweig, der schrieb: »Ist nicht alles, was wir geben, schon verloren, schon verwirkt, wenn es nicht im anderen Leben Hilfe oder Liebe wird?« Dann Erwin Piscator, Regisseur. Otto, also Otto von Habsburg, ganz oben am Blatt, mit Zusatz von Emile Zuckerkandl in Französisch: »Von meiner Großmutter Berta für mich bekommen, im Zuge eines Interviews 1938/39, diskutiert wurde das Formen einer österreichischen Exilregierung.« Romain Rolland, Schriftsteller und 1915 Literaturnobelpreisträger.

Am 14. Juni 1940 marschierte die deutsche Armee in Paris ein. Sie mussten wieder fliehen?

Ich war krank geworden, ich hatte eine Lungensache. Da hat man mich nach Südfrankreich zu Freunden geschickt, die eine schöne Besitzung in der Nähe der italienischen Grenze hatten. Meine Mutter kam mich besuchen, ich bin genesen. Gerade zu diesem Zeitpunkt (*10. Juni 1940*) hat Mussolini Frankreich den Krieg erklärt. Und die Italiener sind eingedrungen. Da sind wir geflohen. Wir beschlossen, zu meinem Großonkel Paul Clemenceau in die Vendée (*nahe der Atlantikküste, südlich von Nantes*) zu gehen. Das war eine abenteuerliche Reise. Und als wir nach vielen Schwierigkeiten bei meinem Großonkel ankamen, hat man dort gerade die deutsche Armee erwartet. Dass die Deutschen bis dorthin kommen sollten: Das war etwas Unbegreifliches. So verbrachten meine Mutter und ich eine sehr unruhige Nacht in L'Aubraie. Und am nächsten Tag haben wir wieder Auto-Stopp gemacht. Es ist uns gelungen, nach Bordeaux und dann weiter südlich nach Bayonne zu kommen.

Haben Sie nicht auch Alma Mahler und Franz Werfel getroffen?

Das war unglaublich: Auf der Flucht haben wir ununterbrochen Bekannte getroffen. Unter denen waren auch Alma Mahler und Franz Werfel. Wir trafen sie in Bayonne. Werfel schaute mit großer Besorgnis auf all die Hunderten und Tausenden Leute, die nicht wussten, wie sie dem Unheil entkommen konnten. Und Alma sagte zu ihm: »So hör doch schon auf mit deiner jüdischen Nächstenliebe!«

Sie war ziemlich streng?

Ja, sie konnte schon unangenehm sein.

Aber sie war eine große Freundin Ihrer Großmutter.

Ja, das war sie. Meine Großmutter war ihren alten Freunden gegenüber oft sehr unkritisch eingestellt, ich hab das besonders im Falle Almas so empfunden.

Sie hatte auch einen Salon geführt. Die beiden Freundinnen sollen miteinander konkurriert haben.

Das ist grundfalsch, zumindest was Berta betrifft. Meine Großmutter hat mit niemandem konkurriert.

Sie waren nun ganz im Südwesten von Frankreich, in Bayonne. Wie ging es weiter?

Alma Mahler und Franz Werfel sind über die Pyrenäen nach Spanien. Und wir haben ein Schiff gefunden, das Flüchtlinge aufnahm. Das war eine unglaubliche Sache! Im Hafen lagen mehrere Schiffe – und es gab eine Unzahl von Flüchtlingen. Wir waren in der Menge. Da war plötzlich eine Bewegung: Leute begannen, auf ein Schiff zu gehen. Ein Kapitän eines Frachtschiffes beschloss, Leute zu retten. Entgegen dem Willen seiner Compagnie hat er fast alle Bananen ins Meer werfen lassen, um Menschen Platz zu machen, die sich in großer Not befanden. Einsteigen konnte, wer wollte. Es wurden keine Papiere verlangt und kein Geld. Einige Bananen blieben an Deck, aber sie waren so grün, dass wir, obwohl wir so hungrig waren, sie nicht essen konnten. Zwei, drei Nächte haben wir dann im Hafen von Lissabon verbracht, wo man uns nicht aussteigen ließ, aber gezählt hat. Wir waren 531 Passagiere auf einem Schiff mit zehn Kabinen. Die Leute waren auf dem Deck, im Laderaum, überall. Der Name des Schiffes war Kilissi.*

---

* Am 7. November 1942 fiel der Dampfer den Deutschen in die Hände, am 12. September 1944 wurde er versenkt.

Gab es überhaupt etwas zu essen?

Ja, es gab etwas zu essen, aber rationiert. Und im Hafen von Lissabon hat man uns dann auf ein größeres Schiff gebracht. Als wir die Kilissi verließen, salutierten der Kapitän in Uniform und die ganze Mannschaft diesem Haufen schmutziger Flüchtlinge. Und dieser Haufen internationaler Flüchtlinge sang spontan die »Marseilleise«. Das war ein einzigartiger Moment von tiefer Bedeutung in meinem Leben.

Welches Ziel steuerte das Schiff an?

Wir wussten nicht, wohin man uns bringen würde. Wir kamen schließlich nach Casablanca. Zwei Monate blieben meine Mutter und ich in Marokko. Dort konnten wir über Freunde in Montpellier in Kontakt treten mit meinem Vater, der in der französischen Armee war, und mit seiner Mutter Berta. Meine Großmutter war zu Besuch bei meinem mobilisierten Vater südlich von Paris, als Frankreich kollabierte.

Sie flohen in Richtung Süden?

Ja. Berta beschrieb ihre Flucht in zwei Heften. Eines der Hefte habe ich in unbegreiflicher Weise verloren, das andere aber existiert.

Sie haben es hier? Dürfte ich einen Blick hineinwerfen?

Aber natürlich!

Am nächsten Tag liegt das Marokko-Tagebuch (»Maroc«) von Emile Zuckerkandl am Tisch. Es beginnt am 23. Juli 1940. Zuckerkandl schrieb auf Französisch, er integrierte Postkarten und Fotos, ein Aquarell einer marokkanischen Landschaft, das seine Mutter gemalt hatte, und etliche Briefe. Das Tagebuch endet am 22. August. Da hatte Emile Zuckerkandl in Casablanca seine mündliche Prüfung fürs zweite Bakkalaureat bestanden. Mittendrin ist das etwas kleinere Fluchttagebuch von Berta Zuckerkandl eingeklebt. Es beginnt drei Tage nach der Eroberung von Paris, auf Deutsch, wechselt aber schon sehr bald ins Französische. Die Handschrift ist fast nicht zu entziffern.

Emile Zuckerkandl versucht, Berta Zuckerkandls Einträge vorzulesen: »Flucht! 17. Juni 1940. Bourges – Hotel de la Boule d'Or. Seit acht Tagen schon rollten beladene herrschaftliche Autos durch Bourges. Dann kamen diejenigen, die mit der Bahn, später zu Fuß oder mit Camions vorbeizogen. (...) Besonders Frauen, Kinder und Greise trugen den unaussprechlichen Ausdruck der Panik; stierten mit leeren Augen vor sich hin, schleppten sich mühsam fort. Fritz war schon diese letzten Tage unruhig trotz der verlogenen Radioberichte. Auffallend war, dass Generäle, Offiziere, die im Hotel wohnten, plötzlich verschwanden. Die Compagnie, in der Fritz diente, erhielt Ordre abzuziehen. Und zwar sollten sie in die Pyrenäen. Er kam abends Abschied von mir nehmen. Was sollte ich nur anfangen? Ich besaß mein Sauf-conduit nur bis Bourges. (...) ›Schau zu Trude zu kommen!‹ Wir umarmten uns. Ich sah ihm nach, wie er tapfer sein Schicksal trug. Doch die nächste Stunde schon kehrte er zurück. 10 Uhr Abend. Verstört. Die Compagnie war schwer ausgerüstet bis zum Bahnhof gezogen. (...) Da kam die Ordre: zurück! Man stapfte retour. Doch fand die Compagnie die Werkstätten, die Schlafstätten leer. Alles war aufgelöst. Alles war geflohen. Fritz hatte die Geistesgegenwart, seine Uniform abzulegen und sich in Zivil zu kleiden. Dann kam er, und wir wussten – dass es nur eine Möglichkeit gebe, den Deutschen zu entgehen. Fort. Noch diese Nacht.«* Emile Zuckerkandl klappt das Heft zu.

Ich müsste das Wort für Wort abschreiben! Meinem Vater ist es gelungen, seine Mutter in den letzten Autobus hineinzupferchen. Er selbst konnte nicht mehr einsteigen. Sie war verloren unter den Massen an Leuten, die geflüchtet sind.

---

* Exakt transkribiert in: »Berta Zuckerkandl. Flucht! Von Bourges nach Algier im Sommer 1940«, herausgegeben von Theresia Klugsberger und Ruth Pleyer, Wien: Czernin 2013.

In einer kleinen Stadt, Moulins (*nördlich von Vichy*), hat sie einige Nächte mit einer fremden Dame ein Bett geteilt. Und sie ist oberflächlich mit einem Apotheker bekannt geworden. Sie hat sich gedacht: »Dem vertrau ich mich an!« Denn sie war in großer Gefahr. Sie hatte ihre Papiere weggeworfen. Es wäre das Ärgste gewesen, wenn man ihre Identität feststellen hätte können. Und der Mann hat gesagt: »Ich führe Sie in die freie Zone.« Er hat die Gefahr auf sich genommen, für diese unbekannte Dame sein Leben aufs Spiel zu setzen. Er fuhr mit seinem Auto zur Grenze der unbesetzten Zone und sagte zu meiner Großmutter, sie soll sich ducken. Er hielt den Pass hinaus – und wurde durchgewunken. So wurde meine Großmutter gerettet.

Wie ging es weiter?

Meine Mutter und ich sind von Marokko nach Algier.

Warum nicht nach Amerika?

Ich glaube, wir wollten nicht wirklich emigrieren, wir wollten in der französischen Welt bleiben.

Aber warum Algier?

Das ist eine gute Frage. Ich bin mir darüber umso weniger klar, als ich Marokko besonders anziehend gefunden habe – viel mehr als Algerien. Marokko ist ein wunderbares Land. Andererseits gab es in Algier eine französische Universität. Das hat wohl eine Rolle gespielt. Nach Algier kamen mein Vater und etwas später auch meine Großmutter.

Hatten Sie zu der Zeit überhaupt Geld?

Mein Großonkel in der Vendée hatte meiner Mutter Geld gegeben, sodass wir zumindest in dieser Hinsicht nicht in

Bedrängnis waren. In Algier fanden wir eine sehr minable (*schäbige*) Wohnung.

Gab es dort nicht auch Krieg?

Algier hat den Krieg in einer für uns angenehmen Weise erfahren, denn dort sind die alliierten Truppen gelandet, um Frankreich zu befreien und Nordafrika zu besetzen.

Das war aber erst im November 1942. Konnten Sie in Algier studieren?

Zunächst konnte ich an der Universität inskribieren, ich studierte Biologie, aber dann kamen die Vichy-Judengesetze, und ich wurde von der algerischen Universität verbannt. Daher bin ich ins Konservatorium und studierte Klavier.

Das ging?

Das ging, aber ich weiß nicht mehr, warum. Ich glaube, weil das Konservatorium eine städtische, nicht eine staatliche Schule war.

Wie war das Leben in Algier?

Es war ein Abenteuer, aber es wurde zum normalen Leben. Es ist uns dort nicht schlecht gegangen. Es gab natürlich die fürchterliche Gefahr, dass die Deutschen auch dorthin kommen würden. Und diese Gefahr war am größten, als die Alliierten gelandet sind. Gottseidank ist die Landung, die für uns das größte Erlebnis dieser Zeit war, ganz glatt verlaufen.

Stimmt es, dass Sie für die Amerikaner arbeiteten?

Ja, als Pianist für das Rote Kreuz. Ich spielte Mozart und Schubert. Und meine Mutter malte Porträts für die Soldaten.

Ihr Vater?

Er fand als Biochemiker eine Anstellung.

Wie erging es Ihrer betagten Großmutter? War sie verzweifelt?

Nein, sie war nie verzweifelt. Sie hat Artikel geschrieben, sie
hat ihre Memoiren geschrieben.

*Ihre Großmutter soll im Radio flammende Reden für Österreich
gehalten haben.*

Nicht viele, aber sie hat im Radio gesprochen. Sie war eine
große Österreicherin.

*Sie war fest davon überzeugt, dass Österreich wiederauferstehen
werde.*

Ja.

*Nun, im Frühjahr 1945, war der Krieg vorbei. Gab es die Idee, nach
Österreich zurückzukehren?*

Nein. Denn wir waren wirklich Franzosen geworden in dem
Sinn, dass wir in Frankreich leben wollten.

Wann sind Sie zurück nach Paris gegangen?

Ende 1945. Mein Vater und meine Großmutter sind zuerst
gefahren, weil meine Großmutter so krank war. Aber sie ist
dort schon sehr bald gestorben. Ich bin bald allein nachge-
fahren. Meine Mutter blieb noch ein paar Wochen in Algier.
Denn auch meiner Mutter Bruder, der Komponist und
Dirigent, war damals in Algier. Auch er ist noch geblieben, er
hat dort an der Oper dirigiert. Ich habe dann ein Jahr an der
Sorbonne studiert.

Sie hatten doch schon in Algier ein Stipendium für die USA.

Ja, das hatte ich als Rettungsanker – durch Walther Mayer und durch Albert Einstein. Das Stipendium war für mein Studium an der Universität von Illinois bestimmt.

Einstein hat sich dafür eingesetzt, dass Sie dieses Stipendium bekommen?

Jawohl. Nachdem wir nach Frankreich zurückgekehrt waren, fand ich heraus, dass dieses Stipendium noch gültig war. Und so bin ich dann bald nach Amerika.

Haben Sie Einstein persönlich kennengelernt?

Ja, durch den Walther Mayer. Ich habe einen Nachmittag mit ihm verbracht. Er war reizend, ganz natürlich, ungezwungen. Leider habe ich danach nicht aufgeschrieben, was genau die Konversation war. Ich erinnere mich aber, dass ich, nachdem ich von Princeton abgereist war, einen Brief an Mayer schrieb: Wie großartig es war, mit Einstein zu sein. Und Walther Mayer hat mir dann geantwortet, dass es lächerlich sei, so enthusiastisch zu sein. Das war eine kalte Dusche.

Lernten Sie in jenem Jahr nicht auch Ihre Ehefrau Jane kennen?

Am Ende des Universitätsjahres wurde ich von meinem Professor in ein Marine Biological Laboratory in Woods Hole/ Massachusetts mitgenommen. Dort habe ich an einer Master's Thesis gearbeitet. Im Clubhouse spielte ich mit der Frau eines belgischen Professors, Madame Brachet, oft vierhändig Klavier. Dort arbeitete Jane im Sommer. Ihr Vater war auch ein Biologe. Sie hörte, wie ich mit Madame Brachet das »Erzherzogtrio« von Beethoven spielte. Das hat sie beeindruckt. Und so haben wir uns kennengelernt. Das war 1947. Im nächsten Jahr bin ich nach Paris zurück, Jane kam 1950 nach. Im Juni haben wir geheiratet. Und dann haben wir neun Jahre in der Bretagne gelebt.

Davor, 1949, waren Sie aber noch in Wien.

Ja, im September 1949, um zu sehen, was noch da ist, und wie man die gestohlenen Sachen zurückbekommen kann.

Wie war das Gefühl, in die Heimat zurückzukehren?

Ich hatte gemischte Gefühle. 13 Familienmitglieder waren umgekommen. Wenn man neue Leute kennenlernte, hat man sich immer gefragt, auf welcher Seite die wohl gestanden waren. Ich war ja früh genug im Leben mehrere Male und auf längere Zeit in Frankreich gewesen, ich war daher kein Flüchtling.

Aus Emil war Emile geworden.

Die Frage war nur, zu wem ich sprach oder wem ich schrieb. In Frankreich war das E dran – sonst nicht.

Haben Sie eigentlich noch immer einen französischen Pass?

Ja. Ich habe mich nie dafür interessiert, Amerikaner zu werden.

Und Sie wollten auch nicht mehr Österreicher werden?

Auch nicht. Gefühlsmäßig war ich hauptsächlich zu einem Franzosen geworden.

Haben Sie 1949, als Sie in Österreich waren, das Sanatorium besucht?

Ja. Es war ganz leer. Alle Möbel waren verschwunden. Das Sanatorium war nur eine große leere Hülle. Unsere frühere Villa wurde von dem Nazi bewohnt, der das Sanatorium übernommen hatte. Eine Menge unserer alten Möbel waren bei ihm. Ich tauchte überraschend in unserer Villa auf – und er ist erschrocken. Er hat wahrscheinlich ein Herzleiden gehabt. Wie ich plötzlich erschienen bin und ihm sagte, wer ich bin, hat er seine Hand aufs Herz gelegt. Aber seine Angst hat nicht lange angedauert.

Das Unrecht hat Hans Gnad nicht eingesehen, es folgte ein langer Gerichtsstreit. Zumindest haben Sie ein Kunstwerk zurückbekommen, Gustav Klimts »Mohnwiese«.

Ich habe sofort in unserer Wohnung gesehen, dass die »Mohnwiese« nicht da war. Ich fragte ihn danach. Er sagte: »Kommen Sie morgen wieder!« Das Bild war wohl in seiner Wohnung in Wien. Er hat es nach Purkersdorf zurückgebracht. Es war keine Frage, dass er nicht der Besitzer war. Am nächsten Tag hat er es mir zurückgegeben. Und ich habe es zunächst bei einer Cousine meines Vaters, Hermine Müller-Hofmann, untergestellt.

Sie wollten das Bild eigentlich ausführen.

Absolut. Aber dazu habe ich nicht die Erlaubnis bekommen. Ich habe das Bild dann in unglaublicher Weise verschleudert. Denn ich war in finanziellen Nöten. Und ein gewisser Herr Leopold hat mir 100 Dollar dafür geboten. Das hab ich abgelehnt. Dann hat er mir 1000 Dollar angeboten – und die habe ich genommen. Das war ein großer Fehler.

Das war im Jänner 1957. Rudolf Leopold hat das Bild in der Österreichischen Galerie sogleich eingetauscht – gegen zwei zentrale Werke von Egon Schiele. Er machte einen enormen Gewinn.

Zweifellos.

Ihre Mutter war Malerin. Was ist mit ihren Werken passiert?

Die meisten ihrer Bilder aus der Vorkriegszeit sind verloren gegangen. Das war ein großer Verlust.

*Und was passierte mit dem Mobiliar Ihrer Großmutter aus der
Oppolzergasse?*

Da gab es eine sehr unangenehme Familiengeschichte. Ein
entfernter Verwandter, Hans Stephenson, war Angestellter
in Purkersdorf. Die Wohnung meiner Großmutter wurde
beschlagnahmt, alle ihre Möbel und Sachen wurden hinaus-
geworfen. Stephenson hat das erfahren und die Möbel zu sich
genommen, um sie zu retten. Das haben wir nach dem Krieg
erfahren. Da war also etwas, das nicht verloren schien und zu
uns zurückkommen würde. Aber Stephenson gab uns zu verstehen, dass er so viel für uns getan hätte und dass die Möbel
nun ihm gehören würden. Ich bin aber ganz besonders an
den Möbeln meiner Großmutter Berta gehangen. Ich bot Stephenson andere, von meinem Urgroßvater Szeps stammende
Möbel an. Er weigerte sich aber, die Möbel meiner Großmutter herauszugeben. Darüber sind wir böse geworden – und
haben uns nie wieder gesprochen. Nach den feindlichen Ent-
eignungen hatte ich mir nicht eine Enteignung durch einen
oft hilfreichen Gleichgesinnten erwartet. Meiner Großmutter
Möbel habe ich nie wieder gesehen.

Darf ich Sie auch nach Ihrem Cousin Georges Jorisch fragen?

Ich kenne meinen Cousin eigentlich nicht. Ich habe ihn
gesehen, als er neun Jahre alt war – und dann kaum mehr in
späterer Zeit.

Weil vielleicht auch er böse auf Sie war?

Anscheinend. Ich habe nie verstanden, warum. Es gab zu
keiner Zeit eine offensichtliche Spannung zwischen uns.

*Nun aber haben Sie ein gemeinsames Interesse: Es geht um eine Ent-
schädigung für das Sanatorium Purkersdorf. Haben Sie sich in all
den Jahren hin und wieder gedacht, dass der österreichische Staat
Sie ungerecht behandelt hat?*

Da muss ich an meinen Vater denken. Er war immer sehr pessimistisch: Er hat sich nicht das geringste Gute erwartet. Je weniger man sich erwartet, desto weniger ist man enttäuscht.

Sie lebten also in den 1950er-Jahren in der Bretagne. Warum kauften Sie eine Wohnung in Montpellier?

Ich bekam Fieber. Und der Arzt in der Bretagne glaubte, ich hätte Tuberkulose. Das war aber falsch. Freunde in der Bretagne, die aus Montpellier waren, boten uns an, eine Weile in ihrer Wohnung zu leben. Uns gefiel die Stadt. Wir wollten nach Montpellier zurückkehren – aber das war erst später.

1959 wurden Sie von Linus Pauling, der 1954 den Nobelpreis für Chemie bekommen hatte und 1963 auch den Friedensnobelpreis erhalten sollte, nach Pasadena ans California Institute of Technology geholt. 1962 postulierten Sie mit ihm die Hypothese einer molekularen Uhr.

Die Biologie kam damals auf die molekulare Ebene. Mir kam der Gedanke, dass die von der Natur akzeptierten Abänderungen der Strukturen der »Moleküle des Lebens« in Zeitintervallen stattfinden könnten. Ich hatte also diese Idee der molekularen Uhr, deren Ticken trotz der Unregelmäßigkeiten im Allgemeinen von den Mittelwerten her nicht in bedeutendem Maße abweicht.

1964/65 gingen Sie nach Montpellier. Sie wurden Forschungsdirektor am Centre National de la Recherche Scientifique und gründeten das Forschungszentrum für Molekularbiologie, das Sie für ein Jahrzehnt leiteten. 1977 kehrten Sie zurück nach Kalifornien und waren bis 1992 Präsident des Linus Pauling Institute.

Ja. Und ich blieb Mitglied der französischen Forschungsorganisation CNRS. Aber weil Sie mich zu Beginn Professor genannt haben: Ich habe nie in Stanford unterrichtet.

Die Wohnung in Montpellier gaben Sie aber nicht auf. Warum?

Wir wollten keine der beiden Welten verlieren. Wir waren
zufrieden damit, hauptsächlich hier in Palo Alto zu leben.
Vor ungefähr fünf Jahren sind wir einmal nach Montpellier
gefahren, um die Wohnung zu liquidieren. Aber nach einigen
Tagen haben wir es nicht übers Herz gebracht. Daher existiert
Montpellier immer noch als eine »Heimat«.

Auch wenn sich Emile Zuckerkandl eigentlich nicht von seinen
Schätzen, den Korrespondenzen und Manuskripten, trennen wollte:
Ihm war es wichtig, sie zu seinen Lebzeiten gut untergebracht zu
wissen. Auf meine Anregung hin reiste Bernhard Fetz, der Leiter
des Literaturarchivs der Österreichischen Nationalbibliothek, nach
Palo Alto, um die Dokumente zu sichten. 2012 erwarb die ÖNB
die Sammlung um 92.500 Euro. Der auf Französisch und Deutsch
geschriebene Bericht Berta Zuckerkandls über ihre Flucht durch
Frankreich wurde im Rahmen der Ausstellung »Nacht über Österreich. Der Anschluss 1938 – Flucht und Vertreibung« von 7. März bis
28. April 2013 im Prunksaal der ÖNB ausgestellt. Zeitgleich brachten
Theresia Klugsberger und Ruth Pleyer eine kommentierte Edition
dieses Tagebuchs im Czernin Verlag unter dem Titel »Berta Zuckerkandl. Flucht! Von Bourges nach Algier im Sommer 1940« heraus.
Emile Zuckerkandl bekam zwar eine minimale Entschädigung für
Purkersdorf, die Rückstellung der Immobilie aber wurde abgelehnt.

GERHARD BRONNER:
»WIR WAREN VERLORENE«

1948 kam Gerhard Bronner, geboren am 23. Oktober 1922, zurück nach Wien. Eigentlich wollte er weiter nach London, aber Hans Weigel überredete ihn zu bleiben: Bronner wirkte in einem Kabarettprogramm mit, das der gefürchtete Kritiker fürs Simpl geschrieben hatte. Wenig später pachtete er die Marietta Bar, 1952 entstand der legendäre Abend »Brettl vor'm Kopf« mit dem Song »Der g'schupfte Ferdl«. Ab 1956 brachte er zusammen mit Carl Merz, Helmut Qualtinger, Georg Kreisler und Peter Wehle viele weitere Programme heraus, die den Nerv der Wiederaufbaujahre trafen.

1959 übernahm Bronner das Neue Theater am Kärntnertor. Dort hatten »Dachl über'm Kopf« und »Hackl vor'm Kreuz« Premiere. In jener Zeit entstanden der nur scheinbar heitere Nepotismus-Song »Der Papa wird's schon richten« und all die Gassenhauer wie »Der Marlon Brando mit seiner Maschin'«, »Der Bundesbahnblues« und »Weil mir so fad is'«. Die heterogene Gruppe brach auseinander, Bronner baute ein neues Ensemble auf, eröffnete 1967 die Marietta als Fledermaus. 1970 verhalf er Marianne Mendt zum Durchbruch: Seine »Glock'n, die 24 Stunden läut'« bereitete dem Austropop das Feld. Auf Ö3 präsentierte er viele Jahre lang »Schlager für Fortgeschrittene«, mit Peter Wehle servierte er Sonntag für Sonntag auf Ö1 zum Frühstück einen recht gepfefferten »Guglhupf«.

1988 übersiedelte Bronner, der sich weigerte, eine seiner Meinung nach nicht gerechtfertigte Steuerstrafe in der Höhe von einer Million Schilling zu zahlen, nach Florida. Fünf Jahre später, 1993, kehrte er zurück: Auf Initiative seines Freundes Robert Jungbluth hatten staatliche oder staatsnahe Unternehmen die Strafe bezahlt.

Um ihn war es zwar nie still, aber doch stiller geworden. Sein 80. Geburtstag, den Gerhard Bronner am 23. Oktober 2002, unterstützt von Freunden und Weggefährten, mit einer fulminanten Gala im Wiener Konzerthaus feierte, bot die Gelegenheit, sich wieder einmal mit ihm und seinem Werk auseinanderzusetzen. Ich bat Gerhard Bronner um ein ausführliches Interview für den »Standard«, das er mir gerne gewährte, auch wenn seine Erwartungen gering waren: Nicht nur einmal hatte er die Kulturredaktion der Zeitung seines Sohnes Oscar Bronner kritisiert.

Ich besuchte Gerhard Bronner am 8. Oktober 2002 nachmittags in der Böcklinstraße. Seine Wohnung vermittelte nicht den Eindruck, als würde er tatsächlich in ihr leben. Sie war eher eine Arbeitsstätte. Wir saßen auf zwei Ledercouchs, Bronner rauchte genussvoll bedächtig – wie immer mit Zigarettenspitz. Wenige Tage später schickte ich ihm die Abschrift zur Korrektur; er hatte fast nichts zu verbessern. Und er dankte für das Interview. Es schien mir nicht geheuchelt. Gerhard Bronner starb am 19. Jänner 2007.

Hans Weigel hat einmal über Sie geschrieben: »Er ist nur zufällig wieder in Wien: ... Er wollte hier die Fahrt unterbrechen – da hörte er im Rundfunk ein Lied von Alexander Steinbrecher und sagte sich: ›In dieser Stadt könnte man bleiben.‹ So währt die Fahrtunterbrechung bis heute.« War es so?

Absolut. Meine Schwiegereltern hatten die Emigration in Schanghai verbracht und waren nach Wien zurückgekehrt.

Sie wollten mit Recht ihre Tochter wiedersehen, mich und ihren Enkel* kennenlernen. Und ich hatte ein Engagement in London angeboten bekommen. Meine Frau bestand daher darauf, dass wir über Wien fahren. Ich sagte zu ihr: »Von mir aus, aber ich garantier dir, länger als einen Monat bleib ich in dieser Scheißstadt nicht.« Wien war im '48er-Jahr wenig einladend: Lauter verhärmte Menschen, enttäuschte Nazis mit schlechtem Benehmen, es gab nicht viel zum Essen. Eines Abends dreh ich das Radio auf und höre eine Sendung vom Alexander Steinbrecher. Und da hab ich plötzlich eine Art von Wiener Kultur entdeckt, von der ich gar nicht mehr wusste, dass es sie jemals gegeben hat. Kurze Zeit später lernte ich Steinbrecher und Weigel kennen. Sie bestärkten mich, dazubleiben. Und so habe ich nie mein Engagement in London angetreten.

Dass Sie Musiker, Komponist und Kabarettist werden würden, war Ihnen ja nicht gerade in die Wiege gelegt: Sie sollen eine Lehre als Schaufensterdekorateur begonnen haben.

Ich war ein schlechter Schüler, sogar ein sehr schlechter. Eines Tags wurde ich in Geometrisch Zeichnen geprüft. Der Lehrer stellte eine Frage, und ich antwortete wie aus der Pistole geschossen: »Das weiß ich nicht.« Ich habe nicht einmal ein Nachdenken simuliert. Auch auf die zweite und die dritte Frage antwortete ich: »Das weiß ich nicht.« – »Ja hast du das denn nicht gelernt?« – »Nein. Weil es mich nicht interessiert.« Das war vermutlich die erste ehrliche Antwort, die der Lehrer von einem Schüler gehört hat. Und der Grund, warum ich in der vierten Klasse rausgeflogen bin. Meine Eltern konnten sich das Gymnasium zudem nicht wirklich leisten: Sie mussten, weil ich eben ein schlechter Schüler war, das volle Schulgeld bezahlen. Da meinte mein Vater, es hat eh keinen Sinn. Zufällig war eine Lehrstelle in einem Warenhaus in Favoriten mit 14 Schaufenstern frei. Und so lernte ich bis ins '38er-Jahr

---

* Eben Oscar Bronner.

Schaufenster zu dekorieren. Aber ich habe das nie ausgeübt. Keinen Moment lang. Hin und wieder denke ich mit Schaudern daran zurück: Wäre der Hitler nicht einmarschiert, wäre ich vielleicht Schaufensterdekorateur geworden.

Na ja, Sie haben doch schon damals musiziert.

Soweit ich musizieren konnte. Denn als ich neun Jahre alt war, wurde das Klavier, auf dem ich gelernt habe, gepfändet, weil mein Vater Schulden hatte. Ich konnte also nur musizieren, wenn ich wo eingeladen war, wo ein Klavier stand. Da ich aber ganz gut nach dem Gehör spielen konnte, was die Leute hören wollten, Schlager und solches Klumpert, war ich ein gesuchter Gast. Später kaufte ich mir eine sehr, sehr gebrauchte Gitarre, auf der ich zu zimbeln lernte. Und wenn ich in einem Jugendclub war, spielte ich auf ihr und sang G'stanzln dazu, die ich zum Teil schon selbst komponiert hatte. Einige könnte ich sogar heute noch zimbeln.

Waren Sie schon in der Zeit des Austrofaschismus ein politisch interessierter Mensch?

Als Sechsjähriger hat mich mein Bruder Oskar zu den Roten Falken gebracht. Er war zehn Jahre älter, ein Schulfreund vom Kreisky, und gemeinsam haben sie die SAJ, die Sozialistische Arbeiterjugend, im 4., 5. und 10. Bezirk geleitet. Mein Bruder war auch beim Schutzbund. Ich bin daher durchaus sozialdemokratisch aufgewachsen, ohne genau zu wissen, was das eigentlich ist. Ich bin zwar nie einer Partei beigetreten und würde es auch nicht. Aber bis zum heutigen Tag ist meine spontane Reaktion, wenn ich mit einem politischen Problem konfrontiert werde, eine sozialdemokratische. Dann erst denk ich drüber nach. Und hin und wieder ergibt es sich, dass ich mein Urteil revidiere. Denn auch die Sozialisten haben ja nicht immer recht.

Ihr Vater wurde bereits eine Woche nach der Machtergreifung inhaftiert und kam ins KZ Dachau. Warum hat Ihre Familie nicht schon frühzeitig an Flucht gedacht? Man wusste ja, wie Hitler in Deutschland agierte.

Weil mein Vater ein edler Tor war. Er behauptete: »Ich war Frontsoldat im Ersten Weltkrieg, ich wurde verwundet.« – Er war sogar beim Bund jüdischer Frontkämpfer! – »Ich hab mein Lebtag kein Verbrechen begannen, mir kann nichts passieren.« Dass er schließlich vergast werden könnte: Auf die Idee ist er nicht gekommen.

Sie hingegen dachten schon bald nach dem Einmarsch an Emigration.

Ja. Ich wollte legal auswandern, hatte aber keinen gültigen Pass. Ich musste um einen neuen ansuchen, den berühmten deutschen Pass mit dem »J«. Aber dazu brauchte ich eine Steuerunbedenklichkeitserklärung. Für diese musste ich mich unzählige Stunden bei der Finanzlandesdirektion anstellen. Der Beamte sagte mir schließlich, ich müsse nachweisen, dass ich meine Steuern bezahlt hätte. Ich antwortete: »Ich bin 15-einhalb Jahre alt, habe kein Einkommen. Von was soll ich Steuern zahlen?« – »Dann muss dein Vater die Erklärung vorlegen.« – »Der kann sie nicht vorlegen, der ist im KZ.« – »Dann musst halt warten, bis er wieder herauskommt.« – »Und wovon soll ich bis dahin leben?« – »Hat dir ja keiner ang'schafft, dass du leben sollst.« Das war's. Meine einzige Chance war ein illegaler Grenzübertritt in die Tschechoslowakei, der mir auch gelang. So bin ich der einzige Überlebende meiner Familie. Und das verdanke ich einem Gesetzesbruch.

Warum kam eigentlich Ihr Vater, ein kleiner Tapezierer, derart früh ins KZ?

Wie mein Bruder war auch mein Vater ein sehr aktiver Sozialdemokrat. Er hatte damals am Wiedner Gürtel – direkt gegenüber dem Süd- beziehungsweise Ostbahnhof* – ein Geschäft. Einmal in der Woche kam ein Mann mit dem Zug aus Brünn und hatte in seinem Rucksack die Arbeiterzeitung, die dort gedruckt werden musste, weil die SP ja während des Austrofaschismus verboten war. Diese Zeitung war kleinformatig, aus Dünndruckpapier und hatte 16 Seiten. Mein Vater übernahm diese Zeitungen und verteilte sie. Das hat sich natürlich herumgesprochen: Er wurde vernadert. Mein Bruder wurde gleich mit verhaftet, kam ebenfalls nach Dachau – und dort um.

Ihr Vater hingegen wurde wieder freigelassen.

Ja, er kam ein halbes Jahr später aus Dachau heraus. Er schrieb mir nach Brünn, dass es meinen Bruder nicht mehr gibt, erwähnte aber mit keinem Wort, was sich dort abgespielt hatte. Stattdessen schickte mir mein Vater, den ich nur dunkelhaarig kannte, ein Foto von sich: Er hatte schneeweiße Haare. Was ihm in Dachau alles passiert ist: Ich will es gar nicht wissen.

Und trotz dieser Tortur dachte er nicht an Flucht?

Ich schrieb ihm: »Komm doch nach Brünn!« Und er schrieb mir zurück: »Ich habe nichts verbrochen, ich habe keinen Grund zur Flucht.«

Sie schlugen sich als Straßenmusikant durch, konnten aber nicht lange in Brünn bleiben. Hitler marschierte Anfang Oktober im Sudetenland ein …

Und plötzlich war die deutsch-tschechische Grenze nur 14 Kilometer vor Brünn entfernt. Die neue tschechische Regierung wies zudem alle Emigranten an, das Land binnen 48 Stunden zu verlassen. Und so bin ich mit einem Freund über

---

Pressburg donauabwärts getrampt, bis ich in Rumänien auf einen illegalen Transport nach Palästina stieß. Im Laderaum des ausrangierten griechischen 600-Tonnen-Frachters, der »Draga« hieß, befanden sich gut 4500 Flüchtlinge. Dementsprechend waren die Verhältnisse und die Verpflegung. Jeder konnte pro Tag nur eine Stunde an Deck sein, um Luft zu schnappen.

Sie passierten Istanbul, landeten in Palästina, konnten – im Gegensatz zu vielen anderen – schon bald von Bord. Wie ging es dann weiter?

Ich lebte in Netanya, wo das Schiff gelandet war, arbeitete als Deichgräber, pflückte Orangen, zerschnitt die schlechten, die nicht exportiert werden konnten, und verfütterte sie an Kühe.

In einem Interview sagten Sie einmal, Sie hätten als 19-Jähriger, also 1941, ein Streichquartett geschrieben.

Nein, das war nur ein bescheidener Versuch, mit Streichinstrumenten umzugehen. Er ist nicht der Rede wert.

Aber Sie wollten weiterhin Musiker werden.

Ja, das hat mich am meisten interessiert. Ich musste mir jedoch alles selbst beibringen: Ich hab mir Bücher besorgt und die Harmonielehre studiert. Aber ich hatte ja nicht einmal ein Klavier, nur ein Akkordeon.

Haben Sie nicht als Musiker für die britische Armee gearbeitet?

Ja, die englischen Soldaten, die es in dieser Gegend in rauen Mengen gab, mussten unterhalten werden. Dafür gab es eine eigene Organisation, die zuerst ENSA, später CSE, Combined Service Entertainment, hieß. Ich wurde als Begleiter am Klavier engagiert. Die Show war derart erfolgreich, dass sie laufend erweitert wurde. Zuerst spielte ich allein, dann kam ein Bassgeiger dazu, ein Gitarrist, ein Schlagzeuger, drei Bläser … Und zum Schluss leitete ich vom Klavier aus ein 24-Mann-Orchester. Einige waren sehr gute Musiker, der erste Geiger zum Beispiel war der ehemalige Konzertmeister der Bukarester Philharmonie. Der hat mir viel beigebracht. Ich hab also von den Leuten, die ich dirigiert hab, gelernt.

Wussten Sie zu jener Zeit schon, wie es Ihren Eltern ergangen war?

Nein. Ich habe erst nach dem Krieg erfahren, dass sie 1943 nach Minsk transportiert wurden. Einmal, das war noch vor dem Kriegseintritt der Vereinigten Staaten, bekam ich einen Brief. Meine Eltern schrieben an Verwandte in Amerika mit der Bitte, ihn an mich weiterzuleiten. Und ich habe über Amerika zurückgeschrieben – ich weiß aber nicht, ob meine Eltern den Brief noch erhalten haben.

Sie waren seit 1938 auf sich allein gestellt. Haben Sie darunter gelitten?

Sie müssen das mit anderen Maßstäben messen. Die Flucht war für mich eine Art Karl-May-Abenteuer. Außer, wenn ich Hunger hatte: Das war scheußlich. Und später, bei den Engländern, ist es mir eigentlich schon sehr gut gegangen. Es gab genügend zu essen, auch Fleisch, kein Vergleich zu meiner Kindheit.

In Palästina haben Sie dann Ihre Frau kennengelernt?

Nein, die kannte ich schon aus Wien.

Eine Jugendliebe also?

Wenn Sie es euphemistisch ausdrücken wollen, dann war es eine Jugendliebe. Wir waren Verlorene, haben nicht gewusst, wie es weitergehen wird. Vor allem aber: Wir konnten miteinander in unserer Muttersprache kommunizieren. Sie stammte aus einem sehr wohlhabenden Haus und wurde in eine Mädchenschule in der Nähe von Jerusalem geschickt, ist also – im Gegensatz zu mir – völlig legal eingewandert. Irgendwie hat sie erfahren, dass ich in Palästina bin. Sie schrieb mir, wir haben uns dann getroffen, und als sie mit der Schule fertig war, ist sie zu mir nach Netanja gekommen. Als sie achtzehn war, haben wir geheiratet.

Das muss 1941 gewesen sein.

Ja, damit wir uns das Datum merken, wählten wir den 1. Jänner. Wir alle, die wir im Militärdienst standen, mussten damit rechnen, den Krieg nicht zu überleben. Aber die Witwen würden eine Pension bekommen. Und deshalb haben wir geheiratet. Es gab damals ständig Unruhen, es gab Attentate, zum Teil von arabischen, zum Teil von jüdischen Terrororganisationen. Um Ihnen ein Beispiel zu geben: Nach dem Krieg lebte ich, weil die Band aufgelöst worden war, in Haifa und arbeitete dort für einen englischen Soldatensender. Ich hatte das Angebot gerne angenommen, denn es gab ein Archiv mit 16.000 Schallplatten, und ich lernte, Programme zusammenzustellen. Ich konnte mir die Platten anhören, sie miteinander vergleichen, mir meinen Geschmack bilden. Und einmal im Monat kam aus London per Schiff eine neue Ladung mit Schallplatten. Meine Aufgabe war es, mit einem Chauffeur zum Hafen zu fahren und diese Ladung in Empfang zu nehmen. Einmal aber heiratete ein Freund, ich spielte Klavier, sang G'stanzln, es wurde sehr spät – und am nächsten Morgen hab ich verschlafen. Es musste also ein anderer statt mir zu Hafen. Und der kam bei einem Attentat einer vermutlich jüdischen Terrororganisation ums Leben. Natürlich hat mir niemand geglaubt, dass ich von diesem Anschlag nichts wusste. Meine englischen Freunde im Soldatensender redeten daraufhin kein Wort mehr mit mir.

*War das mit ein Grund, warum Sie Palästina im Frühjahr 1948
verließen?*

Nein, der Sender wurde geschlossen, ich wäre arbeitslos
gewesen. Das Engagement nach London kam mir daher sehr
recht. Wir setzten nach Italien über und fuhren mit dem Zug
über Venedig nach Wien.

Sie arbeiteten dann für die Amerikaner beim Sender Rot-Weiß-Rot.

Das war auch einer dieser sonderbaren Zufälle! Ich hatte in
Haifa einen Mann kennengelernt, der ganz gute englische
Texte schrieb, von denen ich einige vertonte. Er hieß Joschi
Silberfeld. In Wien ging ich mit dem Fotografen Erich Lessing,
den ich in Haifa als Taxifahrer kennengelernt hatte, spazieren – und plötzlich kommt mir der Joschi Silberfeld entgegen.
Er war damals Programmchef bei Rot-Weiß-Rot. Wie er das
angestellt hatte, weiß ich nicht, aber die Amerikaner haben
natürlich Leute gesucht, die perfekt Englisch konnten und
keine Nazis oder Kollaborateure waren. Und Silberfeld, der
nun Joseph M. Sills hieß, holte mich zum Sender.

*1950 sollen Sie dann Helmut Qualtinger in der Rustenschacher
Sauna kennengelernt haben.*

Ich hatte bereits ein Engagement im Kabarett Simpl hinter
mir und an einem sehr guten Programm mitgewirkt, das der
Weigel geschrieben hatte. Ich hatte also schon ein bissl Kaba-
retterfahrung. Das hat der Qualtinger gewusst – und er hat
mich angesprochen. Er war mir schon aufgefallen: Denn er ist
in der Sauna in der Badehose herumgerannt – mit einer prall
gefüllten Aktentasche unterm Arm. In dieser befanden sich
seine gesammelten Werke, aus denen er mir sofort vorzulesen begann. Und wir haben uns zusammengeredet. Aber der
Stein – oder vielmehr Mann – des Anstoßes war der Michael
Kehlmann, der eine zeitversetzte Version vom Reigen machen
wollte, den »Reigen 51«, und mich fragte, ob ich die Musik

und die Überleitungen machen wolle. Natürlich war ich bereit
dazu. Dieses Programm wurde von Kehlmann, Carl Merz und
Qualtinger geschrieben. Das war unser erster großer Erfolg.
Und wir hatten das Gefühl, wenn wir zusammen bleiben,
können wir es vielleicht noch zu etwas bringen. Aber ganz
anders, als wir es uns erwartet hatten: Im '53er-ahr bin ich
mit dem Kehlmann nach Hamburg, und wir haben zu einer
Zeit, als es in ganz Deutschland nur 5000 Fernsehapparate
gab, Sendungen gemacht, alles live natürlich. Der Kehlmann
führte Regie, ich schrieb und komponierte. Wir konnten experi-
mentieren, und das war das Wichtigste. Denn die Zuschauer
haben eine Sendung nie nach dem Inhalt beurteilt, sondern
nur nach der Qualität des Empfangs. Wir konnten daher alles
machen. Solange das Bild gut war.

In Wien hatten Sie aber 1950 die Marietta Bar gepachtet.

Ja. Der Erste, den ich engagierte, war der Peter Alexander, der
als zweite Besetzung im Bürgertheater* praktisch nie etwas
zu tun hatte. Aber ich wusste, wie gut er ist, und bat ihn, bei
mir aufzutreten, was er auch tat – mit dem größten Erfolg.
Und er wurde in der Marietta von einem Schallplattenpro du-
zenten entdeckt. Die Liane Augustin ist bei mir aufgetreten,
der Ernstl Waldbrunn. Das Geschäft lief gut, aber mir ist fad
geworden, und so gab ich die Marietta auf und ging eben
nach Hamburg. Dort gab es während der Proben immer
wieder Publikumsführungen. Einmal kamen 50 Pastoren in
voller Montur ins Studio. Da wusste ich: Jetzt ist es Zeit, das
Fernsehen zu verlassen. Und als ob es ausgemacht gewesen
wäre, rief mich der Besitzer der Marietta an und fragte mich,
ob ich nicht Lust hätte, die Bar zu kaufen. Sie kostete fast auf

---

*   Das Bürgertheater wurde 1905 in der Vorderen Zollamtsstraße 13 erbaut
und 1960 abgerissen. An seiner Stelle errichtete die Gemeinde Wien die
Hauptanstalt der Zentralsparkasse. Seit Ende 2012 beherbergt das »VZ13« unter
anderem den »Standard«.

den Groschen genau das, was ich mir in Hamburg erspart hatte. Und so kam ich 1955 wieder nach Wien zurück.

Bereits 1952 war »Brettl vor dem Kopf« mit dem Lied »Der g'schupfte Ferdl« herausgekommen. Nun folgten die weiteren mittlerweile legendären Programme wie »Blattl vorm Mund«, »Brettl vorm Klavier«, »Marx und Moritz« und »Glasl vorm Aug«. Die Zusammenarbeit mit Carl Merz, Helmut Qualtinger, Georg Kreisler und Peter Wehle soll aber nicht ganz konfliktfrei gewesen sein. Es wurde an jedem Satz gefeilt.

Ich bin eben als Sozialdemokrat aufgewachsen. Der Merz war ein Kohlrabenschwarzer. Der Kreisler eigentlich ein Kommunist. Der Wehle war ein katholischer Monarchist. Und der Qualtinger ein Nihilist. Eine politische Nummer zu schreiben, war also nicht ganz einfach. Zum Beispiel: Qualtinger und Merz wollten vor Augen führen, dass eine Koexistenz mit den Kommunisten im Ostblock nicht denkbar ist. Der Kreisler hat protestiert und gesagt, er steigt aus. Und zu Saisonende ist er dann auch ausgestiegen.

Sie sollen einmal gesagt haben, das Team sei 1961 aufgrund von »Barackenkoller« zerfallen.

Das hat der Qualtinger so bezeichnet. Wenn man so viele Jahre gemeinsam in einer Garderobe sitzt, hat man genug voneinander. Aber das war nicht der eigentliche Grund. Sondern: Nach einer Vorstellung von »Hackl vorm Kreuz« kam der Regisseur Oscar Fritz Schuh zum Qualtinger und sagte ihm: »Ich übernehme in der nächsten Saison das Schauspielhaus in Köln und möchte, dass Sie bei mir Richard III. spielen.« Qualtinger war völlig von den Socken – und sagte, er hört mit dem Kabarett auf. Was er auch tat. Richard III. hat er aber bis zu seinem Lebensende nie verkörpert. Stattdessen spielte er den »Herrn Karl«. Ich baute inzwischen ein neues Ensemble auf – mit dem Peter Orthofer, dem Kuno Knöbl, dem Dieter Gogg, dem Gert Steffen. Eines Tages kam der Erich Neuberg,

Oberspielleiter des Fernsehens, zu mir und sagte: »Der Quasi möchte wieder mit dir Kabarett machen, und zwar im Fernsehen.« Schließlich hatten wir 1958 fast jedes Monat ein Fernsehkabarett gemacht, es hieß »Spiegel vorm G'sicht« und war ungemein erfolgreich. Aber ich sagte ihm, ich könne doch nicht meinem neuen Ensemble im Fernsehen Konkurrenz machen – denn dieses Kabarett würde natürlich viel erfolgreicher sein als das, was ich im Kärntnertortheater produzierte. Das hat der Neuberg eingesehen. Aber der Qualtinger nicht. Und er war viele Jahre bös auf mich.

Eine Nummer aber haben Sie später doch gemeinsam für das Fernsehen gemacht.

Wir schrieben eine Nummer, die mir noch heute gefällt, darüber, wie ein Gastarbeiter die Österreicher sieht. Also eine Nummer, die der Qualtinger in seiner guten Zeit aus dem linken Westentaschl gespielt hätte. Aber er konnte es nicht mehr. Sein Gehirn war durch die vielen Entwöhnungskuren und Elektroschocks schon so korrodiert. Es war immer schwer, ihm eine musikalische Nummer beizubringen, aber es ging. Nun aber brauchte er bei der Aufzeichnung für diese drei Minuten über 20 Schnitte. Er hatte diesen Beruf leider verlernt.

Hat es Sie eigentlich gegrämt, dass der Qualtinger mit dem »Herrn Karl« einen derartigen Erfolg feierte?

Nein, es hat mich nur gewundert. 95 Prozent des »Herrn Karl« stammen vom Merz, die Idee hatte der Nikolaus Haenel, und der Qualtinger hat da und dort bloß ein Lichterl aufgesetzt.

Zusammengearbeitet haben Sie dann nur mehr mit Peter Wehle.

Ja, insgesamt 38 Jahre lang. Bis zu seinem Tod. Wir haben beide komponiert, Texte geschrieben, Klavier gespielt und vorgetragen. Bevor wir einander kannten, wurden wir immer gegeneinander ausgespielt. Wenn ich ein Angebot bekam und die Höhe meines Honorars nannte, hieß es, der Wehle macht das weit billiger. Und ihm ging es genauso. Bis wir uns absprachen. Kurz danach bekamen wir unabhängig voneinander einen Auftrag für eine größere Sache des Senders Rot-Weiß-Rot. Da haben wir uns gesagt: »Schreiben wir das miteinander, das geht g'schwinder.« So sind wir zusammengekommen. Die Firma nannten wir »Die vereinigten Chanson-Werke Bronner und Wehle«.

Sie spielten auch genau definierte Typen.

Der Wehle war der depperte Schusslige, ich der unangenehme G'scheite. Ich kann Ihnen versichern: Einige der bösesten Sätze, die ich in einer Doppelconférence über den Wehle sagte, stammen eigentlich von ihm. Zum Beispiel der Schüttelreim: »Es tut mir in der Seele weh, wenn ich den Peter Wehle seh.«

Das hat das Publikum natürlich nicht wissen können: Es setzt die Figur mit der Person gleich.

Natürlich. Wehle, der Jus und Germanistik studiert hatte, saß einmal im Kaffeehaus und las die Zeitung. Da spricht ihn ein Gast an: »Sie sind doch Doktor.« – »Eigentlich doppelter Doktor.« – »Sagen Sie, wie können Sie es ertragen, dass dieser arrogante Bronner Sie im Fernsehen so behandelt?« Dass wir diese Typen nur gespielt haben, kapiert ein normales Publikum ja nicht.

Mit Georg Kreisler hingegen war eine Zusammenarbeit nicht mehr möglich?

Ja. Der hat Sachen geschrieben in Deutschland! »Liegt der Staatsanwalt in seinem Blut, dann geht's mir gut, dann geht's mir gut.« Entsetzlich!

Ihre Kritik an den aggressiven Texten der deutschen Liedermacher wie Wolf Biermann und Franz Josef Degenhardt sorgte für eine Erregung: Thomas Rothschild bezeichnete Sie in der »Frankfurter Rundschau« als »arrogant-konservativen Berufspessimisten«. Sie entgegneten: »Lieder sind nicht nur ein Zeitvertreib, Lieder sind auch ein geistiges Symptom, sie entstehen nicht zufällig.« Und zitierten eine Zeile aus einem illegalen Nazi-Lied, mit dem Sie 1935 in der Schule konfrontiert worden waren: »Wenn's Judenblut vom Messer spritzt.« Seither seien Sie auf politische Lieder dieser Art sehr allergisch.

Ja. Nach dem Mord an dem Industriellen Hanns-Martin Schleyer 1977 machte ich eine Radiosendung »Schlager für Fortgeschrittene«, die nur aus Liedern bestand, die zum Terror aufriefen. Diese Sendung hat in Deutschland ungeheure Furore gemacht. Und hatte zur Folge, dass die großen Schallplattenfirmen sich die Texte anschauten, bevor sie diese auf Platte veröffentlichten.

Sie haben sich auch wiederholt sehr negativ über die Beatles geäußert. Warum eigentlich?

Ich hasse jede Art von Personenkult, egal, ob das der Stalin ist, der Hitler oder Karajan oder die Rolling Stones. Die Beatles waren Schlagerschreiber und Vortragende – und kein Grund, um einen Kult um sie aufzubauen. Meine Kritik war in erster Linie gegen die Fans gerichtet. Zudem haben sie Rauschgift salonfähig gemacht, was mich wahnsinnig störte. Im Song »Lucy in the Sky with Diamonds« LSD zu verherrlichen: Da spiel ich nicht mit! Deshalb habe ich mehrmals gegen die Beatles polemisiert – und ich nehme nicht ein Wort zurück. Dass sie nebenbei einige sehr gute Lieder geschrieben haben: keine Frage.

Sie waren immer unangenehm – auch in Ihren Kabaretts: Sie prangerten Missstände an, kritisierten die Politiker.

Ich habe Kabarett als »Kritik an der reinen Unvernunft« definiert. Und die Unvernunft geht ja bekanntlich durch sämtliche Parteien und sämtliche Bevölkerungsschichten.

Sie haben mitunter auch aktiv Politik betrieben: Aufgrund Ihres Liedes »Der Papa wird's schon richten« musste der damalige Unterrichtsminister Felix Hurdes, der einen Autounfall seines Sohnes zu vertuschen versuchte, zurücktreten.

Ich hätte die Nummer aber auch geschrieben, wenn der Hurdes ein Roter gewesen wäre. Sie war nicht so sehr gegen den Hurdes oder dessen Sohn gerichtet, sondern gegen die Polizei, die sich von einem Bonzen beeinflussen ließ, und die Justiz, die den Fall niederschlug. Eine Anekdote am Rande: Mitte der 60er-Jahre erarbeitete ich gemeinsam mit dem Reinhard Federmann im Kärntnertortheater ein Programm mit dem Titel »Companero ole«, das sich mit dem Fall Franz Olah, der aus der SPÖ ausgeschlossen worden war, beschäftigte. Wir hatten sehr viel Hintergrundmaterial gesammelt, unter anderem auch über die Finanzierung der »Kronen Zeitung«. Damit das Programm nicht verboten werden konnte, haben wir das Ganze in ein Fantasieland nach Südamerika verlegt. In einer Sitzung des SP-Zentralkomitees wurde daraufhin der Antrag gestellt, mich aus der Partei auszuschließen. Und Otto Probst, damals der Zentralsekretär, musste zu seinen Genossen sagen: »Da werdet ihr euch schwertun, meine Herren. Der ist gar kein Mitglied bei uns.«

Sie wussten doch ganz genau, dass Sie sich mit Ihrer Kritik unbeliebt machen. Wie geht man damit um? Man will doch geliebt werden?

Nein. Man will zur Kenntnis genommen werden. Und vielleicht verstanden werden. Ins Theater kommen von vornherein nur die Leute, die mein Kabarett hören wollen. Ich bin mir daher vorgekommen wie einer, der älteren Damen erklärt, dass Witwenverbrennungen schädlich sind. Im Fernsehen hingegen konnte ich auch Andersdenkende erreichen. Und die Menschen, die geglaubt haben, dass Hitler gut war für Deutschland, haben sich natürlich, wenn sie meine Polemiken gegen die Neonazis gehört haben, auf den Schlips getreten gefühlt. Das Gleiche passierte, wenn wir gegen die Schwarzen oder die Roten polemisierten.

Sie sagten einmal: Der einzige Platz für einen anständigen Menschen ist zwischen den Stühlen. Das bedeutet ziemlich viele Schwierigkeiten.

Weiß Gott, natürlich.

Sie sind in den 8oer-Jahren nach Florida übersiedelt. Eigentlich, um in den Ruhestand zu treten. Aber Sie haben ein Buch und Lieder für behinderte Kinder geschrieben, Sie haben eine Messe für eine Synagoge komponiert – und sind dann doch wieder nach Österreich zurückgekehrt.

Ja. Ich hatte zwar meine Steuerschulden gezahlt, aber die Steuerstrafe empfand ich als ungerechtfertigt: Ein CV-Richter hatte mich auf eine Art und Weise behandelt, dass ich mich weigerte, die Million Schilling zu zahlen, die ich natürlich hätte zahlen können. Deshalb konnte ich nicht zurückkommen. Da haben Freunde – unter anderem Robert Jungbluth – eine Initiative in die Wege geleitet: Die Strafe zahlten schließlich der ORF, die CA, die Bank Austria, die Casino AG und andere staatliche oder staatsnahe Unternehmen. Mit anderen Worten: Der österreichische Staat kassierte die Strafe, indem er das Geld von einer Tasche in die andere steckte. Zurück in Wien habe mich sehr gefreut, so viele Freunde wiederzusehen. Denn es gab eigentlich zwei Gründe, warum ich nach Florida gegangen war: Auf meine Kritik an Waldheim in der Radiosendung »Guglhupf« kamen antisemitische Leserbriefe, und die waren nicht mehr, wie davor, anonym, sondern mit Namen und Adresse. Der andere Grund war, dass viele meiner Wegbegleiter gestorben waren, inklusive meiner Frau. Ich dachte damals, ich wäre völlig allein, ich hätte keine Freunde mehr. Und dann passierte diese Aktion! Da konnte ich gar nicht anders, als zurückkehren. Und siehe da, es bestand eine Nachfrage nach meinen Sachen. Keiner hat sich darüber mehr gewundert als ich, der ich geglaubt hatte, längst zum alten Eisen zu gehören.

Was würden Sie als Ihren größten Erfolg bezeichnen?

Eine Neufassung der »Fledermaus« für die Covent Garden Opera in London, die vom Fernsehen in die ganze Welt übertragen und mit hymnischen Kritiken bedacht wurde.

Also auf einem ganz anderen Gebiet.

Ja. Das ist ja das Perverse. In Österreich bin ich nur als Kabarettist bekannt. Im Ausland hingegen überhaupt nicht. Dort hab ich Offenbach-Bearbeitungen gemacht, Filmmusiken, Drehbücher …

Fürs Theater an der Wien haben Sie Musicals übersetzt, »Cabaret« zum Beispiel und »My Fair Lady«.

Ja, aber daran denkt kein Mensch. Man denkt nur an den »G'schupften Ferdl«. Und der ist wieder untrennbar mit dem Qualtinger verbunden.

Irgendwie ungerecht: Der Interpret gilt immer mehr als der Schöpfer. Wie zum Beispiel die CD mit den Titel »Die Qualtinger-Songs«: Die Lieder wurden fast alle von Ihnen geschrieben.

Sie sagen es. Beim »Trivial Pursuit« gibt es die Frage: Von wem stammt das Lied »Der Marlon Brando mit seiner Maschin'«? Und 90 Prozent antworten wohl: Helmut Qualtinger.

Vielleicht nur ein schwacher Trost: Diese Lieder sind längst österreichisches Kulturgut.

Schön, wenn Sie das so betrachten.

Was sind Ihre nächsten Pläne? Sie hatten doch immer den Traum von einem großen Musiktheaterstück.

Ja, ich habe jetzt auch ein diesbezügliches Angebot. Vor einigen Jahren schrieb ich ein Filmdrehbuch, basierend auf dem »Hotel Savoy« von Joseph Roth, das nicht realisiert werden kann, weil es zu teuer käme. Aber ein Produzent ist derart begeistert, dass er aus dem Inhalt ein Musical will. Wir werden sehen. Ich habe so viele Träume geträumt in meinem Leben, aus denen nichts geworden ist. Es würde mich nicht wundern, wenn auch aus diesem nichts würde.

ERICH LESSING:
»MAN DACHTE: ES WIRD SCHON
VORBEIGEHEN«

Erich Lessing, am 23. Juli 1923 in Wien geboren, lernte ich im Jänner 1997 über Regina Maria Anzenberger kennen. Sie gedachte einen Band herauszubringen, in dem 22 Fotografen, die sie in ihrer Agentur unter Vertrag hatte, vorgestellt werden sollten. Und sie wünschte sich ein Vorwort vom Meister der Reportagefotografie. Doch Erich Lessing hatte, wie immer, zu viel Arbeit: Er könne bloß für ein Interview zur Verfügung stehen. Regina bat mich, dieses zu führen. Aus Respekt vor Erich Lessing und seinen präzise formulierten Gedanken ließ ich dann einfach die Fragen weg: Das Interview wurde als Text von ihm veröffentlicht.

Wir sprachen damals ausschließlich über die Fotoreportage – und die Wahrheit. »Die Fotografie besitzt keinen Wahrheitsgehalt«, sagte Lessing. »Das Bild erhält seine Bedeutung durch den Text, durch seine Bildunterschrift. Unter jedem Foto kann, wie es auch oft passiert, das genaue Gegenteil dessen stehen, was es eigentlich ausdrücken sollte.« Er erklärte dies anhand der Fotos, die er und andere im Oktober 1956 beim Volksaufstand in Ungarn geschossen hatten: »Gerade diese Bilder aus Ungarn mussten als Beweis herhalten für die unterschiedlichsten politischen Auffassungen.« Lessing nahm ein Foto zur Hand, das einen hingerichteten Mann zeigte. »Das Bild ist scheußlich, so viel können wir sehen. Die Reportage aber sollte weit mehr erzählen als nur vom Faktum des Gräuels. Doch ohne den Text kann das Foto diese Arbeit nicht leisten. Trotzdem misst man dem Foto mehr Wahrhaftigkeit bei als dem Text. Leider. Denn den Text muss ich ändern, um eine andere Aussage zu erzielen. Beim Bild aber reicht es, wenn ich etwas anderes darunterschreibe.«

Es heiße zudem, sagte Lessing, dass man die Wirklichkeit mit Worten viel eher falsch darstellen könne als mit einem Fotoapparat. »Aber auch das stimmt nicht. Wieder ein Beispiel: Von Hitlers Rede am Wiener Heldenplatz wurden immer nur jene Fotos publiziert, auf denen man eine riesige Menschenmenge sieht. Kürzlich jedoch sind Fotos aufgetaucht, die aus einer leicht anderen Perspektive aufgenommen worden waren. Sie zeigen, dass bereits beim Volksgarten niemand mehr stand. Sooo viele waren es also gar nicht, die Hitler zugejubelt haben. Wir sehen: Wie der Text kann auch das Bild jede Situation in ihr Gegenteil verkehren. Es ist nur die Frage: Was schneidet man heraus? Was will man sehen? Und vor allem: Was will man nicht sehen?«

Natürlich könnten wir skeptischer sein und die Bilder anzweifeln, sagte Lessing. »Aber in der Regel tun wir es nicht. Wir glauben dem Bild, selbst wenn es, wie es in der Sowjetunion üblich war, retuschiert wurde. In der heutigen Zeit ist diese Prozedur der Retusche noch viel einfacher geworden. Die Informationen, mit einer elektronischen Kamera eingefangen und abgespeichert, können am Computer völlig verändert werden, ohne dass im Nachhinein eine Manipulation feststellbar wäre. Wir dringen immer tiefer in eine visuelle Scheinwelt ein. Wir können heutzutage sogar schon weltverändernd manipulieren.«

Retuschiert wurden Fotos, sagte Lessing, seit Anfang an: »Selbst wenn man jemandem die Falten wegnimmt, handelt es sich streng genommen schon um eine Manipulation. Doch wenn eine Dame durch diesen Kniff schöner ist als in Wirklichkeit – keiner wird sich daran stoßen. Ganz anders aber verhält es sich, wenn durch manipulierte Bilder ein Volksaufstand hervorgerufen wird oder sie dazu dienen, eine Konterrevolution zu rechtfertigen. Die Frage lautet also: Wo setzen wir die Grenze? Welche Manipulationen können wir noch tolerieren? Welche nicht mehr? Nicht das Ausmaß der Retusche ist das Entscheidende, sondern ihr Zweck.«

Ähnliche Fragen müsse sich auch der Fotoreporter selbst stellen, weil er nur einen bestimmten Ausschnitt der Wirklichkeit festhält, eine bestimmte Sicht. »Der ernsthafte Fotoreporter sagt: ›Ich fotografiere, was ich sehe.‹ Aber was er sieht, unterliegt schon seiner eigenen Zensur. Er sieht eigentlich nur das, was er sehen möchte. Und das, was er mit seinen Augen sehen möchte, ist zugleich auch das, was er mit seiner Kamera sieht. Das Foto ist die Übersetzung seines eigenen Wollens.«

Die klassische Fotoreportage hatte Lessing längst aufgegeben. Zusammen mit seiner Frau Trudl baute er damals ein riesiges Archiv auf, das gegenwärtig 40.000 Fotos aus über 500 Museen und Sammlungen umfasst. Er brachte herrliche Bildbände heraus und komponierte Fotos zu bestimmten Themen. Mitte März 2012 eröffnete Lessing in der Wiener Innenstadt einen Schauraum. Ich bat ihn um ein Interview. »Standard«-Fotograf Matthias Cremer, ein ehemaliger Student von Lessing, begleitete mich zum Gespräch, das am Nachmittag des 21. März 2012 stattfand. Erich Lessing war trotz des Trubels zwischen einem Pressegespräch und den letzten Entscheidungen, wo welches Foto hängen sollte, unglaublich entspannt.

Mit knapp 89 Jahren haben Sie in der Weihburggasse 22 im Zentrum von Wien eine Galerie für Ihre Fotografien eröffnet. Wie kam es denn dazu?

Wie sagt man? Wenn es dem Esel zu gut geht, geht er aufs Glatteis tanzen. Ich habe an Hunderten – ich weiß nicht wie vielen – Ausstellungen teilgenommen. Eine Wanderausstellung des Außenamts war von Nordbrasilien bis zur Südspitze

Afrikas zu sehen. Das war sehr schön. Aber in Österreich gab
es fast keine Ausstellungen. Irgendwann saßen wir mit der
Kunstkritikerin Angelica Bäumer zusammen. Sie meinte, ich
sollte eine Galerie aufmachen. Ich sagte: »Das ist viel zu teuer.«
Aber sie sagte: »Vis-à-vis meiner Wohnung in der Weihburggasse hat gerade ein Modegeschäft zugesperrt. Schau dir das
doch einmal an!« Ich hab mir das Lokal angeschaut – und
stellte fest: Eigentlich ist es ideal für eine kleine Galerie. Ich
kann all die Bilder zeigen, die man jahrzehntelang nicht oder
noch nie in Österreich gesehen hat, darunter eben die Farbbil-
der, die Landschaften, die Kunstwerke. Ich dachte mir: Schau
ma mal. Die Miete werde ich bezahlen können. Es kann ja
nicht viel passieren. Notfalls sperr ich die Galerie eben wieder
zu.

Natürlich gibt es etliche »Klassiker« aus der Nachkriegszeit zu sehen.
Diese Schwarzweißfotos ergänzen Sie mit einer Themenausstellung.

Ja. Wir haben uns gefragt: Was mach ma als erste Ausstellung? Normalerweise heißt es immer: Die Fotos vom
Staatsvertrag! Aber das staubt mir schon bei den Ohren
heraus. Und ich glaube, den Beschauern auch. Ich sagte:
Warum nicht eine Osterausstellung? Ich hab so viele Sachen
fotografiert, die mit Ostern und Jesus im Zusammenhang
stehen. Ich dachte mir, es wird sich eine Melange finden,
die ja meine Spezialität ist in der Farbfotografie. Und sie
hat sich gefunden. Sie besteht aus realen Orten des Gesche-
hens, aus Mosaiken, Skulpturen und Gemälden. Wir haben
etwa 35 Bilder ausgewählt: von Jericho bis Jerusalem, der
Tempel, das Gleichnis mit dem Geld, das »letzte Abendmahl«
von Leonardo, der Garten von Gethsemane, das Gebet am
Ölberg, Pilatus, sich die Hände waschend, Golgatha, eine
italienische Kreuztragung aus dem Louvre, eine Kreuzigungs-
szene aus dem Kunsthistorischen Museum, eine süddeutsche
Pieta aus dem 15. Jahrhundert, die mich sehr beeindruckt hat,
die Grabeskirche und so weiter.

Ich bin verwundert, dass Sie sich derart intensiv mit dem katholischen Glauben beschäftigt haben.

Ernst Bloch sagte, dass nur ein gläubiger Katholik den Atheismus verstehen könne. Ich drehe es um: Nur ein guter Atheist kann sich in den Glauben einfühlen.

Ihr Schauraum ist auch eine richtige Fundgrube: Sie verkaufen unter anderem Ihre Originalpressefotos aus den 50er- und 60er-Jahren.

Die ersten Fotos sind aus 1948, viele aus der Magnum-Zeit. Sie kosten ab 1500 Euro, die meisten sind Unikate. Da muss man sich ein bisschen hinsetzen und in den großen Schachteln stöbern. Die Qualität der Ausarbeitungen ist, das muss ich schon sagen, bestechend – auch noch nach 60 Jahren. Es gibt aber auch »modern prints«, die für junge Sammler erschwinglich sind.

Ihre Familie wurde vom NS-Regime verfolgt, Sie konnten nach Palästina fliehen. Warum sind Sie bereits 1947 wieder nach Wien zurückgekehrt?

Ich wollte eigentlich nach Paris auf die Filmakademie, aber ich hab kein Frankreich-Visum bekommen – weder in Jerusalem, noch in Wien. In Wien konnte ich wenigstens schauen, ob noch irgendjemand von unserer Familie am Leben ist. Und dann bin ich hängen geblieben. Ich hatte kein Geld mehr, suchte einen Job, hab meine Frau kennengelernt. Und so bin ich immer noch da.

Sie wuchsen im achten Bezirk auf, in der Albertgasse, gleich beim Café Hummel.

Ich ging in eine ganz progressive Volksschule, die erste Otto-Glöckel-Versuchsschule. Wir haben sie geliebt. Auch das RG 8, ein Realgymnasium, war eine gute Schule, aber nach dieser wunderbaren Volksschule entsetzlich.

Im März 1938, als die deutschen Truppen in Österreich einmarschierten, waren Sie knapp 15 Jahre alt. Wie haben Sie die NS-Zeit erlebt?

Es gab nur ein paar Raufereien und unangenehme Erlebnisse. Ich ging für ein paar Monate in eine jüdische Klasse. Der Klassenvorstand, Professor Otto Repp, war Musikkritiker der »Reichspost«. Er hatte jahrelang neben meiner Mutter im Abonnementkonzert der Philharmoniker gesessen. Nach dem Anschluss kam er mit dem illegalen Parteiabzeichen am Revers herein. Ich fing eine Ohrfeige, weil ich nicht schnell genug aufgestanden bin. Der von uns gehasste und gefürchtete Mathematikprofessor hingegen sagte: »Ich begrüße die neuen jüdischen Schüler. Ich hoffe, Sie alle werden diese komplizierte Zeit wohlbehalten und in Frieden überstehen. Wir gehen über zum archimedischen Lehrsatz.« Im Sommer 1938 wurde die Schule für uns gesperrt.

Was haben Sie dann gemacht?

Wir Jugendliche haben uns in den jüdischen Heimen in der Oberen Donaustraße und in der Jordangasse um die Jüngeren, um die Kinder gekümmert.

Sofort zu fliehen kam Ihnen nicht in den Sinn? Im November 1938 war die »Reichskristallnacht«.

Aber danach hieß es, das sei nicht gewollt gewesen, das waren die Rowdies. Dass die Vernichtung geplant war, hat niemand geglaubt. Man dachte: Es wird schon vorbeigehen. Erst Ende 1939 hat man geahnt, dass es für die Juden schlecht ausgehen wird. Und dann hat meine Generation versucht, noch schnell wegzukommen. Arg wurde es erst, als man keine Ausreisepapiere mehr bekommen hat. Ich erinnere mich noch an den zerstörten Tempel in der Seitenstettengasse. Ich wurde vorgeladen, um in ein Jugendlager nach Polen zu fahren. Nach Lublin. Ich bin zwar zum Bahnhof gegangen, aber in Meidling mit einem Freund wieder ausgestiegen. Wir dachten uns: »Das riecht nicht gut, steigen wir lieber aus.« Sonderbarerweise hat uns niemand aufgehalten. Das war Anfang Dezember 1939.

Und dann sind Sie nach Palästina.

Über Triest. In Haifa bin ich am 28. Dezember 1939 angekommen – am Tag des Kriegseintritts Italiens. Im letzten Moment. Die »Galiläa« ist in Haifa eingelaufen, hat ausgeladen – und ist sofort wieder weg. Weil der Kapitän genau wusste, dass er zwei Stunden später festsitzen würde.

War es nicht schwierig, eine Schiffspassage zu bekommen?

Das ging automatisch, wenn man ein Ausreise- und ein Einreisevisum hatte. Ich hatte zwei Auflagen zu erfüllen, um ein Ausreisevisum zu bekommen: Man musste die »Juva«, die Judenvermögensabgabe, zahlen. Und dann brauchte ich eine Steuerunbedenklichkeitserklärung. Die Gestapo machte sich den Spaß, dass die eine abgelaufen war, bevor die andere gültig wurde. Was sollte ich tun? Ich weiß nicht, war es der Teddy Kollek, der gerade zu Verhandlungen mit Adolf Eichmann in Wien war, oder der Dolfi Brunner*. Jedenfalls, einer der beiden sagte zu mir: »Naja, aus dem 9. Dezember machen wir einen 19. Dezember. Dann gehst du in die Naglergasse zur Lichtbildstelle Alpenland und verlangst den Herrn Harand. Dem sagst du, dass du eine Kopie brauchst.« So ging ich in die Naglergasse. Herr Harand schaute sich die Papiere an und sagte: »Besonders gut leserlich wird die Kopie nicht sein. Du gehst dann in die Alser Straße zu einem Notar über dem Café Wöst« – ich weiß seinen Namen nicht mehr – »und

---

*   Adolf Brunner, geboren am 29. Dezember 1915 in Wien, studierte Medizin, engagierte sich in der zionistischen Jugendbewegung und verhalf nach dem »Anschluss« 1938 Hunderten oder gar Tausenden jungen Wiener Juden zur Ausreise nach Palästina. Von 1942 an, als auch er nach Palästina ging, nannte er sich Daniel.

sagst ihm, dass du von mir kommst. Er möge bitte die Kopie beglaubigen. Und mit der fährst du weg. Das Original lässt du beim Notar.« So geschah es auch. Die beiden haben das sicher einige Male gemacht und einige Menschen gerettet – so auch mich.

Sie sind mit dem Zug nach Triest?

Ja. Mit einem Kollegen verbrachte ich eine Nacht in einem Jugendlager – und dann sind wir auf das Schiff und weg.

Ihr Vater war damals bereits tot?

Er starb 1933, ich hatte einen Vormund.

Und Ihre Mutter?

Sie hätte mit einem illegalen Transport die Donau hinunter-fahren können. Aber die Holländer, die diese Transporte orga-nisierten, nahmen ältere Personen nicht mit, weil es zu gefähr-lich war. Meine Großmutter hätte daher nicht mitkommen können. Meine Mutter wollte sie nicht allein lassen. Meine Großmutter kam später nach Theresienstadt. Und meine Mutter nach Auschwitz. Beide kamen um.

Haben Sie deren Schicksal eruieren können?

Nein. Meine Tochter Hannah ist Generalsekretärin des Natio-nalfonds der Republik Österreich für Opfer des Nationalsozia-lismus. Aber auch sie fand nichts heraus.

Wie erfuhren Sie vom Tod Ihrer Mutter?

Es gab die Möglichkeit, einmal im Monat fünf Zeilen über das Rote Kreuz zu schreiben: »Wie geht es Dir? Mir geht es gut.« Als 1943 kein Lebenszeichen mehr kam, wusste ich: Da ist etwas passiert.

Da waren Sie schon im Kibbuz?

Nein, ich studierte noch am Technion Radiotechnik. Das war eine schöne Zeit. Damals lernte ich Gerhard Bronner kennen. Er war Pianist in einer Bar in Achusa, einem Stadtteil von Haifa am Karmel. Und ich war Taxichauffeur. Von Zeit zu Zeit wurde nachts aus der Bar angerufen: »Der Pianist braucht ein Taxi.« So sind wir draufgekommen, dass wir beide aus Wien stammen. Daraus entwickelte sich eine Freundschaft. Ich lernte bei ihm Klavier. Meine Mutter war eine gute Konzertpianistin gewesen. Aber der Gerhard hat es bald aufgegeben. Er sagte: »Aus dir wird nie ein Pianist werden.« Aber ich chauffierte nicht nur ihn, sondern auch seine Frau: Ich holte sie mit dem neugeborenen Baby vom Krankenhaus ab und brachte sie nach Hause. Das Baby war Oscar Bronner.

Fotografierten Sie bereits?

Ja, das Fotografieren hat mich immer schon interessiert, aber es war keine Lebensaufgabe. Ich bin noch immer der Fotograf ohne Kamera. Ich muss nicht andauernd fotografieren.

Wie wurden Sie Reportagefotograf? Erst in Wien?

Ja. Ich dachte mir: Das Landwirtschaftsleben im Kibbuz, das Züchten von Fischen, ist doch nicht meine Lebensaufgabe. Schauen wir doch einmal, wie das mit der Fotografie ist. Und das war damals, 1945/46 eine herrliche Lebensart: Strandfotograf – in Netanja. Das war lustig, aber auch nicht erfüllend. Und so wollte ich nach Paris.

Aber Sie kamen nach Wien.

Zunächst mit einem kleinen Schiff von Haifa nach Neapel. Über Rom und Venedig. Und dann mit dem Zug über den Brenner. Ich versuchte, Fotos zu verkaufen, aber das hat niemanden interessiert. Ich ging von einer Agentur zur anderen, niemand suchte einen Fotografen. Nur die Reporterin der Associated Press sagte: »Lassen Sie Ihre Adresse da! Vielleicht brauchen wir einmal einen Fotografen.« Ich lebte in einer kleinen Pension in der Schubertgasse. Auf einmal kam die Vermieterin: »Die Polizei sucht Sie! Sie müssen sofort aufs Kommissariat!« Ich dachte mir: Ich bin ja nicht in der russischen, sondern in der amerikanischen Zone, ich kann da ruhig hingehen. Und dort sagte man mir: »Die Amerikaner suchen Sie! Sie sollen sich bitte in der Seidengasse melden.« Ich ging hin – und traf auf die Reporterin. Ich wurde gleich angestellt. Ein Jahr später hat sie gekündigt. Weil man ja doch im Büro kein Verhältnis haben soll. So ist meine Freundin Traudl zu Reuters gegangen – und ich bin bei der AP geblieben.

Stimmt es, dass Sie einen viel zu großen Hut getragen haben?

Das behauptet meine Frau. Ich kaufte ihn auf der Rückreise von Palästina in Neapel. Ein Borsalino. Später wurde er mir auf der Bellaria vom Kopf geweht.

Sie blieben aber nicht lange bei der AP.

1950 ging ich über die grüne Grenze bei Berchtesgaden nach Deutschland und arbeitete für das »Heute«, ich machte eine große Reportage über Triest. Ich wollte dorthin zurück, wo ich Europa verlassen hatte. Die Reportage war anscheinend sehr gut – mir würde sie heute sicher nicht mehr gefallen. Und dann bin ich zur »Quick«. Das war eine großartige Zeit. Der Bildredakteur sagte: »Interessiert Sie Spanien? Gut, gehen Sie an die Kasse, nehmen Sie sich 3000 Mark – und kommen Sie gesund wieder.« Ich rief meine Freundin an: »Lern schnell Spanisch! Und wir müssen heiraten, denn sonst kriegen wir in Spanien kein Doppelzimmer.« 1951 sind wir nach Spanien, dann nach Frankreich. Es begann ein Jahrzehnt des Herumreisens.

Und Sie wurden Magnum-Fotograf.

Ende 1951 fuhren wir zum ersten Europakongress nach Straßburg. Da kam ein Fotograf auf mich zu: »Ich bin Chim.« Ich kannte ihn: Er war David Seymour, einer der Gründer von Magnum. Er sagte: »Ich hab von dir gehört. Komm doch nach Paris, der Ernst Haas ist schon da. Es wär doch schön, wenn wir einen zweiten Wiener hätten.« Und weil wir keine Wohnung, kein gar nichts hatten, sind wir nach Paris. Aber zuerst haben wir natürlich in München die Bilder abgeliefert – und hatten Krach, was mich für Magnum besonders prädestiniert hat.

Warum Krach?

Der damalige Textredakteur war ein sehr rechtsradikal eingestellter Bürgerlicher. Seine Bildtexte waren sehr antieuropäisch – und nicht so, wie meine Frau sie geschrieben hat. Der Verleger kam vom vierten Stock herunter: »Was ist das für eine Schreierei?« Ich hab mich durchgesetzt.

Das ist ja das prinzipielle Problem des Bildes: Dass es missbraucht werden kann.

Ja. Man glaubt, dass das Bild an sich eine Aussage hat. Aber es hat keine Aussage. Es ist ein völlig neutrales Gebilde. Eine konkrete Aussage erhält es erst durch die Bildunterschrift. Ohne Text ist das Bild vielleicht sehr schön oder sehr traurig, aber mehr nicht.

Sie haben vorhin Ernst Haas erwähnt. Sie kannten ihn aus Wien?

Ja. Ich lernte ihn bereits in den ersten Tagen in Wien kennen. Und weil ich kein Labor hatte, stellte mir seine Mutter, die in der Blechturmgasse wohnte, ihre Badewanne zur Verfügung, um die Filme zu entwickeln. Da war der Ernstl schon in Paris.

Nach Ihrer Ankunft in Paris wohnten Sie in einem Hotel – und hatten einen berühmten Nachbarn.

Wir waren in einem Hotel in Saint-Germain-des-Prés untergebracht, in der Rue du dragon. Ein besoffener Maler hat ständig randaliert. Ich hätte ihn fotografieren sollen! Es war Francis Bacon. Wir verließen das Hotel bald wieder. Aber nicht, weil er so laut war, sondern weil das Hotel so teuer war.

Die 1950er-Jahre waren eine extrem spannende Zeit: der Wiederaufbau, der Kalte Krieg und so weiter. Was war für Sie das zentrale Ereignis?

Der österreichische Staatsvertrag. Und Ungarn. Die Niederschlagung des Freiheitskampfes war auch der Grund, warum ich aufgehört habe, Schwarzweiß-Reportagen zu machen. Weil sich im November 1956 in Budapest herausgestellt hat, dass unsere Hoffnung, durch die Reportage, durch das Fotografieren den Gang der Weltgeschichte ein bisschen beeinflussen zu können, als Illusion, als Irrtum herausgestellt hat. Jalta war eben wichtiger als Ungarn. Meine Frau lebte damals in Genf, sie leitete die Bildabteilung der Weltgesundheitsorganisation. Sie sagte: »Du kommst von einer Reportage nach Hause – und bist am nächsten Tag wieder weg. So kann das nicht weitergehen.« Wir beschlossen, nach Wien zu übersiedeln und Kinder zu kriegen. Ich hab mich in die Museen zurückgezogen und 50.000 Kunstwerke fotografiert. Ich begann mit der Farbfotografie und machte große Reportagen, inszenierte Geschichtsfotografie für »Paris Match« und andere Zeitschriften. Aber ich bin sehr glücklich, die große Zeit der europäischen Politik miterlebt zu haben.

BETTINA LOORAM ROTHSCHILD: »ICH DACHTE MIR: AHA, JETZT GEHEN WIR INS KONZENTRATIONSLAGER«

Am Spätnachmittag des Stefanitages 1997 traf eine Meldung der »Austria Presse Agentur« ein, deren Tragweite damals niemand wirklich abzuschätzen vermochte: Die »New York Times« hatte in der Ausgabe vom 24. Dezember behauptet, dass zumindest vier Bilder der Egon-Schiele-Sammlung von Rudolf Leopold, die im Museum of Modern Art zu sehen war, eine »beunruhigende Vergangenheit« hätten. Sie wären ursprünglich im Besitz von Menschen gewesen, die vor dem NS-Regime flüchten mussten. Am 7. Jänner 1998, just als alle Leihgaben zurück nach Österreich transportiert werden sollten, ließ Robert Morgenthau, Staatsanwalt in New York, das »Bildnis Wally« zusammen mit einem weiteren Gemälde beschlagnahmen, weil sie im Verdacht stünden, »Diebsgut« zu sein.

In Wien setzte daraufhin eine hektische Provenienzforschung ein, an der sich auch Journalisten beteiligten. Im Zuge der

Recherchen wurde, wie nicht anders zu erwarten war, die Frage laut, ob es in den Sammlungen der öffentlichen Hand nicht noch viele weitere Kunstwerke gäbe, deren Herkunft ungeklärt oder zweifelhaft ist. Kulturministerin Elisabeth Gehrer (ÖVP) wies daher am 13. Jänner die Direktoren der Bundesmuseen an, die Herkunft der Erwerbungen zu untersuchen.

Doch schon bald ging es nicht mehr nur um die NS-Zeit. Eine involvierte Persönlichkeit informierte mich, dass im Kunsthistorischen Museum decouvrierende Briefe gefunden worden seien. Sie würden beweisen, dass der geflüchteten Familie Rothschild in der Nachkriegszeit die wertvollsten Objekte im Gegenzug für eine Ausfuhrgenehmigung der 1938 enteigneten Sammlungen abgepresst worden seien, darunter auch das berühmte »Bildnis Tieleman Roosterman« von Frans Hals. Mir wurde zudem mitgeteilt, dass die Korrespondenz dem Generaldirektor des KHM, Wilfried Seipel, übergeben worden sei. Aber dieses Wissen durfte ich nicht verwenden. Es galt, den Informanten zu schützen und Seipel auf falsche Fährten zu locken.

Ich bat Seipel um einen Termin, den er mir schließlich gewährte. Eine betagte Dame würde, sagte ich ihm, immer wieder in der Gemäldegalerie auftauchen, sich vor das »Bildnis Tieleman Roosterman« stellen und behaupten, dass dieses eigentlich ihrer Familie, der Familie Rothschild, gehören würde. Seipel bestätigte dies. Die Dame sei in der Tat lästig, aber es handle sich definitiv um eine Schenkung. Ich fragte naiv, ob es eine Korrespondenz darüber gäbe. Seipel sagte, ihm sei nichts davon bekannt, und verwies mich an Herbert Haupt, den Archivar des KHM.

Ich wusste, dass Haupt nichts wusste, stattete ihm am 11. Februar dennoch einen Besuch ab. Aber nun konnte ich Gehrers Pressesprecherin Heidi Glück bitten, das Archivmaterial über die Sammlungen der Brüder Louis und Alphonse Rothschild einsehen zu dürfen. Schließlich hatte die Kulturministerin verkündet, dass »wir alles offenlegen«, und dass »keine Unterlagen zurückgehalten« würden. Das Ministerium zögerte zunächst, was mich nicht wunderte. Denn Seipel war der Lieblingsdirektor von Gehrer. Aber man kam der Bitte nach: Seipel selbst würde mir die Unterlagen am 12. Februar übergeben.

Zu meinem großen Ärger erschien an diesem Tag in der »Presse« ein Artikel über das Kunsthistorische Museum mit vielen Wortspenden von Seipel. Barbara Petsch schrieb unter anderem, dass die »großzügige Schenkung« der Rothschilds »offenbar unter Druck zustande« gekommen« sei: »Die Schenkung war der ›Preis‹ der Ausfuhrgenehmigung für die übrige Sammlung.« Und sie zitierte Seipel: »Ich kann das so nicht bestätigen. Aber wenn es so war und falls es Schriftliches darüber überhaupt gibt, liegt das im Bundesdenkmalamt, das für Ausfuhrgenehmigungen zuständig ist – und eher nicht bei uns.«

Das war schlichtweg gelogen. Am Vormittag besuchte ich wieder Seipel. Er gab mir zwar einige Briefe zu lesen, aber sie hatten keinen Aussagewert. Ich fragte mehrfach, ob das wirklich das gesamte Material sei, und wies ihn darauf hin, dass ich das Gespräch aufzeichnete. Seipel zog nun zumindest ein interessantes Typoskript bezüglich der Sammlung von Louis Rothschild aus der Schreibtischschublade. »Das ist alles, was ich habe«, so Seipel wörtlich. Es müsste noch ähnliches Material zur Sammlung von Alphonse Rothschild geben, sagte ich. Seipel verneinte dies beharrlich.

Gleich danach wandte ich mich an Sektionsleiter Rudolf Wran, einen behäbigen, aber äußerst korrekten Beamten. Er hatte am Nachmittag für mich Zeit. Ich wusste, dass Karl Schütz, der Leiter der Gemäldegalerie im KHM, ihm die Dokumente in Kopie zugeschickt hatte. Er bestritt dies auch nicht. Aber er meinte, dass ich ohnedies schon von Seipel Einblick erhalten haben müsste. Dann könne ich doch auch die Kopien sehen, sagte ich. Doch Wran wollte Seipel gegenüber nicht illoyal sein. Er rief ihn in meiner Gegenwart an: »Sag, hast du dem Trenkler, wie vereinbart, die Briefe zu lesen gegeben?« Seipel bejahte. »Na, dann stört es dich eh nicht, wenn er auch meine Kopien liest«, sagte er – und legte auf, ohne eine Antwort abzuwarten. Wran gab mir das Konvolut – und damit all die Schriftstücke, die bewiesen, wie unverfroren man vorging, um sich zentrale Bilder der Rothschild-Sammlungen »einzuverleiben«.

Am 14. Februar 1998 konnte ich meine Recherche veröffentlichen. Eine Woche später startete der Publizist Hubertus Czernin im »Standard« die Serie »Das veruntreute Erbe«; unter anderem legte er erstmals den Fall Bloch-Bauer dar. Kurz darauf führte ich ein Interview mit Elisabeth Gehrer, das am 26. Februar erschien. Sie sprach sich dafür aus, dass die Herkunft der Objekte aus der Zeit zwischen 1938 und 1955 geklärt werde: »Darum habe ich die Weisung gegeben, dass von jedem Museum ein Verantwortlicher zu nominieren ist. Diese Experten werden sich Anfang März erstmals treffen, Generalkonservator Ernst Bacher, der interimistische Leiter des Denkmalamtes, ist beauftragt, das zu koordinieren.«

Damit nicht wieder versucht werden könne, decouvrierende Unterlagen zurückzuhalten, habe sie, sagte Gehrer, verfügt, eine Clearing- und Servicestelle einzurichten, die vom Ministerium und von den Museen ausgelagert ist.* Und auf die Frage, ob die Republik die Kunstwerke zurückgeben werde, sagte sie: »Ich bin für eine großzügige Handhabung. Ich glaube, dass die Sachen rechtlich zwar verjährt sind. Aber wenn etwas moralisch nicht einwandfrei war, dann bin ich dafür, großzügig zu sein. Nur: Staatseigentum herzugeben, liegt nicht in meiner Zuständigkeit. Ich bin nicht der Übermaxi, der sagt: zack zurück, zack weg. Dafür gibt es eine Restitutionsabteilung im Finanzministerium. Und natürlich wird es einer Entscheidung der Regierung bedürfen.«

Die große Koalition machte aber keine Anstalten, eine Entscheidung treffen zu wollen. Am Freitag, den 13. März 1998, gab Bundeskanzler Viktor Klima Hubertus Czernin und mir ein enttäuschendes Interview, das tags darauf im »Standard« erschien. Er bekannte sich zur Aufarbeitung des Kunstraubs in der NS- und Nachkriegszeit, er sprach von »Transparenz«, aber das Wort »Restitution« kam ihm nicht über die Lippen. Auf die Frage, wie er den Rothschild-Erben begegnen würde, sagte er: »Ich würde ein Gespräch führen, das eine klare Erläuterung, vielleicht auch eine Entschuldigung über diese Vorgehensweise beinhaltet. Es hat damals Druck gegeben – und das ist nicht die Linie, die die Republik des Jahres 1998 verfolgen will.« Zudem wischte er das Problem der »arisierten« Liegenschaften und Unternehmen vom

---

* Diese Clearing- und Servicestelle wurde allerdings nie eingerichtet.

Tisch: »Wir sollten schrittweise vorgehen. Jetzt wollen wir uns einmal auf die Kunstwerke konzentrieren.«

Eines Tages erhielt ich einen Anruf von einer älteren Dame, die sich als Bettina Looram vorstellte: »Sie haben freundlicherweise über meine Familie geschrieben.« Sie war die Tochter von Alphonse Rothschild und wurde am 31. Oktober 1924 in Wien geboren. 1974 kehrte sie zusammen mit ihrem Mann Matthew als Einzige aus der »Wiener Linie« zurück nach Österreich. Sie erzählte mir, dass sie sich bei jedem KHM-Besuch vor das »Bildnis Tieleman Roosterman« stelle und allen Besuchern sage, dass ihre Mutter Clarice gezwungen worden sei, dieses Gemälde und viele weitere herzuschenken. Ob es jetzt doch noch eine Chance gebe, die Kunstwerke zurückzubekommen?

Ich versprach ihr, sie auf dem Laufenden zu halten, und bat sie um diverse Unterlagen. So folgten weitere Telefonate. Auch am 6. April 1998 rief ich Bettina Looram Rothschild in der Langau an, wo sie mit ihrem Ehemann Matthew lebte. Ich recherchierte gerade für eine Themenseite, die am 9. April erscheinen sollte.

Für die Gründonnerstagsausgabe bekomme ich eine Themenseite, um über die jüngsten Entwicklungen zu berichten. Da möchte ich auch alles nachtragen, was ich in der ersten Geschichte über Ihre Familie aus Platzmangel nicht schreiben konnte. Bei unserem vorigen Gespräch habe ich das Aufnahmegerät leider falsch angesteckt. Ich bitte Sie daher, mir noch einmal zu erzählen, was nach Hitlers Einmarsch passierte.

Gut. Es ist der 11. März ’38. Meine Eltern waren in London – meine Mutter war Engländerin – und sind unterwegs in die Schweiz. Mein Bruder Albert ist dort im Internat Le Rosey. Und wir zwei, meine jüngere Schwester Gwendoline und ich, sind in Wien. Dann kam ein Anruf von den Eltern: Die Mädel sollen sofort den Nachtzug besteigen und in die Schweiz kommen. Und da sind wir mit Gouvernante und Diener – sehr peinlich: mit Diener! – los. Ganz zeitig in der Früh waren wir in Innsbruck. Da haben sie gesagt: »Alle

Juden aus dem Zug!« Wir sind ausgestiegen. Der Gouvernante und dem Diener haben sie gesagt, dass sie im Bahnhof bleiben sollen. Meine Schwester und mich haben sie ins Polizeigefängnis gebracht. In eine Zelle. Dort sind wir, ein elf- und ein dreizehnjähriges Mädel, gesessen. Bis drei oder vier Uhr. Dann kamen zwei mit Hakenkreuz-Binden am Oberarm – es waren Österreicher, keine Deutschen. Sie sagten: »Gemma! Gemma!« Ich bin immer sehr pessimistisch. Ich dachte mir daher: Aha, jetzt gehen wir ins Konzentrationslager. Ich hab damals schon Bescheid gewusst. Aber gar nicht! Wir sind zurück zum Bahnhof, wo die Gouvernante und der Diener bleich im Gesicht gestanden sind. Jemand hat »Heil Hitler« gemacht. Und der Diener hat auch »Heil Hitler« gemacht. Er wollte natürlich nicht auffallen. Aber ich war ganz baff. Und dann sind wir in den Zug eingestiegen. Die beiden durften nicht über die Grenze, sie sind zurück nach Wien. Aber es war ein Anwalt mit einem Riesen-Koffer da. Ich glaub: mit Geld, falls sie uns nicht hinausgelassen hätten. Wir Mädel waren wütend: Wir wollten allein reisen – und dann war da dieser Mensch, der auf uns aufgepasst hat. Aber auf jeden Fall: Sie haben uns in Innsbruck so lange festgehalten, bis sie wussten, dass mein Onkel in Wien festgenommen worden war.

Ihr Onkel Louis sagte, er möchte zumindest fertig essen.

Ja, er war beim Mittagessen. Der Diener kam und sagte: »Die Gestapo ist da.« Und er sagte: »Die sollen warten, bis ich fertig gegessen habe.« Ob er wirklich fertig gegessen hat oder gleich verhaftet wurde, weiß ich nicht. Das hat mir nie jemand erzählt. Er kam nicht gleich zum Morzinplatz, sondern in das gewöhnliche Gefängnis. Erst nach ungefähr sechs Wochen ist er zusammen mit Schuschnigg und ein paar anderen in das Hotel Metropol verlegt worden, in das Hauptquartier der Gestapo. Er war in einer Einzelzelle mit Tag- und Nachtwächter. Er hat sich sicher gefragt, ob er da lebend herauskommen wird. Aber er hat verlangt, dass man ihm Bücher bringt. Ich glaube, er hat die Haft besser ertragen als viele andere Menschen.

Er war nicht verheiratet.

Ja. Aber er hatte sehr viele Freundinnen. Und die Mutigen sind unter seinem Fenster auf- und abgegangen. Die Namen von ihnen kann ich Ihnen aber nicht sagen.

Sie haben dann Ihre Eltern in der Schweiz getroffen. Wie ging es weiter?

Meine Eltern haben ein Haus in London gemietet. Aber inzwischen ist mein Bruder sehr krank geworden, er bekam eine furchtbare Infektion. So sind nur wir, die Mädeln, nach London, weil wir in die Schule mussten. Dann ist mein Bruder gestorben. Und erst danach sind auch die Eltern nach London gekommen. Wir waren etwa ein Jahr dort, dann sind wir zurück in die Schweiz: Die Eltern wollten unbedingt das Grab meines Bruders besuchen. Und dann, im Mai 1940, sind die Deutschen in Belgien und Holland einmarschiert. Da hat die Familie gefunden: Weg! Das nächste Land, das okkupiert wird, ist die Schweiz. Also sind wir quer durch Frankreich nach Le Havre. Die Eltern haben mit Tausenden Flüchtlingen verzweifelt nach einem Schiff gesucht. Irgendwann trafen sie – ein Weltwunder! – meinen englischen Onkel, den Bruder meiner Mutter, der bei der Militärpolizei war. Er hat uns auf ein Schiff verfrachtet – und wir sind nach England. Die Deutschen sind durch Holland, Belgien und Frankreich wie ein Messer durch Butter. Und dann war dieses Debakel der Engländer in Dunkerque.

Die deutsche Wehrmacht eroberte Dünkirchen Anfang Juni 1940.

Wir waren vielleicht vierzehn Tage zuvor nach England gekommen. Die englische Familie sagte: »Es ist möglich, dass die Deutschen auch hier einmarschieren. Das Beste ist, ihr fahrt in die Neue Welt – und nehmt so viele

Rothschild-Kinder mit wie möglich.« Das haben wir gemacht. Wir hatten aber kein Visum für Amerika, das war furchtbar schwer zu bekommen, wir hatten nur ein Transit-Visum. Wir blieben ein paar Tage in New York und sind dann weiter nach Kanada. Weil meine Mutter geborene Engländerin war, bekam sie die englische Staatsbürgerschaft zurück. Sie durfte daher nach Kanada einreisen und die Familie mitbringen. Ungefähr ein Jahr später übersiedelte die Familie nach Amerika. Meine Schwester ging in New York in die Schule. Ich blieb aber in Kanada in einem Internat: Ich wollte nicht schon wieder die Schule wechseln. Wie im Sommer '41 sind wir auch im Sommer '42 nach Maine an die Nordostküste. Wunderschön. In einem Ort, der Bar Harbor heißt, hatten wir Bekannte. Wir haben dort ein Haus gemietet. Und mein Vater hatte einen Herzanfall. Er ist sechs Wochen später, am 2. September, gestorben – im Bett, ganz friedlich.

Zurück nach Wien: Ihr Onkel Louis musste das gesamte Vermögen der Familie den Nationalsozialisten übereignen. Wann kam er frei?

Im Mai '39. Das war knapp. Denn am 1. September ist der Weltkrieg ausgebrochen.

Haben Sie Ihren Onkel wiedergesehen?

Ja. Er ist von Wien nach Paris und weiter nach Argentinien. Auch er hat zunächst kein amerikanisches Visum gekriegt. Er blieb ungefähr ein Jahr in Argentinien. Und erst dann ging er nach Amerika. Er traf seine alte Freundin Hilda Auersperg wieder – und hat sie 1946 geheiratet. Er ist 1952 in Jamaika gestorben.* Beim Schwimmen.

---

* Bettina Looram Rothschild muss sich in der Jahreszahl geirrt haben: Louis Rothschild starb am 15. Jänner 1955 in Montego Bay.

Die Palais von Ihrem Vater in der Theresianumgasse und Ihrem Onkel Louis in der Prinz-Eugen-Straße wurden nach dem Krieg restituiert?

Ja. Unser Palais war in einem sehr schlechten Zustand. Wir haben krampfhaft nach einem Käufer gesucht. Die Gewerkschaft hat es schließlich gekauft. Und die Arbeiterkammer hat das Palais von meinem Onkel erworben. Es war sehr protzig. Sie hat es geschliffen und irgendetwas Modernes hingebaut. Unser Palais wurde auch abgerissen. Ich war eigentlich nie mehr in der Theresianumgasse. Ich will mich daran erinnern, wie es einst war.

Mit der Rückstellung der Immobilien gab es also keine Probleme?

Wir haben alles zurückgekriegt. Auch den Garten auf der Hohen Warte. Den hat meine Mutter erst recht spät an die Stadt Wien verkauft – um einen symbolischen Betrag, damit die Stadt die Pensionen der Gärtner übernimmt. Mein Großonkel Nathaniel hatte diesen Garten gegründet. Er brachte englische Gärtner nach Wien. Sie wussten nicht, was sie in der Freizeit machen sollen, sie haben nicht Deutsch gesprochen. Und da hat er für sie 1894 den First Vienna Football Club gegründet. Deswegen tragen die Spieler auch Blau-Gelb: Das sind unsere Farben.

Ihre Mutter Clarice ...

Sie kam 1946 zurück nach Wien und hat sich um die Wiedergutmachung gekümmert.

Sie ging mit den österreichischen Behörden den Kuhhandel ein.

Ja. »A bird in the hand is worth two in the bush.« Wir hatten damals nichts. Meine Schwester Gwendoline war noch nicht verheiratet, ich hatte zwei kleine Kinder. Es war kein Geld da. Das war ein furchtbarer Schlag für sie, als man ihr sagte: Es gehört alles wieder Ihnen – nur: Sie dürfen es nicht ausführen. Meine Mutter dachte: Es ist zu retten, was zu retten ist.

Ich hatte aber zu viel Material für die Themenseite gesammelt – und daher keine Verwendung für das Interview. Ich tippte es nicht einmal ab, vergaß es schließlich. Es fand daher auch keinen Eingang in einen längeren Text zum Fall Rothschild, um den mich Hubertus Czernin für einen Sammelband über den NS-Kunstraub und die Folgen gebeten hatte.

In meinem Artikel »Weiterwarten auf Bilder-Rückgabe« vom 9. April 1998 kritisierte ich Versäumnisse und zeigte Widersprüchlichkeiten auf. Zudem konnte ich, dank der Listen, die mir Bettina Looram Rothschild zugesandt hatte, das Ausmaß der Erpressung genauer darstellen: »Neben den sieben Gemälden (von Frans Hals, Pieter van Laer u.a.), die, wie berichtet, die Gemäldegalerie erhielt, gingen noch weitere 87 Preziosen an das Kunsthistorische Museum: an das Münzkabinett, die Waffen-, die Plastiken- und die Musikinstrumentensammlung. Das Heeresgeschichtliche Museum bekam fünf Objekte, die Österreichische Galerie sieben, die Albertina 30, das Museum für angewandte Kunst 34, das Historische Museum der Stadt Wien sechs, das Uhrenmuseum vier und das Joanneum drei – insgesamt 167 Posten! Hinzu kommen die Bilder und Objekte, die Louis Rothschild, der Bruder von Alphonse, schenken durfte.«

Bettina Looram Rothschild wurde aufgefordert, einen Rückgabe-Antrag zu stellen. Ansonsten passierte nichts. Es gab zwar Beteuerungen, Rückgaben »großzügig« zu handhaben, aber keine legistische Grundlage. Was also tun? Ich kontaktierte Anwälte und sprach mit Paul Griesebner, dem für Kulturpolitik zuständigen Referenten von Heide Schmidt. Die Gründerin des Liberalen Forums engagierte sich, von Paul informiert, für die Sache. Am 19. Juni brachte das Liberale Forum einen Gesetzesantrag ein, dem zufolge alle »nach dem 12. März 1938 unrechtmäßig oder aufgrund illegaler Praktiken in Bundesbesitz« gelangten Kunstobjekte zu restituieren wären.

Diesen Druck schien es gebraucht zu haben: Während der Ferienmonate erstellte die Koalitionsregierung in Zusammenarbeit mit der Finanzprokuratur und dem Verfassungsdienst einen eigenen, inhaltlich recht ähnlichen Entwurf, der Anfang September von Elisabeth Gehrer präsentiert wurde. Zwei Monate später, am 6. November, beschloss der Nationalrat einstimmig das »Bundesgesetz zur Rückgabe von Kunstgegenständen aus den Österreichischen Bundesmuseen und Sammlungen«.

Hubertus Czernin erkannte unterdessen, dass sich ein Handbuch über den NS-Kunstraub und die Folgen angesichts der unglaublich vielen Fälle nicht so leicht realisieren ließ. Er bat mich, den Beitrag über den Fall Rothschild zu erweitern: Er sollte als Band 2 der Reihe »Bibliothek des Raubes« im Molden Verlag erscheinen. Und die Provenienzforscherin Sophie Lillie übernahm die Wahnsinnsaufgabe, das Handbuch »Was einmal war« über die enteigneten Kunstsammlungen Wiens zu recherchieren. Ob des riesigen Umfangs sollte es erst 2003 veröffentlicht werden können.

Am 11. Februar 1999 gab Gehrer bekannt, dass die Familie Rothschild sämtliche Kunstwerke im Besitz des Bundes zurückerhalten würde, insgesamt 250 Objekte, darunter drei Porträts von Frans Hals. Ihre Ankündigung, sich für eine großzügige Rückgabe einzusetzen, wurde tatsächlich binnen Jahresfrist umgesetzt – ohne, dass die Rothschilds einen Rechtsanwalt hatten einschalten müssen.

Am 1. April 1999 wurde mein Buch »Der Fall Rothschild. Chronik einer Enteignung« im Audienzsaal des Kulturministeriums präsentiert. Bettina Looram Rothschild äußerte sich anerkennend über die unbürokratische Art und Weise, in der sie zu ihrem Recht gekommen war. Das Rückgabegesetz solle aber nicht nur für die Rothschilds gelten, betonte sie. Wenige Wochen später schenkte sie der Republik das restituierte Porträt »Graf Sinzendorf« von Hyacinthe Rigaud. Sie wollte mit dieser Geste Gehrer für deren Engagement danken. Der Großteil der Kunstgegenstände – Waffen, Porzellan, Möbel, Grafiken und zehn Bilder, insgesamt 218 Objekte – gelangte am 8. Juli 1999 in London bei Christie's zur Versteigerung. Der Erlös betrug etwa 88 Millionen Euro.

In den darauffolgenden Jahren traf ich Bettina Looram Rothschild hin und wieder in Wien, wo sie traditionell im Hotel Sacher logierte. Und ein paar Mal besuchte ich sie in der Langau. Das Ritual war immer das gleiche: Als Aperitif schlug Betty eine Bloody Mary vor. Der Drink, von ihrem Mann und nach dessen Tod 2004 von ihr gemixt, hatte es in sich. Dann gab es Wild mit Kroketten. Wir unterhielten uns über die Ötscherbären, den Rothschild-Urwald, die aktuellen Raubkunstfälle und so weiter. Bettina Looram Rothschild starb am 10. November 2012. Und mit ihr eine Welt, die ich davor nur aus Erzählungen gekannt hatte.

GEORGES JORISCH:
»DAS GANZE GEHEIMNIS WAR, SICH TOT ZU STELLEN«

Im Oktober 2007 fragte mich Thomas Geldmacher, ob ich nicht Georges Jorisch interviewen wolle, einen Austrokanadier, der nach Jahrzehnten wieder in der alten Heimat weilte. Geldmacher war Provenienzforscher im Belvedere gewesen und recherchierte nun nebenbei für den US-Anwalt E. Randol Schoenberg.

Jorisch, geboren am 3. Mai 1928 in Wien, wuchs in einer Villa des Sanatoriums Purkersdorf auf, das zu einem Drittel seiner Großmutter Amalie Redlich, geborene Zuckerkandl, gehört hatte. Rund um die Jahrtausendwende erfuhr er, dass sich Österreich per Gesetz zur Rückgabe von NS-Raubkunst verpflichtet hat. Er wandte sich an den Nationalfonds und im August 1999 an Ernst Bacher, den damaligen Leiter der Kommission für Provenienzforschung. Denn seine Großmutter, 1941 deportiert, hatte unter anderem zwei Landschaftsbilder von Gustav Klimt besessen: »Beide ganz ähnlich, mit Wasser im Vordergrund und das Ufer parallel zum Rahmen. Alles in Grün und

Blaugrün mit ein paar roten Dächern durch die Bäume schauend.« Jorisch glaubte, dass beide Bilder den Gardasee darstellten.

Damals beschränkte sich die Provenienzforschung nur auf die Bundesmuseen. Es gab also noch keine Informationen über geraubte Kunst in den Sammlungen der Länder und Städte. Bachers Antwort fiel daher enttäuschend aus: Ein Gardasee-Bild von Klimt, »Malcesine am Gardasee«, sei zuletzt im Besitz der Familie Lederer gewesen und 1945 verbrannt. Ein anderes, »Kirche in Cassone«, befinde sich seit 1962 in Grazer Privatbesitz.

Im Interview, das am 21. Oktober 2007 im Hotel Stefanie in der Taborstraße stattfand, erzählte Jorisch, der sehr angespannt wirkte, dass seine Nachforschungen von Montreal aus erfolglos geblieben seien. Doch dann bekam er vom Belvedere den Tipp, sich an die Provenienzforscherin Ruth Pleyer zu wenden, die damals für die Israelitische Kultusgemeinde tätig war. Er schrieb ihr 2001, dass die Bilder, die im Salon der Großmutter hingen, in seiner Erinnerung »Gegenstücke« seien. Nach dem Studium mehrerer Klimt-Kataloge sei er sich sicher, dass seine Großmutter nicht »Malcesine« besessen hatte; »Unterach am Attersee« aber, das sich im Rupertinum in Salzburg befand, erinnere ihn an eines ihrer Bilder.

Ruth Pleyer ging den wenigen Spuren nach. Sie fand zunächst nur heraus, dass Amalie Redlich eigentlich drei Klimt-Gemälde gehabt haben müsse. Sie riet Jorisch, das Art Loss Register in London zu kontaktieren. Und dort riet man ihm, Schoenberg anzurufen. Der Anwalt, der Maria Altmann vertrat, nahm den Fall an: Just im Oktober 2007, als Jorisch in Wien weilte, klagte er Leonard Lauder, den Bruder von Ronald Lauder, auf Herausgabe des Klimt-Bildes »Blumenwiese«. Lauder hatte es 1983 vom Kunsthändler Serge Sabarsky gekauft. Jorisch meinte im Interview: »Schoenberg hat gesagt, er wird nur losschlagen, wenn er sich sicher ist, dass er gewinnen wird. Und er hat losgeschlagen.«

Pleyer hingegen hatte große Zweifel – und sie äußerte diese auch gegenüber Schoenberg. Denn es gab in der Literatur nur einen einzigen, wenig glaubwürdigen Hinweis auf Amalie Redlich als Vorbesitzerin. Der vertrackte Fall ließ Pleyer, die seit Jahren unermüdlich auch für Emile Zuckerkandl, den Cousin von Georges Jorisch, recherchierte, daher keine Ruhe. Und sie behielt zur großen

Enttäuschung von Jorisch recht: Leonard Lauder konnte beweisen, dass die »Blumenwiese« nicht Amalie Redlich gehört hatte.

Über Vermittlung von Pleyer übernahm nun der Wiener Anwalt Alfred Noll den Fall. Er informierte den Besitzer von »Kirche in Cassone« in Graz über die Provenienz des in der NS-Zeit enteigneten Bildes und schlug eine Privatrestitution vor. Der Besitzer verfügte über ein erstaunliches Maß an Unrechtsbewusstsein: Er gab Jorisch das Gemälde zurück. »Kirche in Cassone« wurde im Februar 2010 in London bei Sotheby's versteigert, der Gewinn in einem bestimmten Verhältnis geteilt. 30,81 Millionen Euro waren damals der höchste für eine Klimt-Landschaft bezahlte Preis.

In Salzburg wusste man zwar schon 1999, dass »Litzlberg am Attersee«, wie das Gemälde »Unterach am Attersee« heute genannt wird, eine ungeklärte Provenienz hat. Aber erst jetzt fügten sich die Puzzleteile zusammen. Denn auf der Rückseite von »Kirche in Cassone« entdeckte Ruth Pleyer ein Etikett, das auf Friedrich Welz hinwies. Der Salzburger Kunsthändler und NS-Kollaborateur war aber nicht nur in den Besitz der »Kirche in Cassone« gekommen: »Litzlberg am Attersee« verkaufte er einst an das Land Salzburg.

Ende April 2011 erklärte sich das Land Salzburg bereit, das Gemälde zu restituieren. Jorisch zeigte sich sogleich erkenntlich: Er spendete insgesamt zwei Millionen Dollar Euro für den Um- und Ausbau des Wasserturms neben dem Museum der Moderne am Mönchsberg. Dieser soll künftig den Namen Amalie Redlich tragen.

Zusammen mit Ruth Pleyer besuchte ich Mitte Mai 2011 Georges Jorisch in Montreal. Wir kamen aus San Francisco, wo ich Emile Zuckerkandl, seinen Cousin, interviewt hatte. Georges Jorisch ließ es sich nicht nehmen, Ruth Pleyer vom Flughafen abzuholen. Er war, wie man sagt, ganz aus dem Häuschen.

Jorisch konnte es sich jetzt leisten, mit seiner Frau am Stadtrand in einer Seniorenresidenz zu wohnen. Diese hieß passenderweise »Masterpiece«. Und es hatte sich natürlich unter den Bewohnern herumgesprochen, dass Jorisch aufgrund eines restituierten Meisterwerks, eben »Kirche in Cassone«, vermögend geworden war. Beim Interview am 17. Mai war er bester Laune – und ganz anders als vier Jahre zuvor in Wien.

Würden Sie mir bitte Ihre Geschichte erzählen?

Gerne. Bin 1928 geboren. Meine Eltern ließen sich scheiden.
Da war ein ständiger Krach gewesen. Von 1933 an lebte ich mit
meiner Mutter und mit der Großmutter in Purkersdorf. 1938
war der Anschluss. 1939 hat mich mein Vater mitgenommen,
als er nach Belgien geflohen ist. Er war ein ausgesprochener
Legitimist. In Belgien lebte Otto Habsburg, er hatte dort ein
Schloss. Und er organisierte die Emigranten. Die Idee war,
dass die Emigranten in kleine Gruppen aufgeteilt werden und
nach Frankreich gehen. Mein Vater sollte eine dieser Gruppen
leiten. Aber das ließ sich nicht mehr umsetzen. Deutschland
hat Belgien und Holland im Mai 1940 überfallen. Und da
mussten wir wieder laufen. Denn die Belgier verhafteten
alle Ausländer. Da war die Angst vor den Fallschirmsprin-
gern, die verkleidet waren, vor den Saboteuren. Man wollte
die Immigranten nach Frankreich abschieben. Mein Vater
bekam über die Legitimisten von der belgischen Regierung
ein Papier, dass er in Ordnung ist. Und wir haben versucht,
uns durchzuschlagen. Wir gingen nach Ostende. Und da sind
wir zurückgeblieben. Wir sind daher zurückgegangen nach
Belgien. Wir hofften, dass sich alles beruhigen würde. Es war
dann auch Frieden – bis 1942, als die Deutschen angefangen
haben, alle Immigranten und alle Juden zu fassen und weg-
zuschicken. Mein Vater hatte Verbindungen, und wir sind für
ungefähr zwei Jahre untergetaucht. Bis zum September 1944,
als die Engländer nach dem Durchbruch in der Normandie
Belgien befreit haben. Und dann bin ich wieder in die Schule
gegangen. Mein Vater ist 1949 gestorben. Da war ich dann
allein, musste mich allein durchschlagen. Das ist ungefähr die
Geschichte.

Jetzt würde ich Ihre Geschichte gerne noch einmal hören – genauer.

Fragen Sie genau!

Zuerst haben Sie mit Ihrem Vater und Ihrer Mutter hinter der Votivkirche gewohnt?

Ja, in der Ferstelgasse 1. Dort war das Büro von Zeiss, es gab eine Auslage mit Feldstechern. Nach der Scheidung ist die Mutter ins Sanatorium übersiedelt. Und der Vater ist geblieben. Er hat sich die Wohnung geteilt mit einem Geheimrat oder Hofrat.

Wie war das Leben im Sanatorium Purkersdorf, das Ihrer Familie gehörte?

Es war ein großes Grundstück. Ich konnte herumgehen, wo ich wollte, meistens mit dem Kindermädchen. Für ein Kind war es ein einsames Leben. Ich hatte einen Freund, der einmal in der Woche zu Besuch kam. Sonst war nicht viel los, ich war allein mit den Erwachsenen. Wir lebten in einer Villa, die Eugen-Villa hieß. Wer der Eugen war, weiß ich nicht. Alle anderen Häuser wurden nach den Zuckerkandls benannt: Emil, Otto, Amalia und so weiter. Aber wer der Eugen war, das hab ich niemals herausgefunden.

Erinnern Sie sich an die Erwachsenen im Sanatorium?

Da war die Frau Katzau (*Olga Katzau*). Sie wollte immer einem Doktor nah sein. Sie dachte, wenn sie den Doktor aus den Augen verliert, wird sie sterben. Das war tragisch-komisch. Es gab einen Inder, der davor in Deutschland war. Er hatte einen Buben, mit dem ich gespielt hab. Der Bub hatte eine mittelalterliche Burg – und zwei Dutzend SS-Soldaten! In der Viktor-Villa waren die Geisteskranken. Die Fenster waren vergittert. Da war ein Mann, der war sehr nett. Die meiste Zeit war er vollkommen normal. Wir haben durch die Gitterstäbe gesprochen. Und der hat wunderbare Flugzeuge mit Gummipropeller gemacht. Die hat er mir durch das Fenster gegeben. Und dann gab es den »Gemüse-Gerson« (*Max Gerson*). Das war ein Arzt, der fest an vegetarische Ernährung geglaubt hat. Nur Gemüse! Als Hitler in Deutschland an die Macht kam, ist er nach Österreich ausgewandert. Ich kann mich noch erinnern, er saß mit seiner Frau und seinen zwei Töchtern im Saal. Sie haben rohes Karottenpüree gegessen und Spinatsaft gesoffen. Der Gärtner hat Knechtl geheißen. Der hat mir gezeigt, wie man Radieschen und so weiter pflanzt. Und dann war da der Heidegger, ein Gehilfe, ein Schlosser. Der hat mit der Kommunistischen Partei zu tun gehabt. Die haben im Brunnenhaus Munition und Maschinengewehre versteckt. Als die Deutschen gekommen sind, ist er, um sich weißzuwaschen, in die Nazi-Partei eingetreten.

Es sollen auch viele Adelige da gewesen sein.

Ja. Da war ein Baron, ein Spieler. Er hat einen Haufen Geld verloren. Seine Familie hat ihn unter Kuratel gestellt – und ihn für wahnsinnig erklärt. Daher musste sie die Schulden nicht zurückzuzahlen. Er wollte sich bei meiner Großmutter beliebt machen, denn er dachte, sie hat einen Einfluss auf die Kuratel. Eines Tages hielt er mich im Park an. Er sagte, er würde mir gerne ein Spielzeug kaufen. Es gab aber den strengen Befehl von zuhause, von niemandem irgendetwas anzunehmen. Am nächsten Tag hat er mich wieder angesprochen. Ich dachte mir, ich werde ihn los, wenn ich etwas Billiges verlange. Ich sagte: »Ich will ein Stehaufmanderl.« Er sagte: »Abgemacht.« Zwei Tage später gab er es mir in seinem Zimmer im Kurhaus: Es war einen Meter hoch, färbig, und wenn man es umgelegt hat, hat es angefangen Musik zu spielen! Das Kindermädl war begeistert: »Nimm das!« Und ich sagte: »Aber was wird die Amalia sagen?« Wir kamen heim. Meine Großmutter fragte: »Was ist das? Woher kommt das?« Ich sagte: »Das hat mir der Herr Soundso gegeben.« Sie sagte: »Gib dich nicht mit ihm ab!«

Aber Sie durften das Geschenk behalten. Wie war Ihre Großmutter Amalia Redlich?

Die war sehr streng: »Kein Krawall!« und »Bei Tisch sich benehmen!« Aber: Die Kinderstube vergisst man nicht.

Hatten Sie damals Kontakt mit Ihrem älteren Cousin Emil?

Ein bisschen. Aber meine Großmutter war mit allen auf Kriegsfuß, ich weiß nicht warum. Sie hatte die Eltern Emils nicht gern, und sie hatte die B.Z., die Berta Zuckerkandl, überhaupt nicht gern. Sie hat sich immer separiert. Und man hat mich nicht ermuntert, mit dem Emil zu spielen oder zu sprechen. Man hat es nicht verboten, aber es wurde nicht gern gesehen.

Sie sind in Purkersdorf in die Volksschule gegangen?

Erst in der vierten Klasse. Davor hatte ich einen Hauslehrer, ein gewisser Atzinger, sein Sohn lebt noch in Purkersorf. Von Herbst '37 an bis zum Schulende '38 an bin ich in die Volksschule gegangen.

Können Sie sich an Hitlers Einmarsch erinnern?

O ja! Im Radio sagte der Schuschnigg: »Gott schütze Österreich.« Und meine Großmutter sagte: »Das ist nicht viel.« Und dann sind wir auf einer Bank vor dem Tor gesessen und haben gesehen, wie die Deutschen einmarschiert sind. Das Kindermädchen sagte: »So viele Panzer!« In Österreich gab es keine Panzer. Und dann ist Hitler vorbeigefahren. Die Hitler-Freunde sind Spalier gestanden und haben gebrüllt: »Sieg Heil!« Die ökonomischen Zustände waren für die meisten Leute schlecht. Die haben an die Propaganda geglaubt, dass es unter dem Hitler ein Honiglecken sein wird. Das hat zwei, drei Jahre gedauert – bis zum russischen Feldzug.

Was passierte nach dem Einmarsch im März 1938?

Es kamen Leute ins Haus, die haben uns das Silber und den Schmuck weggenommen. Und die meisten Leute, die wir kannten, sind geflüchtet. Es war ein sehr einsames Leben dann. Der Winter '38/39 war absolut nicht angenehm.

Ihr Vater wollte das Sorgerecht für Sie.

Ja, da war ein Prozess. Meine Mutter wollte mich nicht loslassen. Zum Glück hat sich der Richter auf die Seite meines Vaters gestellt. Er hat gesagt: »Der Führer will, dass alle Juden ausziehen.« Und damit hat mein Vater gewonnen.

Ihr Vater wollte so schnell wie möglich weg – aus Angst vor dem KZ?

Er hatte, glaube ich, nicht Angst vor dem KZ. Aber das Leben war unmöglich. Man konnte nicht arbeiten, man konnte nichts machen.

Und Ihre Mutter wollte unbedingt in Wien bleiben?

Ja, sie hat gesagt: »Das wird sich legen.« Und meine Großmutter sagte auch: »Das wird sich legen.« Und mein Vater hat gesagt: »Da ist nichts zu machen, da muss man weg.« Er hatte einen Freund, der, glaube ich, nach Südafrika ging. Das muss '36 gewesen sein. Er verabschiedete sich von meinem Vater: »Das wird hier schlecht enden. Das Land ist unterwühlt.«

Man hat schon eine Ahnung gehabt?

Oh ja! Alle, die gescheit waren, haben gewusst, dass der Krieg losgehen wird.

Sind Sie gerne mit Ihrem Vater weggegangen?

Ich habe verstanden, dass da keine Zukunft war. Ich war elf
Jahre alt, schon gescheit genug, um zu sehen, was sich da
abspielt. Ich habe gesehen, wie die Kinder der Schule sich in
ein paar Wochen verändert haben. Alle waren in der Hitler-
Jugend, der Kopf wurde voll gemacht mit den Ideen. Ich
habe gesehen, dass es unmöglich ist, in der Schule zu bleiben.

Waren die Mitschüler hässlich zu Ihnen?

Nicht unbedingt hässlich, aber man hat gemerkt, dass sie
unter Druck standen, nicht mit mir zu tun zu haben, sich
nicht mit mir abzugeben, nicht mit mir zu spielen, nichts zu
reden. Da war viel Druck auf diesen zehnjährigen Kindern.
Und da waren auch Lehrer, die Nazis waren. Nicht alle, es
gab ein paar, die sehr anständig waren. Aber die mussten den
Mund halten, die haben Angst gehabt. Sie können sich nicht
vorstellen, was eine solche Diktatur mit den Leuten macht!

*Sie konnten Ihre Mutter nicht überreden, mit Ihnen
mitzukommen?*

Nein, da war nichts zu machen. Was sehr deprimierend war,
weil ein ganzer Haufen Leute Selbstmord beging – und wir
hörten davon. Das war nicht gerade angenehm.

Wie sind Sie mit Ihrem Vater geflohen?

Wir sind mit dem Zug gefahren bis nach Köln. Und dort
über die Grenze gegangen. Mein Vater hatte Verbindungen
zu einem Mann, der Leute über die Grenze schmuggelte.
Denn die Deutschen wollten die Leute nicht hinauslassen.
Und die Franzosen wollten die Leute nicht hereinlassen.
Einzig Leopold III., der belgische König, hat die Leute
hereingelassen.

Ihr Vater war Rechtsanwalt. Hat er in Belgien arbeiten können?

Mein Vater hatte sich umschulen lassen, Schuhe zu richten. Man hat ihn genannt den »Schusterdoktor«. Auf diese Art hat er in Brüssel ein bisschen Geld verdient, um leben zu können.

Und Sie gingen dort in die Schule?

Ja, am dritten Tag in Brüssel sagte mein Vater: »Jetzt gehst du in die Schule!« Und er gab mir ein Schulbuch. Wie ich die Akzente sah, sagte ich: »Um Gottes willen, was ist das?« Er sagte: »Das ist Französisch. Du wirst es lernen müssen.« Bis heute beherrsche ich die Akzente nicht vollständig. Meine Frau macht es ziemlich gut. Aber sie ist auch eine waschechte Belgierin.

Anfangs konnten Sie in Brüssel ganz normal leben?

Ja. Die Schüler haben aber nicht verstanden, was ein Immigrant ist. Für all diese Kinder war ich der »le boche«, der Deutsche. Die haben nicht begriffen, dass es Leute gibt, die Deutsch sprechen – und nicht mit dem Deutschen Reich einverstanden waren.

Aber Sie hießen nicht mehr Georg.

In der Schule hieß ich Georges.

Und wie hat Sie Ihr Vater gerufen?

Ich wurde selten beim Namen gerufen. Man hat zu mir gesagt: »Komm her!« oder »Tu das!« Es waren nicht viele da, dass man sagen musste: »Georg!« oder »Peter!«

Wie war Ihr Vater?

Mein Vater war ein Despot. Er hat keinen Widerspruch geduldet. Einmal hab ich zu ihm gesagt: »Das ist nicht wahr.« Er tobte: »Das sagt man einem Vater nicht! Bestenfalls sagt man: Du irrst dich!«

Warum war Ihr Vater Legitimist, ein Getreuer von Otto?

Die Monarchie war gut zu den Juden. Für die Generation meines Vaters war es unter der Monarchie das gute Leben gewesen. Mein Vater war konservativ. Absolut.

Als Mitte Mai 1940 die Deutschen Belgien besetzten, flohen Sie mit Ihrem Vater nach Ostende.

Mein Vater sagte: »Der Plan der Legitimisten fällt auseinander, wir werden es ganz allein machen.« Wir wollten nach England. Aber Rommel war bereits durchgebrochen, und ein Teil der englischen Armee war in Ostende eingekesselt. In den letzten Stunden, in denen die Engländer Ostende evakuierten, kam die Royal Air Force: Ich sah Hunderte von Flugzeugen, dicht über den Bäumen. Dann war für ein paar Stunden Stille. Und dann kamen die Deutschen.

Ihr Vater wollte mit Ihnen auf ein Schiff gehen.

Mein Vater sprach Englisch. Er erklärte einem Offizier, dass wir Flüchtlinge sind. Ich glaube, er war ein Major, ein höheres Vieh. Der konnte ziemlich viel machen, was er wollte. Er sagte: »Ich werde euch mitnehmen, aber zuerst muss ich schauen, was mit meinen Leuten ist.« Er ging mit zwei Männern weg, und nur die zwei Männer kamen zurück. Sie sagten, dass er verwundet oder erschossen wurde, ich weiß es nicht. Sie konnten sich nicht entschließen, uns mitzunehmen. Sie waren nur Unteroffiziere. Und so sind wir zurückgeblieben. Die Engländer haben alles zurückgelassen, die Autos und so weiter, und sind weg.

Und so sind Sie mit Ihrem Vater zurück nach Brüssel gegangen.

Ja, es war nichts anderes möglich. Als wir wieder in Brüssel waren, waren schon seit ein paar Tagen die Deutschen da.

Das muss gefährlich gewesen sein.

Nein, es war nicht unbedingt gefährlich. Die Deutschen haben die Leute ziemlich in Ruhe gelassen, sie wollten ein gutes Gesicht machen, sie wollten den Belgiern beweisen, dass sie korrekt sind. Aber die Belgier haben ihnen nicht getraut. Die Deutschen waren seit dem Ersten Weltkrieg sehr schlecht angesehen.

Konnten Sie weiter in die Schule gehen?

Ja, ich bin weiter in die Schule gegangen. Ixelles hieß die Gemeinde.

Und Ihr Vater hat wieder als Schuster gearbeitet?

Ein bisschen. Und er hat jemandem Deutschlektionen gegeben.

Haben Sie noch mit Ihrer Mutter telefonieren können?

Telefonieren nicht, wir haben Briefe geschrieben. Sie konnte aber nicht viel erzählen. Sie musste aufpassen, was sie schrieb. Wegen der Zensur.

Trotz der Zensur wollte sie nicht weg aus Wien?

Ab einem bestimmten Augenblick war es nicht mehr möglich. Zuerst wurde sie mit meiner Großmutter aus der Villa geschmissen, sie lebten dann in einem Haus, das nicht mehr existiert, und dann wurden sie in eine Sammelwohnung verfrachtet. Und von dort wurden sie deportiert.

Nach Polen. Was war das letzte Lebenszeichen von ihr?

Im Frühjahr 1942 sagte mein Vater zu mir: »Der letzte Brief ist zurückgekommen.« Ich fragte: »Was bedeutet das?« Er sagte: »Ich weiß nicht.« Er hat ganz genau gewusst, was es bedeutet hat. – Mein Vater ist ziemlich gut ausgekommen mit den Belgiern. Die Emigranten haben sich jede Woche in einem Café getroffen, und der Besitzer des Kaffeehauses war ganz antifaschistisch eingestellt. Er agierte im Untergrund, wurde verhaftet und ist verschwunden. Und die meisten der Leute, die da waren, sind auch umgekommen. Nur ein paar der Deutschen haben überlebt. Die meisten wurden deportiert. Da war ein Mann, ein großer, hübscher Kerl, der war im Ersten Weltkrieg im Regiment meines Vaters. Die beiden waren Freunde. Was aus ihm wurde, weiß ich nicht.

Wann mussten Sie untertauchen?

1942. Mein Vater hatte Freunde. Die kamen zu uns und sagten: »Ihr müsst weg! Geht dahin und dahin!« Und dort waren Leute. Die sagten: »Ihr könnt nicht mehr hinausgehen, ihr müsst im Haus bleiben.« Wenn die Leute aus dem Haus waren, durften wir kein Licht anmachen. Das ganze Geheimnis war, sich tot zu stellen. Wir sind über Nacht weggegangen und waren verschwunden. So war es für zwei Jahre.

Das war mitten in Brüssel?

Ja, an drei verschiedenen Orten. Wir sind von einem zum anderen gezogen. Eines Tages kam die Frau, die uns aufgenommen hatte, in der Früh um sieben ins Zimmer und sagte: »Kinder, geht weg! Die Gestapo ist nebenan beim Nachbarn.« Der Nachbar hatte scheinbar Butter am Kopf.

Was meinen Sie damit?

Er hatte den Verdacht der Gestapo erregt. Ich weiß nicht genau, was er gemacht hat. Mein Vater sagte: Er hat auf beiden Seiten gespielt. Aber er konnte irgendwie über die Gartenmauer fliehen.

Wie ging es weiter?

Es wurde abgemacht, dass jeder seinen eigenen Weg geht, und man trifft sich bei Nacht an einem anderen Ort. Und ich, der ich viele Räubergeschichten gelesen hatte, wusste, dass der sicherste Platz möglichst nah beim Feind ist. Und so ging ich zu dem Platz, wo die deutschen Soldaten trainiert haben. Da waren Kinder, die zugeschaut haben. Ich setzte mich zwischen diese Kinder – und blieb dort. Als es anfing, dunkel zu werden, ging ich zu dem verabredeten Ort. Und dort traf ich meinen Vater.

Das waren Bekannte, bei denen Sie Unterschlupf gefunden haben?

Das waren Bekannte von Bekannten. Für diese Leute bestand Gefahr. Und es gab Leute, die uns mit Lebensmitteln geholfen haben. Ja, die Belgier waren ziemlich anständig.

Sie waren mit Ihrem Vater allein?

Einmal waren für ein paar Wochen amerikanische Flieger im Haus, die abgeschossen wurden. Das hatte mein Vater nicht gern. Er hat gesagt: »Je mehr Leute da sind, desto gefährlicher ist es.«

Sie gingen natürlich nicht in die Schule.

Mein Vater sagte: »Ich werde dir Latein lernen!« Und so hat er mit mir Latein gepaukt. Und Algebra. Jeden Tag.

Stimmt es, dass Sie eine Inschrift vom Justizpalast in Wien auswendig kennen?

Ja. »Fiat Justitia et pereat mundus.« (*Es soll Gerechtigkeit geschehen, und gehe die Welt darüber zugrunde.*) Verschiedene Inschriften: Das lernt man eben, wenn man Latein macht. Und dann lasen wir noch einen römischen Schriftsteller, Cornelius Nepos. »De viris illustribus«, das Leben der berühmten Männer, darunter Hannibal und Perikles.

Hatten Sie große Angst, entdeckt zu werden?

Man gewöhnt sich daran. Man denkt nicht an Angst.

Und wie kamen Sie mit der Einsamkeit zurecht?

Bei der einen Frau gab es einen ganzen Haufen Bücher. Ich hab viel gelesen, Voltaire zum Beispiel. Diese Frau hatte Hunderte Bücher! Das war gut für mich: Ich konnte mein Französisch verbessern.

Hatten Sie eine Ahnung, wie lange sich das Verstecken hinziehen würde?

Wir hörten Radio: BBC und Radio Paris Allemand. Im Herbst 1942 hörte man schon, dass es für die Deutschen schlecht geht, sie mussten zurück vom Kaukasus, und dann, im Winter, kam die Schlacht von Stalingrad. Da drehte sich die Sache. Zudem hörten wir, dass die Engländer Rommel in Afrika geschlagen haben. Da wussten wir: Das ist der Anfang vom Ende.

Der Krieg zog sich aber noch lange hin.

Wie Teig.

Und Sie hatten keine Freunde.

Das war unangenehm. Man gewöhnt sich daran. Aber als ich dann, nach dem Krieg, ins belgische Gymnasium ging, hatte ich bald Freunde. Drei Freunde. Der eine wollte Diplomat werden. Er hatte einen Autounfall und starb ganz jung. Das war '50 oder '52. Der andere hat zu viel getrunken und ist an einer Leberkrankheit zugrunde gegangen. Und was mit dem dritten passiert ist, weiß ich nicht. Der lebt vielleicht noch.

Am 3. September 1944 wurde Brüssel von den Alliierten befreit.

Und dann war wieder alles ganz normal. Papiere wurden ausgestellt und so weiter. Mein Vater hat sich sofort darum gekümmert, dass wir österreichische Pässe bekommen.

Im Mai 1945 war der Zweite Weltkrieg zu Ende. Wollte Ihr Vater nach Österreich zurückkehren?

Er trat in Verbindung mit Hans Stephenson. Er war vor dem Krieg der Verwalter von Purkersdorf gewesen. Ein guter Mann. Den haben wir 1949 getroffen. Aber dann ist mein Vater gestorben.

Sie waren 1949 in Wien?

Ja. Die Stadt hat schlecht ausgeschaut – puh. Es waren die Russen da. Und die haben auch nicht berühmt ausgeschaut. Mein Vater stellte sofort fest: »Soldaten mit ungeputzten Stiefeln!«

Sie wollten nicht in Österreich bleiben?

Mein Vater wollte sich das überlegen. Ich fuhr auf Ferien nach Bad Aussee. Und währenddessen starb mein Vater. Ein Herzschlag. Ich kannte niemanden. Niemanden, der mir helfen konnte. Alle waren weg, die meisten gestorben. In Belgien hatte ich Freunde.

Was haben Sie gemacht?

Ich habe in Belgien das Gymnasium beendet. Und dann habe ich versucht, mich durchzuschlagen – als Illustrator und so weiter. Ich habe auch als Dreher gearbeitet in einer Fabrik. Die haben Eisenbahn-Waggons für Persien gebaut.

Studieren?

Das wäre nicht möglich gewesen.

Was hätten Sie denn gerne studiert?

Ich weiß nicht genau. Das ist schon so lange her. Aber nicht Advokat. Vielleicht etwas Grafisches.

Konnten Sie eigentlich Kontakt aufnehmen mit den Zuckerkandls, die nach Algier geflohen waren? Haben Sie Ihren Cousin Emil gesehen?

Mein Vater fuhr 1946 nach Paris, um Fritz Zuckerkandl zu sehen. Er war damals der Direktor der Penicillin-Fabrik. Emil hat einen schweren Fehler gemacht: Er hat den Neubauer (*Franz Neubauer*), den Advokaten meines Vaters, abgesetzt – und durch einen gewissen Biro (*Ludwig Biro*) ersetzt, der sich als völlig unfähig herausgestellt hat. '47 oder '48 ist Emil nach Brüssel gekommen, um meinem Vater zu erklären, was er gemacht hat. Mein Vater hat getobt.

Es ging um die Rückgabe des Sanatoriums Purkersdorf, das der Nationalsozialist Gnad arisiert hatte.

Gnad hat alles verkauft, was er konnte. Er fällte die Bäume und sagte: Die Russen haben das gemacht.

Waren Sie 1949 im Sanatorium?

Nein. Gnad hatte einen gerichtlichen Beschluss. Emil durfte hineingehen, weil er französischer Staatsbürger war. Aber wir waren Österreicher, wir durften nicht. Die Verhandlungen haben sich gezogen und gezogen. Und es ist nichts Gutes herausgekommen.

Der Vergleich, der schließlich geschlossen wurde, war eine extreme Ungerechtigkeit.

Ja.

Sie gingen zurück nach Brüssel und lernten Ihre Frau Eliane kennen. Das war auch 1949?

Ja. Ich hab meine Frau kennengelernt bei Freunden. Ich kann mich noch erinnern: Ich hab ihr bei den Latein-Aufgaben geholfen. '55 oder '56 haben wir geheiratet.

Sie haben weiter als Illustrator gearbeitet?

Ich habe Biografien von berühmten Leuten illustriert. Aber damit war nicht viel Geld zu verdienen. Dann hab ich als Werbegrafiker gearbeitet. Aber die Leute waren unfreundlich, die hatten nicht gern Ausländer. Die haben einen Krach aufgebaut. Und da hab ich beschlossen, wegzugehen. Das war '57.

Ihre Frau war einverstanden, nach Montreal zu gehen?

Ja. Das Leben in Belgien war schwer, nicht nur für die Ausländer.

Sie fuhren mit dem Schiff. Wussten Sie, dass es ein Abschied für immer ist?

Oh ja, das haben wir gewusst.

Wie war die Ankunft?

Es war nicht einfach. Aber nur am Anfang. Zunächst war ich bei einer Fabrik, die hat Bierflaschen hergestellt. Sie machte Pleite. Dann hab ich in einer Papierfabrik gearbeitet. Die haben mich hinausgebissen. Und von da an arbeitete ich in einem Fotogeschäft.

Am 2. November 2011 gelangte bei Sotheby's in New York »Litzlberg am Attersee« zur Versteigerung. Das Gemälde, das auf einen Wert von 25 Millionen Dollar geschätzt worden war, erzielte 40,4 Millionen, umgerechnet 29,3 Millionen Euro. »Unglaublich«, sagte Georges Jorisch, der bei der Auktion anwesend war. Natürlich würden seine vier Kinder und zehn Enkel davon profitieren, wobei: »Der Zehnte gilt ja nicht, der liegt nach einem Rugby-Unfall im Koma.« Es bleibe eben alles irgendwie relativ, schrieb meine Kollegin Olga Kronsteiner in ihrem Bericht über die Auktion. Hinzu kam, dass sich Jorisch furchtbar über E. Randol Schoenberg ärgern musste. Denn sein ehemaliger Anwalt stellte, obwohl er nichts erreicht und geleistet hatte, unglaubliche Forderungen. Er brachte sogar Klage ein. Zehn Monate nach der Auktion, am 26. September 2012, starb Georges Jorisch.

RUTH KLÜGER:
»ES WAR EIN ZEITALTER DER VERLUSTE«

Bereits 1992 hatte die Literaturwissenschaftlerin Ruth Klüger, geboren am 31. Oktober 1931 in Wien, ihr Buch »weiter leben. Eine Jugend« veröffentlicht. Wie viele andere stieß ich aber erst 2008 auf diese schonungslosen, mit Reflexionen ergänzten Erinnerungen an die Kindheit in Wien während des Nationalsozialismus und die Gefangenschaft unter anderem im KZ Auschwitz-Birkenau: Im Rahmen der Aktion »Eine Stadt. Ein Buch« wurde »weiter leben« als Taschenbuch in einer Auflage von 100.000 Stück gratis in Wien verteilt.

Im Frühsommer 2011 weilte Ruth Klüger, die in Kalifornien lebt, wieder einmal in Österreich. Sie sprach beim Gedenktag gegen Gewalt und Rassismus im Parlament, am 20. Mai wurde sie in Krems mit dem Theodor-Kramer-Preis für Schreiben im Widerstand und Exil ausgezeichnet, wenig später nahm sie an den Pfingstdialogen »Geist & Gegenwart« auf Schloss Seggau bei Leibnitz teil. Das Organisationsbüro des Symposions stellte mir einen Kontakt her. Und so traf ich Ruth Klüger am Vormittag des 7. Juni 2011 im Café Zartl in der Rasumofskygasse, da sie dort ums Eck bei einer Freundin wohnte.

Kollegen hatten mich gewarnt, dass Ruth Klüger harsch sein könne. Der erste Eindruck schien dies zu bestätigen. Denn Ruth Klüger sagte mit ironischem Unterton: »Klappern Sie jetzt alle betagten Juden ab?« Sie hatte im »Standard« meinen »Album«-Aufmacher über die Schicksale der Cousins Emile Zuckerkandl und Georges Jorisch in der NS-Zeit gelesen, der am 4. Juni erschienen war. Aber sie äußerte sich sogleich anerkennend – und gab mir ein berührendes Interview. Mein Angebot, ihr den fertigen Text zum Gegenlesen zuzumailen, schlug sie aus.

Ein halbes Jahrhundert trugen Sie am linken Unterarm die Nummer, die man Ihnen in Auschwitz-Birkenau eintätowiert hatte: A-3537. Warum haben Sie sich dann doch, nach so langer Zeit, dazu entschlossen, die Nummer in einer kalifornischen Laserklinik entfernen zu lassen?

Sie hat zu viel Aufmerksamkeit auf sich gezogen – mit den Jahren immer mehr, weil es immer weniger Leute gibt, die diese Tätowierung haben. Es war mir einfach peinlich geworden. Vor allem, weil viele Leute ein Ressentiment dagegen zu haben schienen. Als ob ich sie ihnen aufdrängen, als ob ich sagen wollte: »Schaut her, ich war im Lager!« Im Sommer trage ich eben kurze Ärmel – und dachte mir wenig beim Anziehen. Es war gesellschaftlich unangenehm, besonders in Österreich und Deutschland. Aber der tiefer liegende Grund war, dass ich diese ganze Sache gewissermaßen abgearbeitet habe. Ich brauchte die Nummer nicht mehr zu tragen. Ich überlegte mir, dass hinter dem Behalten der Nummer eine Verpflichtung gegenüber den Toten stand. Und dann dachte ich mir: Ich habe dieses Buch geschrieben, jetzt kann ich mir die Nummer nehmen lassen – und die letzten Jahre ohne sie verbringen. Ich habe es nicht bereut.

Das Buch, 1992 veröffentlicht, heißt »weiter leben. Eine Jugend«.
Ein älterer Jude, so berichten Sie, hätte Sie gefragt: »Wer gibt Ihnen
das Recht, wie ein Mahnmal herumzulaufen?«

Er war sogar ein Wiener Jude, mein Lehrer Heinz Politzer. Ich
war ganz schockiert.

Den SS-Soldaten tätowierte man die Blutgruppe in den Oberarm.
Dafür gab es einen logischen Grund: Um den Verletzten rasch die
richtigen Blutkonserven geben zu können. Warum aber hat man die
ohnedies todgeweihten KZ-Insassen gebrandmarkt?

Ich kann Ihnen keine Antwort darauf geben. Ich hab das so
hingenommen. Man konnte nicht weglaufen, wenn man eine
Nummer hatte. Aber Flucht aus Auschwitz war sowieso praktisch unmöglich. Also: Ich weiß es nicht.

Sie haben großen Wert darauf gelegt, die Geschichte nicht zu verfäl-
schen. Dennoch nennen Sie die Menschen nicht bei ihren richtigen
Namen. Warum?

Ich glaube, ich wollte die Menschen schützen oder nicht ganz
verantwortlich sein. Meine Pflegeschwester, die Susi, sagte
aber, sie will unbedingt ihren eigenen Namen haben. Ich hab
das Buch danach ins Englische übersetzt – und die richtigen
Namen verwendet. Vielleicht hat es auch damit zu tun gehabt,
dass ich Martin Walser nicht mit Namen nennen wollte. Um
nicht damit anzugeben, dass ich einen bekannten deutschen
Schriftsteller kenne.

Wirklich?

Ja. Denn ich war völlig unbekannt. Auch in Amerika. Ich war
so eine Wald- und Wiesengermanistin, von denen gibt es viele.
Da wollte ich nicht schreiben: Ich bin mit einem bekannten
Schriftsteller befreundet. Es war irgendwie so ein Instinkt, dass
ich die Menschen nicht beim richtigen Namen nenne. Ich

habe mich auch geweigert, eine Fotografie von mir reinzutun. Vielleicht wollte ich, dass es paradigmatischer wird.

Ihren eigenen Namen haben Sie aber nicht geändert.

Oh doch! Im Laufe des Schreibens des Buchs bin ich zu meinem Mädchennamen zurückgekommen. Bis dahin habe ich den Namen meines Mannes Angress getragen. Und dann ist mir aufgegangen: »Das ist ja gar nicht mein Name, den will ich nicht.« In Amerika ist es sehr leicht, den Namen zu ändern.

Ich habe mich nicht exakt ausgedrückt. Im Buch sind Sie – wie im richtigen Leben – die »Susi« beziehungsweise später, nach dem Einmarsch Hitlers, die »Ruth«. War es wirklich ein bewusster Akt, nicht mehr Susi sein zu wollen? Sie waren ja nicht einmal sieben Jahre alt.

Ja, ich war wirklich in Rebellion mit den Deutschen. Es war ein Aufwachen ins Leben. Ich sagte mir: »Die Deutschen haben doch hier nichts zu suchen. Und alle Leute, die ich kenne, sind gegen sie. Warum spricht man nicht darüber? Warum hat die Lehrerin Angst vor ihnen?« Das war eine bewusste Entscheidung.

Wenn Sie die NS-Zeit nicht hätten erleben müssen: Wären Sie noch immer die Susi?

Ha! Ich wäre noch immer in Wien. Das glaube ich schon. Das ist ein gelegentliches Gesprächsthema: Was wäre ohne Hitler aus uns geworden? Und die erste Antwort ist: Man wäre in Wien geblieben. Aber ob ich die Susi geblieben wäre? Ich hätte auch so eine bewusste Jüdin werden können. Mein Vater war Zionist, das hätte schon sein können.

Sie beschreiben die NS-Zeit in Wien mit dem Satz: »Man trat auf die Straße und war in Feindesland.« Positive Erlebnisse gab es keine?

Ich fuhr einmal mit der Stadtbahn. Ein Mann drückte mir eine Orange in die Hand – offensichtlich wegen des Judensterns, den ich trug. Ich habe mit einem dankbaren Augenaufschlag geantwortet. Und ich habe schon eingesehen, dass er etwas Mut dazu brauchte. Aber ich war eigentlich nicht dankbar. Ich habe mich ein bisschen – wie soll man sagen? – erniedrigt, zumindest vereinnahmt gefühlt.

Die Zeit war für Sie sehr bedrückend und dunkel.

Ja, bedrückend und dunkel. Man wusste nicht, wie man sich auf der Straße verhalten sollte. Man machte sich so unscheinbar wie möglich. Man konnte nirgendwo hingehen. Es gab keine Möglichkeiten, sich die Zeit zu vertreiben oder etwas zu lernen. Ich hätte gern mehr gelernt. Aber ich war nicht mehr in der Schule. Bücher lesen: Das war das einzige, was man machen konnte. Man konnte nicht einmal spazieren gehen. Diese Stadt ist für mich noch immer weitgehend so. Emigranten, die ein paar Jahre älter waren als ich, haben Wien noch als Heimatstadt erlebt. Für mich ist sie einfach Geburtsstadt. Was nicht ganz stimmt: Ich habe hier sprechen gelernt. Sie bleibt also ein Stück von einem selbst. Aber die unangenehmen Erinnerungen kommen halt immer wieder hoch. Die Stadt bedrückt mich, sogar wenn sie leuchtet.

Auch heute noch?

Die Frage ist irgendwie unfair. Ja und Nein. Ich würde ja nicht zurückkommen, ins Theater gehen, mit Freunden sprechen, wenn es wirklich so wäre. Andererseits, wenn ich mich frage: »Könnte ich hier leben?«, so ist die Antwort immer: »Nein.«

In einem Interview mit Spiegel Online sagten Sie: »Wien schreit nach Antisemitismus.«

Die haben sogar die Überschrift daraus gemacht: »Wien schreit nach Antisemitismus.« Aber ich habe das in einem

Kontext gesagt. In meiner Erinnerung ist Wien die antisemitische Stadt. Wenn ich an der Hofburg vorbeigehe, erinnere ich mich, wie ich damals an der Hofburg vorbeigegangen bin – und auf den Steinen Antisemitisches stand. In Göttingen, wo ich eine Zweitwohnung habe, habe ich nicht dieses Gefühl. Göttingen war natürlich genauso eine antisemitische Stadt: Praktisch um die Ecke, in Braunschweig, ist Hitler deutscher Staatsbürger geworden. Im Stadtmuseum kann man sehen, wie die SA damals marschiert ist. Und ich weiß, an welchem Platz die Bücherverbrennung unter der Leitung eines Germanisten – ich bin auch Germanist – stattgefunden hat. Aber trotzdem: Für mein Gefühl ist Göttingen keine antisemitische Stadt. Und Wien schon.

Sie erwähnen nur nebenbei, dass Ihr Vater Ihren Bruder abgetrieben hat. Das muss eine unglaubliche Verzweiflungstat gewesen sein.

Er war Gynäkologe. So hat es mir meine Mutter erzählt.

Ihr Vater konnte nach Italien fliehen, weil sich Ihre Mutter verpflichtet hatte, die Reichsfluchtsteuer zu bezahlen. Aber sie konnte das Geld nicht aufbringen. Warum ist sie trotzdem in Wien geblieben?

Weiß der Kuckuck! Wo hätte sie hin sollen? Die Annahme war, dass Frauen und Kinder nicht gefährdet sind. Später hat man schon gewusst, dass das nicht stimmt. Aber später war es zu spät. Mir wurde nie klar, warum es ihr nicht irgendwie gelungen ist, herauszukommen. Sie wurde eben nicht erzogen, selbstständig zu sein, sich auf die Flucht zu begeben und in Abenteuer zu stürzen. Die Frauen haben sich auf die Männer verlassen. Viele Frauen, deren Männer ausgewandert oder geflohen sind, sind hiergeblieben. In Theresienstadt war eine große Anzahl alter Frauen, deren Söhne im Ausland waren – und die froh waren, dass sie im Ausland waren. Aber man fragt sich: Warum haben die Jungen die Alten zurückgelassen?

Den Transport nach Theresienstadt im September 1942 – Sie waren damals knapp elf Jahre alt – sparen Sie in Ihrem Buch aus. Warum?

Wenige Erinnerungen daran. Es war, wenn ich mich recht erinnere, ein Personenzug.

Aber Sie schreiben auch nichts über die Tage zuvor. Das muss eine unerträgliche Situation gewesen sein.

Ja, da waren wir in einem scheußlichen Sammellager. Ich weiß nicht, in welcher Gasse. Wenn ich es wüsste, hätte ich es geschrieben. Es war ein kellerartiges Gelass.

An Theresienstadt haben Sie – das finde ich sehr interessant – nicht nur schlechte Erinnerungen.

Dort wurde ich sozialisiert. In Wien war ich so wahnsinnig isoliert: Es gab keine Kinder. Und die Erwachsenen haben sich einen Dreck um einen gekümmert – das hätte man schon erwarten können unter den Umständen. In Theresienstadt waren massenhaft Kinder. Dort habe ich gelernt, Freundschaften zu schließen. Und ich habe Geschichte gelernt, ein bisschen über Literatur geredet. Es gab in diesem überfüllten Quadratkilometer natürlich fortwährend Krankheiten, Epidemien. Und es gab oft so eine Panikstimmung. Es war eben ein Konzentrationslager, keine Frage. Es gab zwar nie genug zu essen, besonders für halbwüchsige Kinder, aber zumindest war man unter sich. Es gab keine Isolierung, und die kann unter Umständen ärger sein als Hunger.

Wie zuvor in den Sammelwohnungen.

Ja, wie in dieser Sammelwohnung in der Währinger Straße, nicht sehr weit entfernt von der Berggasse. Ich war später einmal dort. Aber ich bin nicht rein. Mir ist das Kotzen gekommen. Das war für mich das Ärgste an Wien: diese Einsamkeit, diese zunehmende Einsamkeit – in einer Zeit, in der sich das Gesichtsfeld von Kindern erweitert, in der sich der Freundeskreis erweitert. Bei mir hat er sich verringert. Die paar Freundinnen, die ich hatte, sind verschwunden, ausgewandert oder untergetaucht oder verschickt, was weiß ich.

Sie waren recht lang in Theresienstadt. Im Mai 1944, mit zwölfeinhalb Jahren, kamen Sie nach Auschwitz-Birkenau. Darf ich Ihnen dazu ein, zwei Fragen stellen?

Ersparen wir uns das. Darüber zu reden, das habe ich nie gekonnt. Das zu schreiben war sehr schwierig. Übrigens: Diese Parlamentsrede, die ich am 5. Mai 2011 gehalten habe, war auch sehr schwierig zu schreiben. Das war kein Vergnügen.

Sie sprachen bei der Gedenkfeier im Parlament über das Kind-Sein im Nationalsozialismus. Und Sie trugen jenes Gedicht vor, das Sie damals, 1944, über die Vergasung von Millionen Menschen verfassten. Auschwitz-Birkenau überlebt zu haben: Macht das auch stolz?

Nein. Bestimmt nicht. Das war ein Zufall. Man hat eben ein bisschen was dazu getan. Weil einem eben im richtigen Moment eingefallen ist, man soll probieren, herauszukommen – dank meiner verrückten Mutter.

Und dank einer unbekannten Frau, die Sie beschwor, bei der Selektion zu sagen, dass Sie bereits 15 Jahre alt sind. Dadurch kamen Sie ins Arbeitslager – und nicht in die Gaskammer.

Ja, wenn die noch lebt: Diese Frau sollte stolz sein! – Ein Buch, das mich sehr beeinflusst hat, ist von Cordelia Edvardson: »Gebranntes Kind sucht das Feuer«. Sie hat beinahe genau dieselbe Geschichte erlebt: Sie war in Theresienstadt, dann in Auschwitz. Und nach dem Krieg ist sie nach Schweden gekommen. Sie ist die uneheliche Tochter der Dichterin Elisabeth Langgässer, auch da gibt es auch ein schwieriges Mutter-Tochter-Verhältnis. Und in dem Buch werden Gedichte zitiert.

Das hat mich alles sehr angesprochen. Da hab ich mir gedacht: »Das muss ich auch versuchen.« Aber der Punkt, auf den ich hinsteuere, ist: Sie war Schreiberin in Auschwitz. Und sie sagt in ihrem Buch: Niemals ist einer, der zum Tod verurteilt wurde, auf die andere Seite gekommen – zu denen, die überleben durften. Ich schrieb ihr – es war das einzige Mal, dass ich einer Autorin geschrieben habe: »Kann es nicht sein, dass es doch einmal anders war? Und Sie waren die Schreiberin?« Sie schrieb zurück, sie wollte, sie wäre es gewesen. Damit will ich nur sagen: Wenn jemand stolz sein könnte, dann diese Frau. Aber nicht ich! Ich bin nicht stolz auf diese Zeit. Das ist etwas, was nicht hätte stattfinden sollen. Andere, die Auschwitz durchgemacht haben, sehen das anders. Primo Levi, den ich sehr verehre, schreibt unverständlicherweise, dass das seine Universität gewesen wäre. Ich weiß gar nicht, was er damit sagen will. Und auch andere haben irgendwelche Schlüsse oder Lehren daraus gezogen. Nein! Wenn irgendetwas Gutes daran gewesen wäre, so könnte man ja sagen: Machen wir mehr davon!

Stolz dürfen Sie dennoch sein: Weil Sie den Mut gefasst haben, zu sagen: »Ich bin 15.«

Wenn ich daran zurückdenke, denke ich mir: »Ja, das war eine gute Sache.« Aber stolz darauf? Schon eher, dass wir, sechs Frauen, geflohen sind. Wir waren dann in einem Arbeitslager, in einem Außenlager von Groß-Rosen, das aufgelöst wurde, weil es nahe der russischen Front war. Da war ein Fußmarsch, und wir sind geflohen. Die anderen sind später in Lastwaggons – in Viehwaggons, wie man zu sagen pflegt – nach Bergen-Belsen gekommen. Das haben wir uns erspart. Denn ob wir das überlebt hätten? Die arme Anne Frank ist dort mit ihrer Schwester gestorben. Auf diese Flucht war meine Pflegeschwester immer sehr stolz. Ich hab das auch für gut gehalten. Daran denke ich mit einigem Vergnügen zurück.

Vor allem: Damals haben Sie Ihre Mutter überreden können. Denn sie wollte noch auf die nächste Brotration warten.

Ja, genau.

Sie hatten ein sehr zwiespältiges Verhältnis zu Ihrer Mutter. Sie schreiben einerseits voll Achtung über sie. Denn sie adoptierte in Auschwitz-Birkenau ein Mädchen, die Susi, die Sie in Ihrem Buch »Ditha« nennen. Aber Sie kritisieren Ihre Mutter auch sehr.

Ja, es gab eine höchst neurotische Mutter-Tocher-Spannung, die noch ärger gemacht wurde durch die Umstände. In meinem zweiten Buch, »unterwegs verloren«, schreibe ich über ihren Tod. Als sie sehr alt war, hatte ich keine Probleme mehr mit ihr. Ich konnte mich um sie kümmern, und sie hat es zugelassen. Das hat nur Zeit gekostet. Diese Geduld bringt man schon auf für die Mutter.

Genial war, wie sie auf der Flucht Anfang 1945 zu einem Pfarrer gegangen ist, um von ihm Personalausweise zu bekommen.

Sie war eigentlich noch genialer, als sie dann mit dem Polizisten geflirtet hat. Das braucht noch mehr Kunst. Bei der Flucht wären wir mehrmals fast geschnappt worden. Dann jubelt man natürlich, wenn man noch einmal durchgekommen ist. Da war zum Beispiel das eine Dorf, wo ich den Kindern eine falsche Auskunft gegeben habe. Die fragten mich, wie oft mein Vater von der Front auf Urlaub nach Hause kam.

Und dann kam die Bevölkerung ...

Ja. Da war es gefährlich. Da sind wir gelaufen! Aber es war kein verzweifeltes Laufen. Ich weiß nicht, wie es meine Mutter empfunden hat. Aber wir zwei Kinder haben das starke Gefühl gehabt: Jetzt kommen wir davon, der Krieg wird aus sein – und es wird alles gut werden.

Immer wieder thematisieren Sie in Ihrem Buch die Hoffnung. In Zusammenhang mit Auschwitz-Birkenau schrieben Sie: »Hoffen war Pflicht.«

Hab ich? Ja, man musste glauben, dass man da rauskommt. Wenn man die Hoffnung aufgibt, dann wird man das, was man damals einen »Muselmann« nannte. Das waren die Hoffnungslosen. Die meisten Menschen haben bis zum letzten Moment gehofft, dass sie überleben. Das ist eigentlich merkwürdig: Es hat sich fast niemand im KZ umgebracht. Die Selbstmordrate war derart niedrig, dass ich zu der Überzeugung gekommen bin, dass Selbstmord ein Luxus der Wohlstandsgesellschaft ist.

Ihre Mutter hat Ihnen in Birkenau vorgeschlagen, Selbstmord zu begehen – und Sie haben das brüsk zurückgewiesen.

Das war am ersten Tag. Da ist so etwas noch vorgekommen, später aber nicht mehr. Und außerdem war meine Mutter paranoid.

Das kann man ihr in der Situation wohl nicht verdenken.

Sie war es auch nachher. Wenn sie in Kalifornien auf der Straße Polizei gesehen hat, war sie durchaus fähig zu sagen: »Die wollen mich deportieren.« Und sie hat sich im Pass sechs Jahre jünger gemacht – um den ganzen Krieg jünger.

Was auffällt, wenn man Dokumentationen über das Leben im KZ sieht oder Erlebnisberichte liest: Der Mensch ist unglaublich anpassungsfähig an widrige äußere Umstände.

Ja, das ist absolut richtig. Es ist unglaublich, was die Menschen auf sich nehmen können. So viel, dass man schon gar nicht mehr weiß, was menschengemäß ist. Weil alles geht.

Die Idee einer Revolte oder der Versuch eines Ausbruchs hat es nie gegeben?

Aufgrund des Prinzips Hoffnung? Man dachte, es wird schon irgendwann vorbei sein. Aber es war unmöglich, sich zu organisieren. Und die hatten die Waffen. Revolten kommen ja auch in Gefängnissen sehr selten vor.

Zerbricht in der Not jede Solidarität?

Ich habe das nicht so empfunden. Gerade im letzten Lager, in Christianstadt, haben die Frauen mehr oder minder zusammengehalten.

Sie erzählen, dass es einmal für fünf Frauen eine Schüssel Wasser gab. Sie waren die Letzte und Kleinste, Sie bettelten, Ihnen doch auch einen Schluck übrig zu lassen. Doch die Frau vor Ihnen trank die Schüssel aus.

Die war unsympathisch, das muss man schon sagen.

Und die, die in der Küche arbeiten konnten, sind dick geworden – wie auch deren Kinder. Gab es da nicht Hassgefühle?

Nein, ich kann mich nicht an Hass erinnern, an Neid aber schon. Die in der Küche waren die Aristokraten. Meine Grunderfahrung im letzten Lager war, dass die Frauen sehr nett zu mir waren. Sie haben einen behandelt, als ob man zur Familie gehört. Ich hatte Vertrauen zu diesen Mitgefangenen. Das ist auch irgendwie die Grundlage für meinen Feminismus. Ich hab's ganz gut gehabt mit Frauen.

Was ich bemerkenswert fand: Obwohl Sie im Konzentrationslager abgeschottet waren, wussten Sie über das Kriegsgeschehen recht gut Bescheid.

Nicht im Detail. Das durchgehende Motiv war: Die Alliierten werden den Krieg gewinnen. Das war mal sicher. Es ist eigentlich merkwürdig, wenn man an die vielen Siege der Deutschen zu Beginn denkt: Niemand, den ich kannte, hat geglaubt, dass die Deutschen den Krieg gewinnen könnten. Und dann erinnere ich mich genau an das Landen der Amerikaner in der Normandie. Da war ich in Birkenau. Das hat sich schnell herumgesprochen. Und dass die russische Front näher gekommen ist: Das konnte man ja hören.

Verzeihen Sie, ich komme nochmals auf die Selektion zurück: In einem Interview sagten Sie, dass der Arzt, der Sie begutachtete, möglicherweise Josef Mengele war. Cordelia Edvardson, die Sie vorhin erwähnten, war zeitweise seine Schreibkraft.

Es wäre eine Aufschneiderei, wenn ich mit Bestimmtheit sagte: »Mengele hat mich auf die andere Seite…« Ich weiß es nicht. Aber ich glaube, ihn auf einem Foto erkannt zu haben. Und es ist bekannt, dass er bei diesen Selektionen dabei war.

Einen Vorteil hatte Ihre furchtbare Jugend: Sie machten in Straubing schon mit knapp 15 die Matura. Dann gingen Sie nach New York – und waren noch keine 19, als Sie Ihren Bachelor of Arts hatten.

Das war keine richtige Matura, das war ein Mist. Ich glaube, meine Mutter hat Druck auf die Lehrer ausgeübt. Ich konnte eigentlich nichts. Ich habe noch immer unglaubliche Bildungslücken. Und das ist das, was mich am meisten ärgert. Ja, sie gaben mir den Bachelor nach zweieinhalb Jahren statt nach vieren. Ich wäre gern noch länger geblieben. Aber die wollten gute Statistiken haben.

Kommt es darauf an, mathematische Formeln zu können? Oder darauf, sich im Leben zurechtzufinden?

Sie wollen das irgendwie auf einen positiven Nenner bringen. Aber es war einfach keine gute Zeit. Und die Verluste sind weitaus größer als irgendwelche Gewinne. Nicht nur Sie, auch andere Journalisten interviewen dann Leute, die Erfolg gehabt haben. Und man vergisst darüber die, die untergegangen sind. Das sind die meisten. Denken Sie nur an die Ausstellung »Entartete Kunst«: Wie viele Namen gibt es da, die man nie mehr wieder gehört hat! Das sind enorme Verluste. Es war bei den meisten eben nicht so wie bei Brecht und Mann, die etwas anfangen konnten im Exil. Es ist eben umgekehrt: Es war ein Zeitalter der Verluste.

Manche sagen, es müsse einmal Schluss sein mit der NS-Aufarbeitung. Sie haben Kinder und Enkelkinder. Hören sie Ihnen zu – oder wollen sie nichts von Ihrer Vergangenheit wissen?

Ich habe nicht so viel darüber geredet. Kennen Sie »Maus« von Art Spiegelman? Das darf ich Ihnen wärmstens empfehlen! Das ist ein Comic über den Holocaust. Man glaubt, es geht nicht, aber es geht. Der Anlass dafür war ganz offensichtlich der Vater, der nicht aufhörte, davon zu erzählen, wie es im Lager war. Die Kinder von KZ-Überlebenden klagen immer wieder: »Wir haben genug.« Die Kinder haben das Gefühl, man will ihnen ein schlechtes Gewissen machen. Und andere klagen, dass man ihnen überhaupt nichts erzählt hat. Das hört man in Österreich oft. Man erzählt entweder zu viel oder zu wenig. Beeindruckt habe ich meinen jüngeren Sohn nicht mit meinem Buch »weiter leben«, sondern weil in Wien 100.000 Exemplare verschenkt wurden.

Zehn Tage später, am 17. Juni 2011, schrieb ich Ruth Klüger, dass das Interview am nächsten Tag – leider stark gekürzt – in der »Standard«-Wochenendbeilage »Album« erscheinen werde. Ich hätte aber in Hinblick auf eine mögliche Publikation das gesamte Gespräch abgetippt und würde sie daher bitten, doch die angefügte Langfassung zu lesen. Ruth Klüger antwortete: »Sie können damit machen, was Sie wollen. Ich will Ihnen nicht dreinpfuschen und herumkorrigieren.«
Wieder zehn Tage später, am 27. Juni, meldete sie sich aber noch einmal: »Ich bin wieder in Irvine, Kalifornien, geniesse die Sonne

und versuche mit all dem Kram fertig zu werden, der sich in meiner Abwesenheit angehäuft hat. Das Interview habe ich sorgfältig durchgelesen, wie Sie es ja wünschten.« Ganz brav hätte sie sich zwei Fehler notiert. Der eine betraf eine missverständliche Formulierung. Und der andere? Klüger schrieb: »Sie zitieren mein Buch ›weiter leben‹ einmal als ›weiter schreiben‹, ein Fehler, den ich als freundliche Fehlleistung deuten möchte, nämlich, dass Sie wünschen, ich möge auch weiterhin und mehr schreiben.« Ich musste grinsen.

ANGELA HARTIG:
»DER ZUG FUHR LOS, WIR WAREN IN
FREIHEIT«

Ende Februar 1998 berichtete Hubertus Czernin in seiner »Standard«-Serie »Das veruntreute Erbe« erstmals über den Fall Thorsch. Und Anfang November jenes Jahres veröffentlichte er im Molden Verlag, den er damals zusammen mit Fritz Molden leitete, ein kleines, schmales Buch. Es trug den Titel »Die Auslöschung«, weil der einst bedeutende Name Thorsch regelrecht ausgelöscht worden war.

Das Buch sorgte, auch wenn keiner den Inhalt kannte, für Gesprächsstoff. Denn die Grünen und das Liberale Forum verteilten es im Hohen Haus – just am 5. November 1998, als das Kunstrückgabegesetz einstimmig vom Nationalrat beschlossen werden sollte. Man wollte mit dieser Aktion darauf hinweisen, dass es nicht reicht, nur Kunstwerke zurückzugeben, sondern dass die Dimension des nicht getilgten Unrechts in Österreich weit größer ist. Und dies stellte Czernin eben exemplarisch anhand von Alphonse Thorsch dar. Das NS-Regime beschlagnahmte neben seinen Immobilien und Kunstschätzen auch die Privatbank, die in der Folge liquidiert wurde, und die ausländischen Besitzungen, die im Einflussbereich des Dritten Reichs lagen.

Nach dem Krieg wurden den Erben lediglich 30 Kunstwerke und die Immobilien zurückgegeben. Über Jahrzehnte hinweg weigerte sich die Republik, die Nachkommen fair zu entschädigen und die Löschung der Banklizenz rückgängig zu machen. Und gerade diese Lizenz wäre notwendig gewesen, um den Erben den Zugriff auf die eingefrorenen Konten der Bank in England und der Schweiz zu ermöglichen.

Ende April 1999 gab der damalige Finanzminister Rudolf Edlinger (SPÖ) bekannt, er werde den Antrag der Erben auf Rückstellung der Lizenz für das Bankhaus M. Thorsch & Söhne »wohlwollend« prüfen. Wenig später aber wurde der Antrag abgelehnt. Die Familie überlegte sich, die Republik in den USA zu klagen – als Vorbild diente der Fall Bloch-Bauer. Sie ließ es aber schließlich bleiben. Und dann eröffnete sich eine neue Möglichkeit: Die Erben wandten sich an den 2001 gegründeten Allgemeinen Entschädigungsfonds für Opfer des Nationalsozialismus. Den Versuch, eine zumindest minimale Wiedergutmachung zu erhalten, startete Angela Hartig, eine Enkelin von Alphonse und Marie Thorsch. Sie wurde am 4. November 1931 geboren und lebt seit 1952 wieder in Wien.

Im Herbst 2011 stand die Entscheidung an. Angela Hartig – sie ist Hausfrau und die Mutter von »Standard«-Mitarbeiterin Marie-Therese Hartig – befürchtete, dass ihr Antrag nicht unvoreingenommen behandelt werden könnte. Und so führte ich mit ihr am 3. Oktober ein Interview, in dem sie ihre Sicht der Dinge darlegen konnte. Es erschien in der »Standard«-Wochenendausgabe vom 8./9. Oktober 2011.

Ihr Großvater, Alphonse Thorsch, war nach Louis Rothschild der wichtigste Bankier von Wien in der Zwischenkriegszeit. Mit seiner Frau Marie bewohnte er ein riesiges Palais in der Metternichgasse. Haben Sie noch Erinnerungen daran?

Natürlich! Das war ein Schlaraffenland. Wir waren einmal in der Woche zum Mittagessen bei den Großeltern. Und es gab immer ein phänomenales Weihnachtsfest. Ich erinnere mich noch heute an den Geruch der Kekse und an den riesigen Baum.

Beim Einmarsch Hitlers waren Sie etwas mehr als sechs Jahre alt. Was passierte da?

Mein Großvater hatte fünf Töchter, aber keinen Sohn. Meine Mutter, Hetty Overhoff, nahm ein bisschen diese Position ein. Sie war eine unglaublich starke Frau, eine Kämpferin und zeitlebens an Politik interessiert. Sie hat geahnt, dass schreckliche Zeiten kommen werden. Sie warnte alle: »Ihr müsst euch vorbereiten auf die Flucht, die Nationalsozialisten werden uns umbringen!« Kein Mensch hat ihr geglaubt. »Du übertreibst!«, sagte man, »du bist hysterisch«. Sie ließ sich aber nicht abbringen. Bereits am 11. März 1938 packte sie meinen Bruder Mario, unsere Kinderfrau Teta und mich: »Wir fahren nach Ungarn zum Peter Doczy.« Er war ein angeheirateter Cousin von Mami. Ich erinnere mich noch ganz genau: Wir sind in der Nacht mit dem Auto nach Ungarn gefahren. Aber die Grenze war zu. Meine Mutter hatte uns Kindern vor der Abfahrt eingebläut, dass wir den Mund halten sollten, um nur ja nicht durch eine unbedachte Äußerung die Aufmerksamkeit der Grenzbeamten auf uns zu ziehen. Aber mein Bruder, damals zehn Jahre alt und sehr selbstbewusst – später wurde er in Amerika ein bekannter Physiker und Mathematiker –, setzte zu einer politischen Diskussion mit einem der Zöllner an! Daraufhin hat Mami ihm kurzerhand eine Ohrfeige verpasst, wahrscheinlich die einzige seines Lebens. Das hat er ihr nie verziehen, obwohl es – unter diesen Umständen – wirklich komisch war.

Ihr Vater Willi Overhoff war nicht dabei?

Er war beruflich in Prag. Denn die Firma Julius Overhoff hatte dort eine Dependance.

Wie ging es weiter?

Wir sind um drei Uhr in der Früh nach Wien zurück. Und mit dem nächsten Zug sind wir in die Schweiz gefahren. Er war voll mit Menschen, die fliehen wollten. Meine Mutter nahm nur ihren Schmuck mit – und die Schiausrüstung. An der Grenze mussten wir fünf Stunden warten. Die Menschen warfen ihre goldenen Tabatieren und andere Wertsachen aus dem Fenster, um nicht als Flüchtlinge aufzufallen. Ich hab' mit den jungen Nazis herumgeblödelt, das hat vielleicht geholfen. Denn sie haben meine Mutter gefragt, warum sie ausreisen will. Sie sagte: »Wir gehen Schifahren nach St. Moritz.« Da durften wir wieder einsteigen. Der Zug fuhr los, wir waren in Freiheit.

Ihre Großeltern waren bereits in Zürich, weil Alphonse Thorsch eine Rede vor dem Völkerbund gehalten hatte.

Richtig. Mit dabei war auch ihre jüngste, unverheiratete Tochter Dody, also Dorothea. Wir lebten im Hotel Baur au Lac. Mein Bruder und ich gingen in irgendeine Schule. Meine Mutter hat sofort versucht, ein Visum für England zu bekommen. Und mein Großvater hat alles getan, um sein Vermögen auf Nummernkonten im Ausland verschwinden zu lassen, damit die Nazis nicht darauf zugreifen können. Er sollte mit seiner Ahnung recht behalten: Am 31. März wurde das Bankhaus M. Thorsch & Söhne in Wien beschlagnahmt.

Was passierte mit den anderen Töchtern Ihrer Großeltern?

Gabi, verheiratet mit Arthur Goldschmidt, lebte auf den Schlössern der Familie ihres Mannes in Mähren. Clarisse Pierer von Esch bekam genau zu Hitlers Einmarsch in Wien ein Baby. Ihr Mann Edi, ein »Arier«, stammte aus einer alten Offiziersfamilie – sein Großvater war k.u.k. Feldmarschall gewesen – und hatte gute Kontakte zu hochrangigen Militärs. Er selbst war kein Antisemit, stand dem deutschnationalen

Gedanken aber freundlich gegenüber. Und er hatte deutsch-nationale Freunde. Daher waren er und Clarisse nicht unmittelbar gefährdet. Auch Tante Eva, mit dem »arischen« Baron Kurt Paümann verheiratet, glaubte Mami nicht: »Wozu sollen wir wegfahren?« Eine Woche nach dem Einmarsch kam die Gestapo in die Metternichgasse. Die Haushälterin rief Eva an: »Frau Baronin, die räumen das Haus aus! Was soll ich machen?« Eva ist sofort hinüber ins Palais – und steckte den Schmuck meiner Großmutter ein. Ungeschickterweise ließ sie die leeren Etuis liegen. Das fiel der Gestapo natürlich auf.

Ihre Tante wurde wenig später verhaftet.

Ja. Da war die Hölle los. Es wurde hin- und hertelefoniert. Onkel Edi kam in die Schweiz, er erhielt von meinem Großvater Instruktionen, und dann fuhr er mit Doktor Pestalozzi, dem Schweizer Finanzverwalter und Rechtsanwalt meines Großvaters, zurück nach Wien. Sie hatten einen Koffer mit Bargeld dabei, um eine Vielzahl von Beamten und Nazi-Kontaktleuten zu bestechen. Erst nachdem eine enorme Summe, 13 Millionen Franken, bezahlt und der Schmuck an die Gestapo ausgehändigt worden war, wurde Tante Eva am 28. Mai freigelassen.

Woher wissen Sie das?

Mein Großvater hat mit seinen Töchtern nie über Geld geredet, in dieser Hinsicht war er ein Macho. Aber er hat sich zum Beispiel mit seinem Neffen Rudi Gutmann oder Heinrich Treichl, seinem Großneffen, besprochen. Heinrich gab darüber später eine eidesstattliche Erklärung ab. Wir wissen, dass man vom Großvater Schweizer Franken verlangte, Reichsmark wurden von den Erpressern nicht akzeptiert.

Wie ist es Ihrer Tante in der Haft ergangen?

Sie war zuerst im Hotel Metropole am Morzinplatz eingesperrt und dann in der Rossauer Kaserne. Sie hat nie darüber geredet, aber es müssen schreckliche Sachen passiert sein. Laut meiner Mutter hat sie die Haft nie überwunden.

Ihre Tante konnte danach ausreisen, ohne Reichsfluchtsteuer zahlen zu müssen.

Ja, sie bekam sogar einen Pass samt Ausreisegenehmigung für sich und ihre Kinder. Sie blieb noch ein paar Wochen in Wien – und reiste am 2. Juli mit ihren Kindern nach Zürich. Drei Tage später folgte ihr Clarisse.

Am 11. Juni wurde die Bank einer kommissarischen Verwaltung übergeben und in der Folge liquidiert. Die Nationalsozialisten versuchten nun, auf die ausländischen Konten zuzugreifen.

Ja, aber die Banken in Zürich gaben das Geld nicht heraus. Die Nazis haben sogar einen Prozess angezettelt. Aber der Oberste Gerichtshof lehnte die Herausgabe ab. Solange es die Gerichtsverhandlungen gab, waren die Schweizer Konten natürlich gesperrt. Weil meine Großeltern nicht mehr so jung und von der Situation überfordert waren, ging meine Mutter nach London, um dort unsere Einreise zu ermöglichen. Auch mein Vater kam von Prag nach England, er arbeitete dann im War Office in Whitehall beim Secret Service. Das genügte natürlich nicht für eine Einreisegenehmigung, also überlegte meine Mutter, was sie tun könnte. Sie sagte immer: »Ich kann nichts, nicht einmal kochen, aber ich kann Bridge spielen.« Später gewann sie übrigens internationale Turniere und wurde sogar Weltmeisterin. Bridge hat ihr die Türen zur Gesellschaft und zur Politik geöffnet. Spielen Sie Bridge?

Nein, leider.

Sie müssen damit anfangen! Mami hatte nur sehr begrenzte Mittel, und sie kannte in London keine Menschenseele. Aber mit Bridgespielen gelangte sie in einflussreiche Kreise. Sie schaffte es, dass die Familie eine Aufenthaltsbewilligung bekam. Und später bekamen wir ein Visum für Kanada. Können Sie sich vorstellen, wie schwierig es war, die Einreisegenehmigung zu erhalten? Wir waren die einzige Familie aus einem feindlichen Land, die mitten im Krieg eine solche Genehmigung bekam, und dafür musste eigens ein Parlamentsbeschluss gefasst werden. Sicher hat dabei eine Rolle gespielt, dass mein Großvater Grundbesitz von Vancouver bis an die Grenze von Alaska hatte, aber auch die Kontakte meiner Mutter haben sehr geholfen.

Wann verließen Sie England?

Zuerst muss ich noch etwas Wichtiges erzählen: Mein Großvater hatte ein großes Vermögen in England, vor allem in Goldbarren. Er hielt das für das Sicherste. Die Nazis versuchten natürlich, an das Gold heranzukommen. Aber auch dieser Versuch misslang. Als dann im Sommer 1940 der »Battle of Britain« begann, wurde das Gold beschlagnahmt, es kam in die Schatzkammer. Plötzlich waren wir »Friendly Aliens of Enemy Nationality«. Mein Vater wurde von einem Tag auf den anderen in ein Internierungslager, Camp Orange, nach Australien gebracht. Trotzdem war meine Mutter den britischen Behörden unendlich dankbar dafür, dass man uns aufgenommen hatte. Sie baute in London eine Hilfsorganisation auf, den »Austrian Women's Voluntary Service«. Dort arbeiteten 200 Flüchtlingsfrauen aller gesellschaftlichen Schichten als Näherinnen, Krankenpflegerinnen, Busfahrerinnen usw., um sich mit dieser freiwilligen Tätigkeit bei der englischen Regierung für das gewährte Asyl zu bedanken. Meine Mutter wurde dafür vom Königshaus ausgezeichnet.

Und sie organisierte die weitere Flucht.

Ja, sie organisierte alles, auch die Überfahrt nach Kanada auf einem Bananendampfer. Zuerst reisten die Großeltern und Dody, ein paar Monate später der Rest der Familie, insgesamt 17 Personen. In Neufundland kamen wir genau an dem Tag an, an dem die Japaner Pearl Harbor angegriffen haben, also am 7. Dezember 1941. Davor, in der Karibik, ereignete sich eine lustige Geschichte: Mein Vater erhielt die Erlaubnis, meine Mutter in Antigua zu sehen. Wir blieben an Bord, während sich die beiden in einem Hotel trafen. Der Portier sagte: »Sir, we know who you are. You are here incognito.« Meine Eltern staunten. Aber mein Vater sah wirklich aus wie Eduard VIII. – und Mami ähnlich wie Wallis Simpson. Ist das nicht komisch?

Ja, eine amüsante Verwechslung. Durfte Ihr Vater mit Ihnen nach Kanada?

Nein. Aber er musste auch nicht zurück nach Australien, sondern er bekam in Antigua einen Job als Gärtner. Auch das hat die Mami organisiert. Wir anderen sind weiter nach Montreal. Meine Cousinen und ich wurden sehr herzlich vom Sacre Coeur aufgenommen, mein Bruder kam zu den Jesuiten ins Loyola College. Natürlich hatten wir keinen Knopf Geld, also begann meine Mutter, in den schäbigsten Bridge-Clubs von Montreal zu spielen. Jeden Abend brachte sie vier, fünf Dollar nach Hause. Nach einiger Zeit konnte sie es sich leisten, in besseren Clubs zu spielen, bis sie schließlich nach wenigen Monaten in der Top-Gesellschaft von Montreal und Ottawa zum Bridge eingeladen wurde. Daraus entstanden lebenslange Freundschaften. Und sie hat für die Regierung gearbeitet: In der Zensurbehörde kontrollierte sie die Korrespondenz der Kriegsgefangenen. Einmal stieß sie auf einen sonderbaren Brief. Darin schrieb eine Frau aus Deutschland an ihren gefangenen Neffen, dass bei ihr am Land eine riesige Anlage betoniert werde, über die sich alle ärgern würden. Meine Mutter meldete das – und zwei Tage später wurde diese Anlage von den Engländern bombardiert. Es war, wie sich herausstellte, eine V2-Basis.

Sie blieben auch nach dem Krieg in Montreal?

Nein, meine Mutter bildete sich ein, dass wir nach Ottawa müssten. Denn dort, in der Hauptstadt, war das gesellschaftliche Leben. Meine Großmutter starb am 24. August 1944, mein Großvater am 30. November 1945. Mami ist unmittelbar nach Kriegsende nach Wien gegangen, um nach unseren gestohlenen Sachen zu suchen. Die Immobilien wurden zurückgegeben, auch ein Teil der Bilder. Aber das Mobiliar blieb verschwunden, darunter Metternichs Schreibtisch, der meinem Großvater gehört hatte, die Bank, die riesige Bibliothek, das ganze Tafelsilber, die Gobelins und so weiter. Meine Mutter kämpfte bis an ihr Lebensende 1985 um Gerechtigkeit, leider weitgehend vergeblich. Ich selbst bin 1952 nach Wien zurückgekommen und trete jetzt in ihre Fußstapfen. Das jahrzehntelange Unrecht muss endlich wiedergutgemacht werden.

Ende 2011 nahm die Familie Hartig die – vergleichsweise – geringe Entschädigung des Nationalfonds an, weil jeder weitere Ergänzungsantrag abgewiesen worden war. Angela Hartig ist schwer enttäuscht, weil ihren Argumenten und Unterlagen, darunter einer eidesstattlichen Erklärung von Heinrich Treichl, dem ehemaligen Generaldirektor der Creditanstalt, kein Glaube geschenkt wurde: »Dass einem Zeitzeugen vom Format und Charakter Heinrich Treichls de facto ein Meineid unterstellt wird, ist eine Schande.«

ANGELICA BÄUMER:
»WARUM WAR MEINE GROSSMUTTER IM KZ
– UND NICHT ICH?«

Angelica Bäumer kenne ich, wie man so sagt, seit ewig. Die Kunstkritikerin und Kuratorin war immer dabei: bei Pressekonferenzen, Vernissagen, Symposien und Empfängen. Wir grüßten uns, schüttelten vielleicht die Hände, aber mehr ergab sich nicht. Wohl auch deshalb, weil Angelica Bäumer, die große Dame des Wiener Kunstbetriebs, einer anderen Generation angehört.

Sie wurde am 15. Jänner 1932 in Frankfurt am Main geboren, ein Jahr später, nach der Machtübernahme Hitlers, übersiedelten ihre Eltern Eduard und Valerie Bäumer nach Salzburg. Angelica Bäumer studierte von 1949 bis 1953 Musik, Kunstgeschichte und Architektur in Wien. Ab 1971 war sie Mitarbeiterin beim Österreichischen Rundfunk, als Sekretärin von Herbert Moritz (SPÖ) betreute sie im Bundesministerium für Unterricht, Kunst und Sport in den Jahren 1984 und 1985 die Presse und die Kultursektion.

Angelica Bäumer drehte Dokumentationen z.B. über Agnes Muthspiel, Wilhelm Thöny und Clemens Holzmeister, sie war Österreich-Kommissarin von Biennalen in Sydney und Puerto Rico, jahrelang engagierte sie sich für das Künstlerhaus Wien, und weiterhin ist sie Vorstandsmitglied der Kunstkritikervereinigung AICA (Association Internationale des Critiques d'Art) in Paris. Sie publizierte viel über österreichische Künstler, in den letzten zehn Jahren besonders über Künstler mit geistigen und/oder psychischen Defiziten in psycho-sozialen Institutionen; 2007 brachte sie das Buch »Kunst von Innen – Art brut in Austria« heraus, das eine Wanderausstellung mit 24 Stationen im In- und Ausland ergänzte.

Die Provenienzforscherin Ruth Pleyer erzählte mir einmal, es muss im Sommer 2011 gewesen sein, dass Angelica Bäumer das letzte Kriegsjahr als U-Boot bei einem katholischen Pfarrer im Salzburgischen überlebte. Sie berichtete auch, dass auf Bäumers Vorschlag hin Balthasar Linsinger, geboren 1902 in St. Veit im Pongau und gestorben 1986 in Tamsweg, am 13. April 2011 zum »Gerechten unter den Völkern« ernannt wurde. »Gerechter unter den Völkern« ist ein von Israel verliehener Ehrentitel für Menschen, die in der NS-Zeit ihr Leben riskierten, um Juden vor der Ermordung zu retten. Pleyer hatte Angelica Bäumer geholfen, die für den Antrag notwendigen Unterlagen zusammenzutragen.

Ein halbes Jahr später, im Jänner 2012, kam Ruth Pleyer noch einmal auf die berührende Zeremonie in Großarl zu sprechen, an der die gesamte Bevölkerung teilgenommen hätte. Sie riet mir, ein Interview mit Angelica Bäumer zu führen, die gerade ihren 80. Geburtstag feierte. Ich nahm die Anregung an und kontaktierte Bäumer. Es war aber nicht leicht, einen Termin zu finden. Das Interview fand schließlich am 28. Februar 2012 in Bäumers Wohnung statt. Ich hätte es gerne wenig später, rund um den 11. März, im »Album« veröffentlicht. Die Erinnerung an den Einmarsch von Hitler in Österreich 1938 wäre ein passender Anlass gewesen. Doch es kam leider nicht dazu. Denn Bäumer wollte nicht auf ihre Erlebnisse in der NS-Zeit reduziert werden.

Im Interview sagte sie aber auch, dass eines der schönsten Geschenke, die sie zu ihrem 80. Geburtstag bekommen hatte, ein Symposion sei, das sie für die »Gesellschaft für politische

Aufklärung«in Zusammenarbeit mit der Politologin Karin Liebhart organisieren dürfe: »Ich stelle es unter den Titel ›Zeitgeschichte ohne Zeitzeugen‹. Die Zeitzeugen sterben ja weg. Was bedeutet das? Überlassen wir die Zeitgeschichte dann den Historikern? Jungen Menschen, die zum Beispiel aus ehemaligen Nazi-Familien kommen und irgendetwas gutmachen wollen? Das möchte ich thematisieren. Soweit es mir möglich ist, möchte ich verhindern, dass die Nazizeit in Kürze behandelt wird wie der Dreißigjährige Krieg.«

Ähnlich, aber natürlich ausführlicher, begründete Angelica Bäumer ihre Intention bei der Eröffnung des Symposions mit Holocaust-Überlebenden, Psychologen, Zeithistorikern und Politologen, das am 27. und 28. November 2012 im Albert Schweitzer Haus in Wien stattfand. Es sei für sie ein schmerzlicher Verlust, wenn nicht mehr die Menschen reden können: »Auch fast 70 Jahre nach der Befreiung ist nichts verloren gegangen, selbst wenn Ausgrenzung, KZ-Haft oder Verfolgung ›nur‹ ein oder zwei Jahre gedauert haben. Die Erinnerung hat sich zu tief eingegraben, und man wird keinen einzigen Zeitzeugen finden, der sich nicht detailliert an die Umstände dieser Zeit erinnert, an die Stimmen der Bewacher, an ihr Gebrüll, an den Geruch von verbranntem Fleisch, von Verwesung und Schmutz, an den Hunger, an Niedertracht und Hass im Lager wie außerhalb.« Nun sei es, sagte Bäumer, »sozusagen die allerletzte Chance, noch authentische Antworten zu erhalten«. Aber dazu brauche es auch, wie Bäumer treffend feststellte, kluge Fragen und das Bedürfnis, mehr zu erfahren und zu lernen.

Vielleicht bewog dieses Symposion ein Umdenken: Angelica Bäumer akzeptierte, dass ihr Interview in diesen Band aufgenommen wird. Eben weil es ihr die Möglichkeit gibt, ihre Geschichte mit ihren eigenen Worten zu erzählen – auch wenn vieles, was ihr Leben ausmacht, nicht vorkommt. Wichtig wäre ihr zum Beispiel gewesen, über ein Symposion zu reden, das sie im Bedenkjahr 1988 organisierte. Und so sei auf dieses Symposion zumindest hier hingewiesen. Es trug den Titel »Von der Erkenntnis des Leides« und fand im Juni jenes Jahres im Stift Altenburg (Niederösterreich) statt. Vortragende waren u.a. die Psychiater Erwin Ringel und Leo Eitinger, die Philosophen Jeanne Hersch und Michael Benedikt sowie hochrangige Vertreter vieler Religionen, darunter Kardinal

Franz König, der Tibetologe Ernst Steinkellner und der Judaist Jacob Allerhand.

Angelica Bäumer ist der Überzeugung, dass sich die Erfahrung des Leides, die jeder Mensch machen müsse, in Erkenntnis verwandeln könne. Leid sei nicht nur bewältigbar, Leid könne auch eine Kraftquelle sein. Den Sammelband mit den Vorträgen, seit Langem vergriffen, würde Bäumer gerne noch einmal auflegen: »Wie wir mit persönlichem Leid umgehen und mit den Menschen, die Leid erfahren haben, beispielsweise durch Vertreibung, Flucht und Verfolgung: Das ist kein Thema der Vergangenheit, sondern so aktuell wie nur!«

Schon vor vielen Jahren haben Sie die Geschichte Ihrer Kindheit in Salzburg während der NS-Zeit niedergeschrieben. Ein entscheidender Moment war, wie Sie berichten, als 1944 zwei Gestapo-Männer ins Klassenzimmer kamen und brüllten: »Der Bastard Bäumer soll mitkommen.« Sie waren damals zwölf. Bis dahin wussten Sie tatsächlich nicht, dass Sie Jüdin sind?

Das war auch sehr klug von meinen Eltern. Denn ich war ein Kind, das einfach drauflosgeredet hat, freundlich und arglos. Aber dann passierten einige für mich ungewohnte Dinge. Zum Beispiel: Als ich zehn war und ins Gymnasium kam, musste ich auch zum ersten Mal zum Bund deutscher Mädchen. Ich dachte, dass ich dort einen Puppenwagen bekommen würde, den ich mir so gewünscht hatte und den Hitler den kleinen Mädchen versprochen hatte. Aber ich war entsetzt. Ich musste mir die Lebensgeschichten von Horst Wessel, Hermann Göring und so weiter anhören. Zu Hause sagte ich: »Da geh ich nie wieder hin!« Aber meine Mutter sagte: »Du musst!« – ohne mir zu sagen warum. Erst als ich aus dem BDM ausgeschlossen und aus dem Gymnasium geholt wurde, wusste ich es. Bereits als die Klassentür aufging, war mir klar: Das gilt mir. Die Gestapo-Männer packten mich an den Oberarmen, zerrten mich durch die Gänge, und die Mitschülerinnen beschimpften mich als »Saujud«.

Sie hätten sich, wie Sie schreiben, auch fallen lassen können. Aber Sie gingen hochaufgerichtet durch den Hass: »In diesem Moment wurde ich Jüdin.«

Nach dem Krieg war ich zunächst glühende Zionistin, ich nahm mir vor, nach Palästina zu gehen. Ich hatte ein prägendes Erlebnis: Eine Garage am Kapitelplatz diente der Alija als Auffangplatz für Kinder, die den Holocaust in den Konzentrationslagern überlebt hatten. Ich half bei der Betreuung. Die Kinder konnten weder lesen noch schreiben, hatten kaum eine Sprache. Sie kannten nur das Brüllen der Wachen, sie kannten nur Abtritte – und nun konnten sie in ein Klo gehen, absperren, sich hinsetzen und wieder aufsperren. Sie sind stundenlang rein- und rausgegangen, nur um dieses unglaubliche Vergnügen zu haben, allein sein zu können. Das hat mich ganz besonders berührt. Aber dann verlief das Leben anders. Ich studierte, heiratete, bekam drei Kinder, arbeitete später für den ORF, wurde bekannt als Kunstkritikerin, organisierte Symposien zu künstlerischen, gesellschaftskritischen und philosophischen Themen, schrieb Bücher und Katalogtexte.

Sie wurden 1932 in Frankfurt am Main geboren. Ihre Eltern, beide Kunstmaler, hatten sich auf der Städelschule kennengelernt. Bereits 1933 beschlossen sie, Deutschland zu verlassen. Sie gingen nach Salzburg. Weil Ihre Mutter Österreicherin, gebürtige Wienerin war?

Mein Vater hatte »Mein Kampf« gelesen. Ich habe das erst jetzt nachgeholt. Schon auf den ersten 30 Seiten schrieb Hitler all das nieder, was er vorhatte: von der Verfolgung der Juden über die Expansion nach Osten, weil das deutsche Volk zu wenig Platz hätte. Und er bezeichnete die moderne Kunst als die Kunst von Geisteskranken. Das war wohl der entscheidende Grund für meinen Vater wegzugehen. Er wusste, dass er mit seiner Arbeit keinesfalls reüssieren kann. Und meine Mutter war eine biedermeierliche Frau, sie wollte einen Garten mit Rosen. Sie war eine klassische Wienerin aus einer Zeit, die es schon damals nicht mehr gab. Daher fiel die Wahl auf Salzburg.

Sie haben einen jüngeren Bruder, Michael, 1935 geboren, und eine noch jüngere Schwester, Bettina, 1940 geboren. Hat man als Maler in Salzburg eigentlich leben können?

Nein. Meine Mutter kam aus einem sehr wohlhabenden Haus. Mein Großvater hatte, wie viele Juden, im Ersten Weltkrieg in großen Mengen Kriegsanleihen gezeichnet, das Vermögen war dann weg. Er übersiedelte nach Frankfurt und leitete eine Obstplantage in Raunheim, die der Familie gehörte. Dort, in Hessen, wurde Pektin für die Marmeladeindustrie hergestellt. Nach dem Tod meines Großvaters nahm mein Onkel, Robert Feix, das Erbe seiner beiden Schwestern und gründete in Köln eine Firma, die Pektin für die Hausfrau herstellte, nämlich die Einmachhilfe »Opekta«. Und das war damals, in den Zeiten der Wirtschaftskrise, ein Millionengeschäft. Meine Mutter und ihre Schwester waren stille Teilhaberinnen. Davon haben sie sehr gut gelebt. Wir bewohnten am Mönchsberg die halbe Villa der Familie Grasmayr. Alois Grasmayr war ein Faust-Forscher, seine Frau eine geborene Mautner Markhof.

Der Austrofaschismus hat Ihren Vater nicht gestört?

Nein, oder besser gesagt, ich weiß es nicht. Aber nach dem »Anschluss« wäre mein Vater am liebsten weitergeflohen nach Paris oder Amerika – wir hatten bereits ein Affidavit. Aber die Nationalsozialisten waren schneller: Sie beschlagnahmten das Vermögen der Familie, und so mussten wir in Salzburg bleiben. Die Grasmayrs ließen uns in einem Zimmer im ersten Stock wohnen, später kam ein zweites Zimmer im Erdgeschoß dazu, das aber nur über den Hof zu erreichen war.

Warum warteten die Nationalsozialisten mit der Beschlagnahmung der Firma derart lange? Das Unternehmen war doch in Köln.

Mein Onkel war Österreicher. Die Nazis dürften sich nicht getraut haben. Aber unmittelbar nach dem »Anschluss«, noch am 13. März 1938, wurde er verhaftet. Er kam in das

Gestapo-Gefängnis nach Berlin und später ins KZ Dachau. Er überlebte, weil er aus Pektin ein blutstillendes Präparat entwickelte, das erfolgreich bei der Wehrmacht eingesetzt wurde.

Ist es nicht sonderbar, dass Sie in Salzburg relativ unbehelligt leben konnten? Ihr Vater war doch Jude.

Er ist im jüdischen Waisenhaus von Frankfurt aufgewachsen. Ich wollte seine Herkunft erkunden, aber leider gibt es das Archiv nicht mehr; es ist im Krieg verbrannt. In der Frankfurter Kultusgemeinde sagte man mir, dass im Waisenhaus nur jüdische Kinder aufgenommen worden seien. Aber mein Vater konnte den Nazis einen kompletten »Ariernachweis« erbringen. Zudem kaufte er mit sehr viel Geld, das ihm mein Onkel gegeben hatte, in Böhmen die Seite im Matrikelbuch, auf der die Geburt und Beschneidung meines Großvaters mütterlicherseits eingetragen waren. Wir waren daher nur, wie es damals hieß, »Halbjuden«.

Wie es ihm gelang, zu einem »Ariernachweis« zu kommen, wissen Sie nicht?

Ich habe ihn nicht gefragt. Nach dem Krieg hat mich das Thema jahrzehntelang nicht beschäftigt. Aber es holte mich – wie so viele andere Überlebende auch – im Alter ein.

Im Sommer 1942 schloss Ihr Vater eine Freundschaft, die Ihnen das Leben gerettet haben dürfte.

Ja. Balthasar Linsinger, der Pfarrer aus Weißbach bei Lofer, kam nach Salzburg und fragte im Künstlerhaus, ob jemand bereit sei, für ein »Vergelt's Gott« die Decke der Wallfahrtskirche auszumalen. Mein Vater war der Einzige, der sich meldete. Wir waren den Sommer über dort. Als Zureichmädchen rührte ich die Farben an und wusch die Pinsel aus. Mein Vater malte einen Heiligen Geist ganz in der Tradition des Barock. In diesen Wochen merkte der Pfarrer natürlich, dass mein Vater sehr bedrückt war. Nachdem er die Gründe erfahren hatte, sagte er: »Na, dann kommt ihr einfach zu mir!« Ein Jahr später, am 1. August 1943, wurde Linsinger versetzt. Er war unter Beobachtung der Gestapo gestanden, weil er, was verboten war, Religionsunterricht hielt. Warum er gerade nach Großarl kam, weiß wohl kein Mensch. Großarl war das kinderreichste Dorf des Deutschen Reiches. Keine Familie hatte unter zehn, zwölf Kinder. Er benachrichtigte meine Eltern von der Versetzung und versicherte, dass er sein Wort halten werde.

Damals hatte sich die Situation bereits verschlimmert.

1943 wurden meine Eltern zur Zwangsarbeit verpflichtet, weil sich mein Vater, der ja als Arier galt, nicht von seiner jüdischen Frau scheiden lassen wollte. Er erhielt Malverbot und kam nach Lehen zur Firma »Stockinger und Rheintaler«, wo auch russische Zwangsarbeiter schuften mussten. Und meine Mutter hatte Kinderjäckchen fürs Winterhilfswerk zu stricken. Die Existenz war auf einem absoluten Tiefpunkt angekommen. Daher brachte sie meine kleine Schwester Bettina nach Großarl.

Und dann holte die Gestapo Sie aus der Klasse.

Ich durfte nicht mehr ins Gymnasium gehen, musste wieder in die Volksschule. Man wusste dort, im Andräviertel, nicht, wer ich war und ich war sprachlos. Immer, wenn ich über etwas entsetzt bin, verliere ich die Sprache. Ich konnte nicht mehr reden, war vollkommen stumm. Das fiel der Lehrerin natürlich auf. Meine Mutter sagte ihr die Wahrheit. Daraufhin musste ich nicht mehr in die Schule. Die Lehrerin hat mich einfach entschuldigt – und sich damit gefährdet. Wie alle, die uns halfen, darunter die Geschäftsleute, die anschreiben ließen.

Das Angebot von Pfarrer Linsinger nahmen Ihre Eltern immer noch nicht an?

Erst im August 1944. Meine Eltern waren mit dem Lungen-facharzt Rudolf Peyrer-Heimstätt befreundet, der, obwohl er als Nazigegner bekannt war, in den Führerstollen geholt worden war. Er bekam dort mit, dass die letzten Salzburger Juden nach Auschwitz deportiert werden sollten. Auf der Liste sah er unsere Namen. Noch in der gleichen Nacht kam er zu meiner Mutter. Wir brachen sofort auf – mit unseren Habse-ligkeiten in einer Tuchent. Es war richtig kalt. Es gibt auch im Sommer kalte Nächte. Der Hauptbahnhof war bereits bom-bardiert, aber in Aigen erwischten wir einen Flüchtlingszug nach St. Johann. Immer, wenn der Zug stehen blieb, dachten wir, jetzt kommt die SS oder die Gestapo und erschießt uns. Es waren Schüsse zu hören. Aber wir kamen nach vielen Stunden Zugfahrt nach St. Johann und nach einem langen Fußmarsch nach Großarl. Der Pfarrer gab uns ein Zimmer, aber er konnte uns natürlich nicht verkösten. Wir hatten keine Lebensmittelmarken. Auf denen war ja das verräterische große J für »Jude« gestempelt, also hatten wir sie vernichtet. Ich arbeitete in der Meierei der Pfarre und die Mutter auf den Bauernhöfen, wir sammelten Beeren und Schwammerl. Mein Vater kam nach. Aber er blieb nur kurz. Er radelte immer wieder nach Salzburg, um irgendetwas zu verkaufen oder zu tauschen und um zu verhindern, dass unsere Wohnung geplündert wird.

Auch in Großarl gab es viele Nationalsozialisten. Wie konnten Sie da unerkannt bleiben?

Wir sagten, dass wir Ausgebombte aus Wien seien. Deshalb hatten wir auch keine Papiere. Und außerdem war der Pfarrer eine Autoritätsperson; wenn er eine Familie aufnimmt, dann wird das nicht hinterfragt. Die Väter waren im Krieg, die Mütter hatten andere Sorgen. Mein Bruder und ich sind brav in die Volksschule gegangen. Wir hatten einen großartigen

Lehrer, wir haben viel gesungen, wir waren glücklich dort. Und weil ich schon in einem Alter war, in dem man zur Kommunion gehen müsste, das wird am Land sehr genau beobachtet, ist mir auch etwas Kluges eingefallen: Ich habe auf der Empore den Blasebalg der Orgel getreten. So war es mit Pfarrer Linsinger vereinbart. Daher fiel es nicht auf, dass ich nicht zur Kommunion ging.

Angst hatten Sie keine, dass der Schwindel auffliegt?

Angst hatte ich nur davor, dass Bekannte aus Salzburg eintreffen könnten. Was auch passiert ist. Eines Tages sah ich zwei Schulkolleginnen auf der Straße. Ich lief auf sie zu, hielt sie fest und sagte: »Ihr kennt mich nicht!« Und sie hielten dicht.

Sie blieben bis zum Ende des Weltkriegs?

Ja. In den letzten Kriegswochen hatte ich immer wieder Bauchweh, verdrängte es aber. Am 8. Mai 1945 saß ich im Korb für das Holz beim Kachelofen, meinem Lieblingsplatz in der Küche. Auf der Kommode stand ein Volksempfänger. Ich hörte, dass das Großdeutsche Reich kapituliert hat. Und sogleich brach mein Bauchweh ganz heftig aus: Ich durfte endlich krank sein. Ich hatte eine Blinddarmentzündung, kam nach St. Johann und wurde von einem Arzt notoperiert, den man etwas später verhaftete. Er war dafür verantwortlich, dass die russischen Kriegsgefangenen im Lager, nachdem Typhus ausgebrochen war, elendiglich zugrunde gingen. Denn man hatte einfach die Tore zugesperrt, die Gefangenen bekamen nichts mehr zu essen, nichts zu trinken und keine medizinische Versorgung. Ich wachte aus der Narkose in einem Zimmer mit mehreren Frauen auf. Und dann passierte etwas, das mich nach wie vor zum Nachdenken bringt. Eine Frau lag im Sterben, an ihrem Bett saß ein Mann, der Totengräber von St. Johann. Er war dünn und unendlich traurig, er blieb noch lange bei seiner mittlerweile verstorbenen Frau sitzen und erzählte vor sich hin, von den Toten der letzten Wochen und wen er alles hatte eingraben müssen, ohne Sarg, ohne Gebet, ohne Namen. Mir erschien er als ein unheimlicher Bote einer Welt, der ich gerade noch entronnen war, der wir entronnen waren. Und wir waren nicht im KZ, wir waren »nur« versteckt gewesen. Ich habe auch heute noch Schuldgefühle, dass ich nicht im KZ war. Warum war meine Großmutter im KZ – und nicht ich?

Sie hätten diese Unmenschlichkeit im KZ am eigenen Leib erfahren wollen?

Wenn Sie es auf den brutalen Punkt bringen wollen: Ich beneide jene, die in Auschwitz waren. Ich hingegen kann nur die Berichte von Primo Levi und anderen lesen.

Haben Sie mit Ihrer Großmutter über deren Erfahrungen reden können?

Ja, sie hat darüber geredet – nur mit mir. Sie war eine verwöhnte Dame und ausgebildete Pianistin. Ihre Haushälterin wollte nicht zulassen, dass die Gestapo sie verhaftete. Sie wurde krankenhausreif geschlagen und kam ins Gefängnis. Und meine Großmutter wurde nach Theresienstadt deportiert. Ende 1945 erhielten wir die Nachricht, dass ein Rotkreuzzug sie nach Salzburg bringt. Ich holte sie ab. Davor aber ließ ich den Konzertflügel stimmen, der uns geblieben war. Ich wusste eigentlich nicht, warum. Meine Eltern schüttelten den Kopf. Und dann kam meine Großmutter an: dünn, mit einem Hungerbauch, mit einem abgewetzten Köfferchen, dem man angesehen hat, dass es einmal ein edles Stück gewesen war. Eine ihrer ersten Fragen war: »Ist der Flügel noch da?« Zu Hause setzte sie sich an den Bösendorfer – und spielte Chopin.

Man verdrängte, um überleben zu können.

Vielleicht. Mein Mann, den ich Jahre später in Schloss Leopoldskron kennenlernte, dem »Student Rest Center« der

Harvard University in Salzburg, sprach nur ein einziges Mal über das, was er an der Front und in Gefangenschaft erleben musste – und nie mehr wieder. Aber wenn man nicht spricht, gehen irgendwann Beziehungen kaputt. Wir beide waren Teil einer »Lost Generation«.

Erst viele Jahre später holte Ihre Vergangenheit Sie ein.

Mir wurde bewusst, dass ich eine Verantwortung gegenüber der Vergangenheit habe. Und nun konnte ich auch Balthasar Linsinger als einen »Gerechten unter den Völkern« von Yad Vashem vorschlagen. Er wurde 2011 zu einem solchen ernannt. Er hat uns beschützt und gerettet.

HANS LANDESMANN:
»WIR WAREN DIE EINZIGEN
ÜBERLEBENDEN«

Hans Landesmann, geboren am 1. März 1932 in Wien, habe ich nie laut erlebt, nie aufbrausend oder unbedacht. Gerard Mortier versuchte ab 1989, die Salzburger Festspiele zu reformieren und zu öffnen. Und Landesmann, dem Intendanten zur Seite gestellt, war immer der ruhende Pol im Direktorium. Peter Vujica, Musikkritiker und viele Jahre Kulturressortleiter des »Standard«, merkte mitunter kritisch an, dass sich Landesmann, mit der Salzburger Intendantensuche beauftragt, selber als kaufmännischer Direktor und Konzertchef gefunden hatte. Aber er äußerte sich immer voll Respekt vor diesem feingliedrigen wie feinen Menschen. Nicht, weil Landesmann es verstand, Mortier, der gerne Budgets überzog, einzubremsen. Sondern weil er im Konzertbereich ein klug durchdachtes Programm zusammenstellte. Und weil er wirklichen Neuerungen offenstand: Landesmann, im Hauptberuf Fleischgroßhändler, ermöglichte es beispielsweise Markus Hinterhäuser und

Tomas Zierhofer-Kin, ein ungewöhnliches Festival im Festival zu etablieren.

Im »Standard« für Kulturpolitik zuständig, rief ich Hans Landesmann immer wieder an – auch später, in den Jahren 2001 bis 2004, als er Musikdirektor der Wiener Festwochen war. Landesmann verlor zwar nie viele Worte. Und man musste ihm ganz genau zuhören, denn vieles deutete er vornehm nur an. Einen Sachverhalt tendenziös darzustellen, wäre ihm aber nie in den Sinn gekommen.

Anfang 2009 bat ich ihn um ein Interview über sein Leben für die Zeitschrift »Nu«. Landesmann meinte in der ihm eigenen Bescheidenheit, dass er doch nichts Wichtiges zu erzählen habe. Aber dann freute er sich. Und vielleicht war das Interview, das am 13. Februar 2009 im Café Landtmann stattfand, mit ein Anstoß, dass Landesmann 2011 seine Erinnerungen unter dem Titel »Ohne Musik wäre das Leben ein Irrtum« veröffentlichte.

Sie wurden am 1. März 1932 geboren, sechs Jahre später musste Ihre Familie vor den Nationalsozialisten fliehen. Können Sie sich eigentlich noch an Ihre Kindheit in Wien erinnern?

Punktuell. Ich kann mich wohl nur deshalb daran erinnern, weil ich mit meinem Bruder, der zwei Jahre älter ist, und mit meinen Eltern darüber gesprochen habe. Es war jedenfalls eine sehr schöne Zeit. Nach dem Kindergarten, als ich sechs Jahre alt war, mussten wir weg. In Budapest lastete sofort ein riesiger Druck auf mir. Denn ich sprach nur Deutsch, eigentlich Wienerisch. Ich musste daher sofort Ungarisch lernen, damit ich in die Schule gehen konnte.

Ihre Eltern kamen ja aus Ungarn …

Ja. Mein Vater wurde eigentlich im Gebiet der heutigen Ukraine geboren. Er war im Ersten Weltkrieg als Kriegsgefangener in Sibirien, er hat dort Russisch gelernt, 1919 ist er zurückgekehrt. Das Unternehmen meines Großvaters in Budapest hieß »Alexander Landesmann und Söhne«. Der

Name änderte sich mehrfach, aber immer mit »Landesmann«. 1920 gab es einen Familienrat. Der Großvater hatte vier Söhne. Und ein bisschen so wie die Rothschilds – im winzigen Maßstab – haben sich die Söhne die ehemaligen Länder der Monarchie aufgeteilt: Mein Vater wurde nach Wien geschickt, um dort eine Niederlassung zu gründen, einer meiner Onkel ging nach Prag, und die anderen beiden Onkeln kümmerten sich in Österreich beziehungsweise in Ungarn um die Landwirtschaften. So entstand eine Art Konzern. Mit Viehhandel. Denn damals gab es noch keine Automobile, die Fleisch gekühlt transportieren konnten. Mein Vater eröffnete sein Büro in St. Marx – und es ist losgegangen. Schon mein Bruder wurde in Wien geboren.

Wie war das 1938? Haben Ihre Eltern die drohende Gefahr erkannt?

Meine Eltern haben heftig gestritten: Meine Mutter war die Präsidentin der jüdischen Frauenvereinigung, sie wollte natürlich nach Palästina. Aber mein Vater wollte zurück nach Budapest: Dort war die Firma, dort waren die Verwandten. Er hat sich durchgesetzt. Leider, muss ich sagen. Weil Budapest während der Nazi-Zeit kein Honiglecken war.

Obwohl es zunächst keine Judenverfolgungen gab.

Die Regierung von Miklós Kállay hat im August 1943 sogar versucht, sich gegen die Deutschen zu wehren. Man wollte auf die Seite der Alliierten wechseln, was die Deutschen aber nicht zuließen: Sie haben Ungarn Mitte März 1944 okkupiert. Es gab zwar schon eine Art Nazi-Herrschaft davor, die unangenehm war, aber erst dann ist es wirklich ernst geworden. Meine Mutter starb im April 1944 an Krebs. Wir trugen den gelben Stern, im Juni mussten wir aus unserer Wohnung. Denn Juden durften nur mehr in bestimmten Häusern wohnen. Wir zogen zu meiner Tante, unsere Schule wurde geschlossen. Die Deportationen begannen, aber zuerst in der Provinz. Die jüdischen Bezirke von Budapest wurden noch in Ruhe gelassen. Doch dann – das war am 15. Oktober – hat eine Rechts-Rechts-Partei die Macht übernommen. Von da an war man wirklich in Lebensgefahr. Die Juden wurden im Ghetto zusammengetrieben, viele wurden erschossen. Die Botschaften der neutralen Länder wie der Schweiz, der USA, Costa Rica und auch des Vatikan haben mit den Deutschen geschützte Häuser ausgehandelt. Wir waren in einem schwedischen Haus untergebracht, hatten schwedische Papiere. Aber dann hielt dieses Abkommen nicht mehr. Mein Vater war im Arbeitslager. Und da haben wir uns, mein Bruder und ich, selbstständig gemacht. Mein Vater hatte uns gesagt, dass wir uns an Salesianer-Priester wenden sollen. Und die haben uns in ihrem Kloster aufgenommen. Aber wir waren nicht die Einzigen: Es gab vielleicht 15 oder 20 Kinder. Es sprach sich natürlich herum, dass dort jüdische Kinder versteckt werden. Schon bald haben wir uns nicht sicher gefühlt und sind weg – gerade rechtzeitig. Denn ein paar Tage später kamen die Hakenkreuzler: Sie haben die Kinder und auch einige Priester abgeführt und in die Donau erschossen. Wir waren die einzigen Überlebenden, eben weil wir nicht mehr im Kloster waren. Man hat uns dann in verschiedenen Häusern versteckt. Und zum Schluss sind wir in dieses jetzt berühmt gewordene »Gläserne Haus« geflüchtet. Das stand unter Schweizer Protektorat. Mein Vater war schon dort. Und dort haben wir die Befreiung miterlebt.

Zu Kriegsende waren Sie erst 13 Jahre alt. In dauernder Lebensgefahr zu sein: Wie gingen Sie damit um?

Ich erzähle Ihnen eine kleine Anekdote. Mein Cousin, der viel älter war, sagte zu mir: »Du wirst bald in die Seifenfabrik kommen.« Ich war ziemlich reinlich, und daher sagte ich: »Na ja, das ist gar nicht so schlecht.« Er klärte mich auf: »Nein, aus dir wird Seife!« Von diesem Moment an hatte ich Angst. Davor war das Herumziehen mit meinem Bruder ohne elterliche Aufsicht eher ein Abenteuer.

Haben Sie sich nicht gefragt, warum man Ihnen nach dem Leben trachtet?

Unser Vater hat uns erklärt: Wenn es den Leuten schlecht geht, behauptet die Regierung immer, dass die Juden Schuld seien. Das haben wir verstanden. Denn wir gehörten zu den Bessersituierten. Wir haben den Antisemitismus auf Neid zurückgeführt.

In einem Interview mit dem »Falter« sagten Sie, dass man in Ihrer Familie nicht mehr Deutsch gesprochen habe, Ihr Vater aber hätte weiterhin Richard Wagner gehört.

Ja, wir haben uns von den Deutschen abgewandt. Ich war nicht mehr bereit, Deutsch zu sprechen. Was natürlich ein Blödsinn war. Denn dadurch verlernte ich die Sprache und musste sie, 1946 zurück in Wien, wieder neu lernen. Für uns waren natürlich alle Deutschen Nazis. Aber wir haben versucht, das von der Kultur zu trennen, die in unserer Familie einen sehr hohen Stellenwert hatte. Wir haben daher weiterhin die Musik deutscher Komponisten gehört und die Bücher deutscher Autoren gelesen.

Bereits mit sechs Jahren haben Sie zu Klavierspielen begonnen. War das Ihr Wunsch – oder der Ihrer Eltern?

Es war der Wunsch meiner Mutter, dass wir Klavier lernen. Aber wir wurden nicht gezwungen: Es gab eben eine Klavierlehrerin, die ins Haus gekommen ist. Mein Bruder hat schon bald aufgehört, aber mir hat es gefallen: Ich habe weiterstudiert.

Sie hätten sich nach dem Krieg vorstellen können, als Musiker Karriere zu machen?

Absolut, ich wollte das! In Wien ging ich gleich auf die Hochschule. Aber mein Vater hat gesagt, ich müsse zuerst einen bürgerlichen Beruf erlernen, dann könne ich so viel Klavier spielen, wie ich will. Er war sehr intelligent und hat daher genau gewusst: Wenn ich einmal weg bin vom Klavier – und sei es nur vorübergehend – dann wird es nie mehr ernsthaft. So hab ich das Studium aufgegeben.

Und sich einer ganz anderen Materie zugewandt. Warum gerade Chemie?

Mein Vater sagte, ich soll mir einen Beruf aussuchen. Ihm war egal, welcher. Ich hatte in der Schule Chemie, Mathematik und Physik sehr gerne. Und ich hörte damals, dass Chemiker gesucht werden, dass Chemie in der Zukunft sehr wichtig wird.

Sie wollten also gar nicht in den väterlichen Betrieb einsteigen?

Nein. Mein Vater wollte das auch nicht. Er sagte: Einer genügt, das ist der Peter, mein Bruder. Ich sollte etwas Ordentliches lernen. Ich hab zuerst in London studiert, dann an der Sorbonne in Paris und zum Schluss an der Columbia University in New York. Ich bin erst 1957 in die Firma eingetreten. Mein Vater starb im Februar ganz plötzlich – an einem Herzinfarkt. Ich unterrichtete damals schon, aber mein Bruder meinte, ich soll für ein Jahr nach Wien zurückkommen. Denn er kannte zwar das Geschäft, war aber ein bisschen überfordert. Er bat mich, ihm zu helfen. Und so bin zurück. Meine Frau blieb zunächst in Amerika.

Sie hatten sie auf der Universität kennengelernt?

Ja. Elaine war Sekretärin in der Abteilung, in der ich arbeitete. Sie studierte französische Literatur. Nach ein paar Monaten schrieb ich ihr, dass es besser sei, wenn wir in Österreich leben. Sie folgte mir nach.

Ich nehme an, die Firma war 1938 beschlagnahmt worden. Es gab wohl einen Sachverwalter oder »Ariseur«.

Ja. Sonderbar: Er war Musiker. Ein Kapellmeister, Schmied hat er geheißen. Er hat auch unsere Wohnung beschlagnahmt. Gleich nach dem Krieg – fast zeitgleich mit den Russen – kam mein Vater zurück nach Wien. Er wollte ihn aus der Wohnung schmeißen. Doch dessen Frau war krank und bat darum, ob sie nicht in einem Zimmer bleiben dürften. Mein Vater hat das, weichherzig, erlaubt. Trotzdem hat der Nazi uns auf Wohnbesitzraub geklagt – und gewonnen. Wir mussten innerhalb kürzester Zeit aus der Wohnung.

Sie wurden also auch in der Zweiten Republik vertrieben?

Ja. Man hat uns rausgehaut. Es war eine wunderschöne Mietwohnung, Esteplatz 5. Später hatte der Nazi kein Geld, um die Miete zu bezahlen. Der Hauseigentümer, die Anglo-Elementar, hat ihm gekündigt und bot uns die Wohnung an. Aber wir hatten natürlich schon eine neue. Das war also meine erste Erfahrung mit dem neuen Österreich. Ich wollte sobald als möglich weg.

Und trotzdem sind Sie 1957 zurück nach Wien gekommen.

Das war eine echte Überwindung für mich. Ich habe meinen damaligen Beruf ja geliebt. Aber in Wien waren mein Bruder und die Familie, der Betrieb war zu leiten. Meine Frau hat sich gut eingelebt, und so sind wir geblieben. Kulturell tat sich bereits sehr viel. Wir sind sehr oft in die Staatsoper, auch ins Theater, wir waren fast jeden Abend irgendwo.

Ein prägendes Erlebnis für Sie war, als Sie 1945 in Budapest Yehudi Menuhin hörten.

Damals, im Frühjahr 1945, herrschte noch Kriegszustand. Ich sah ein Plakat mit dem Namen Yehudi Menuhin, schaute aber nicht näher hin. Ich dachte, das war eine Ankündigung für eine Schallplatte. Und dann fragte mich ein Freund, ob auch ich mir das Konzert in der Musikakademie anhören werde. Natürlich bin ich hingegangen. Menuhin war der erste große ausländische Künstler, den ich hörte. Es war überwältigend. Jetzt muss ich einen gewaltigen Zeitsprung machen: Als Konzertdirektor der Salzburger Festspiele hatte ich die Gelegenheit, Menuhin einzuladen. Nicht als Geiger, sondern als Dirigent. Das war mir ein Bedürfnis. Die Philharmoniker zu überreden war nicht gerade leicht. Nach dem Konzert war ich mit Menuhin Essen und hab ihm von Budapest erzählt. Das Konzert war das größte Erlebnis nach dem Krieg, sagte ich ihm. Es sind ihm Tränen gekommen. Weil ich mich so gut daran erinnern konnte.

Ihre Salzburger Zeit – Sie waren Konzertchef und kaufmännischer Direktor – begann erst 1989. Als Musikmanager sind Sie aber bereits seit 1964 aktiv. Wie kam es dazu?

Die Frau von Peter Weiser war eine gute Freundin und Arbeitskollegin meiner Frau. Er war Generalsekretär des Konzerthauses und suchte junge Direktoriumsmitglieder. Er lud mich ein. So bin ich eben in die Musikwelt eingestiegen.

Sie folgten Peter Weiser von 1977 bis 1984 als Generalsekretär nach. Es sei nicht so schwer gewesen, beide Jobs parallel auszuüben, sagten Sie einmal: Der Fleischhandel sei ein Frühgeschäft, im Kulturbetrieb ist vor zehn, halb elf nicht viel los. Dennoch band das Musikmanagement viel Zeit. Wie funktionierte daher die Zusammenarbeit mit Ihrem Bruder?

Problemlos. Am Anfang war mein Bruder mein Lehrmeister, weil ich keine Ahnung vom Geschäft hatte. Später haben wir die Geschäftsbereiche aufgeteilt. Mein Vater hatte 1932 in Niederösterreich nahe der Grenze zum Burgenland eine große Hühner- und Entenfarm gekauft. Sie wurde zweimal enteignet: Nicht nur 1938 von den Nazis, sondern auch

1945 von den Russen. Mein Vater war in der Nachkriegszeit Verwalter – auf seinem eigenen Gutsbetrieb. Heute ist der Betrieb verpachtet. Jedenfalls: Mein Bruder hat die Landwirtschaft und den Verkauf betreut, ich habe mich mit den Finanzen beschäftigt. Wir haben eine fantastische Zusammenarbeit – seit nun schon fast 53 Jahren. Es gab nie einen Streit.

Auch in strategischen Fragen waren Sie immer einer Meinung?

Er war und ist das Lenkrad, ich die Bremse. Mitunter habe ich ihn schon ein bisschen einbremsen müssen. Er war immer voll Tatendrang. Und ich war eher der Vorsichtige.

So ähnlich dürfte ja auch die Verteilung der Rollen in der Zusammenarbeit mit Gerard Mortier bei den Salzburger Festspielen gewesen sein.

Gerard ist viel extrovertierter als ich. Er wollte andauernd provozieren. Und ich habe versucht, die Wogen innerhalb des Direktoriums zu glätten. Ich war immer der Konziliantere. Keine Kompromisse hingegen habe ich in künstlerischer Hinsicht gemacht. Und Mortier hat mich zu 100 Prozent unterstützt.

Er wollte doch immer noch mehr Geld ausgeben – und Sie mussten ihn einbremsen.

Ja, das war natürlich meine Aufgabe als kaufmännischer Leiter. Hin und wieder war er böse, wenn er ein Projekt nicht durchgebracht hat. Aber in der Regel wusste er, wie weit er gehen kann. Denn eines wollte er nicht: Noch einmal, wie in Brüssel, Schulden hinterlassen. Denn unter diesen hatte er sehr zu leiden. Und das ist uns in Salzburg auch geglückt.

*Was hat Ihnen mehr Freude gemacht: Im Familienbetrieb zu
arbeiten – oder im Musikmanagement?*

Zurückblickend würde ich sagen: Das Schöne war die
Abwechslung. Das Geschäft war eine wichtige Rückende-
ckung: Ich war nicht angewiesen auf meinen Musikmanage-
ment-Job. Ich konnte daher mehr riskieren als manch anderer,
der davon leben musste.

*Sie konnten Inhalte durchsetzen, die Philharmoniker zwingen, zeit-
genössische Musik zu spielen. Sie organisierten mit Claudio Abbado
1984/85 in London das Festival »Mahler, Wien und das 20. Jahrhundert«, mit ihm gründeten Sie auch das »Gustav Mahler Jugendor-
chester«. Sie initiierten die »Mondseer Musiktage«, waren maßgeb-
lich an der Gründung des Festivals »Wien modern« beteiligt und so
weiter: Was würden Sie als Ihren größten Erfolg bezeichnen?*

Eine schwierige Frage. Was ich wollte – und was mir teilweise
auch geglückt ist, egal ob in Wien, in London oder Salzburg:
Dass man die neue Musik als einen natürlichen Bestandteil
des Musiklebens betrachtet. Wenn ich mich zurückerinnere:
Peter Weiser hat im Konzerthaus alle Orchesterwerke und
Lieder von Gustav Mahler gebracht. Und etliche Konzerte
waren halb leer. Wenn ich heute György Ligeti oder Fried-
rich Cerha aufs Programm setzte: Dann gilt das bereits als
etablierte Musik. Das festzustellen, macht mir viel Vergnügen.
Aber es ist weiterhin sehr viel Vermittlungsarbeit zu leisten:
Neue Musik ist für manche noch immer ein Grund, ein
Konzert nicht zu besuchen.

*Und für welche Institution haben Sie am liebsten gearbeitet? Für die
Wiener Festwochen?*

Nein, sie waren das Schlimmste. Ich vertrat die Ansicht – und
ich vertrete sie auch heute, dass es ein Blödsinn ist, wenn
die Wiener Festwochen im Theater an der Wien in Unter-
miete Opern realisieren. Man hätte Roland Geyer, dem

Intendanten des Theaters, das Geld geben müssen, das bei den Festwochen für die Oper vorgesehen ist, und er hätte einfach sein Programm weitergemacht. Sie haben das damals im »Standard« geschrieben.* Und das wurde mir sehr übel genommen; Intendant Luc Bondy hat monatelang nicht mit mir geredet. Abgesehen davon: Ich hab es bei den Festwochen sehr schwer gehabt, meine Projekte durchzubringen. Die Salzburger Festspiele waren natürlich viel prominenter, aber meine schönste Zeit war eindeutig das Konzerthaus. Dort bin ich aufgeblüht, dort hab ich all die großartigen Künstler kennengelernt. Präsident Manfred Mautner Markhof hat mich unheimlich unterstützt: Ich konnte machen, was ich wollte, musste mir nicht alles von drei Gremien absegnen lassen.

Obwohl das Konzerthaus immer darunter leidet, nur die zweite Adresse in Wien zu sein – hinter dem Musikverein.

Das stimmt. Aber ich bin ganz gerne der Zweite. Ich bin in der Firma der Zweite, ich war auch in Salzburg der Zweite. Ein Journalist fragte mich einmal: »Stört es Sie nicht, dass Sie im Schatten von Mortier stehen?« Und ich antwortete: »Ich stehe zwar im Schatten, aber auch im Windschatten.« Das heißt: Mortier zog alle Aggressionen auf sich – und ich konnte meine moderne Musik ohne Widerstand durchbringen.

1989 waren Sie Mitglied der Findungskommission, die Mortier vorschlug. Wie kam es dazu?

Um das Jahr 1986 gab es große Probleme mit Herbert von Karajan: Er hatte sich mit allen zerkracht, sogar die Philharmoniker wollten nicht mehr mit ihm, sie haben sogar gegen ihn gearbeitet. Und auch die Presse war sehr gegen Karajan eingestellt. Damals war Hilde Hawlicek Kulturministerin. Sie war sehr couragiert. Sie wollte, dass ich ins Direktorium

---

* In der Ausgabe vom 8. November 2003 unter dem Titel »Der Kampf ums Opernbudget«.

der Festspiele gehe und einen Bericht über die Zustände in Salzburg verfasse. Das machte ich. Es ging um eine Strukturreform. Karajan sagte: »Das sind nur Seifenblasen von einem Dilettanten.« Aber Hawlicek war sehr zufrieden. Aufgrund meines Berichtes sollte Karajan abgelöst werden, was für ihn natürlich nicht angenehm war. Als Nachfolgekandidat galt Gerd Bacher, ich sollte kaufmännischer Direktor werden. Davon haben die Philharmoniker erfahren – und sie sagten sofort: »Unter Bacher spielen wir nicht!« Und dann ist Karajan gestorben. Weil Hawlicek wusste, dass ich die Salzburger Zustände gut kenne, beauftragte sie mich mit der Leitung der Findungskommission. Als Erstes habe ich mit Mortier gesprochen.

Mortier war von Anfang an Ihr Wunschkandidat für die Erneuerung der Salzburger Festspiele?

Es war klar, dass er eine Möglichkeit ist. Aber die Stimmung war eher für Peter Jonas. Er hatte kein Interesse. Und so wurde Mortier Intendant.

Und Sie wurden Konzertchef. Die Ära Mortier–Landesmann dauerte von 1991 bis 2001. Wären Sie gerne noch geblieben?

Ja, sehr gerne. Aber die Politik wollte das nicht. Mortier sagte, er bleibt nur in Salzburg, wenn er auch das Konzert übernehmen kann.

Er ist Ihnen also in den Rücken gefallen?

Nein, das nicht: Er hatte mir schon davor mehrfach angeboten, die Konzerte abzunehmen. Das hatte ich immer abgelehnt. Denn das Kommerzielle kann ich auch bei mir in der Firma in Wien machen. Dazu muss ich nicht nach Salzburg reisen. Aber in den Rücken gefallen ist mir der damalige Kunststaatssekretär Peter Wittmann: Er sagte Mortier den Konzertbereich zu – ohne mit mir darüber zu reden. Aber dann machte Mortier einen Fehler: Er sagte, er will nicht nur mich weghaben, sondern auch Helga Rabl-Stadler, die Präsidentin. Das war sein Ende.

Sie haben Salzburg trotzdem die Treue gehalten: Sie gründeten ein neues Festival, die »salzburg biennale«, die heuer im März das erste Mal stattfand. Wie kamen Sie auf die Idee?

Ich bin seit vielen Jahren im Präsidium der Stiftung Mozarteum. Dadurch habe ich Salzburg auch unter dem Jahr kennengelernt: Ich stellte fest, dass es sehr viele Leute und vor allem auch gute Institutionen gibt, die sich mit neuer Musik beschäftigen. Aber sie haben weder das Geld noch die Infrastruktur und das Gewicht, um etwas Größeres zu realisieren. 2006 haben Tomas Zierhofer-Kin, der in meiner Zeit bei den Festspielen zusammen mit Markus Hinterhäuser den »Zeitfluss« organisierte, und Max Hollein, der Direktor der Schirn Kunsthalle in Frankfurt, das »Kontracom«-Festival gemacht. Sie wollten es nicht fortführen, obwohl das Festival langfristig budgetiert war. Und so schlug ich Bürgermeister Heinz Schaden vor, all die Initiativen unter einen Hut zu bringen und alle zwei Jahre etwas Größeres auf die Beine zu stellen. Die Idee hat ihm gefallen.

Das Festival stand unter dem Motto »Wahlverwandtschaften«: Es ging Ihnen um musikalische und auch künstlerische Einflüsse.

Die »World Music« ist mir ein Gräuel, aber schon seit Jahren interessiert mich die originäre außereuropäische Musik. Darüber redete ich einmal mit Beat Furrer, und er meinte, dass viele Komponisten von der nichtwestlichen Musik beeinflusst sind. Und so haben wir vier von ihnen ausgesucht, darunter Steve Reich, der sich mit balinesischer Gamelanmusik beschäftigt, und Klaus Huber, der sich für arabische Musik interessiert. Das Thema »Wahlverwandtschaften« wollte ich dann noch auf andere Kunstgattungen erweitern: Das Kino stieg ein und brachte Filme aus den vier Ländern, Thaddaeus

Ropac stellte unter dem Titel »Fuentes« eine wunderschöne Ausstellung zusammen. So wurde die »salzburg biennale« tatsächlich ein Festival. Und wenn sie kein totaler Flop geworden sein sollte, dann wird sie in zwei Jahren fortgesetzt.[*]

In Ruhestand zu gehen: Das kommt für Sie also nicht in Frage?

Im Moment ist das keine Option. Ich muss zwar nicht dauernd ein Festival ins Leben rufen und werde das auch nicht mehr. Aber dass ich irgendwo ein bisschen mitmische: Das möchte ich schon noch.

Sie haben zwei Töchter und einen Sohn, mittlerweile schon mehrere Enkelkinder: Werden Sie die Firma irgendwann der nächsten oder übernächsten Generation übergeben?

Nein. Von den Kindern – auch denen meines Bruders – arbeitet niemand mit. Und niemand wird die Firma übernehmen. Gott sei Dank. Denn sie war ein Mittler zwischen den Fleischproduzenten und den Verbrauchern, also den Fleischhauern. Der Zwischenhandel war unser Geschäft. Aber das hat sich in den letzten Jahren aufgehört. Es braucht uns nicht mehr.

---

[*] Die »salzburg biennale« wurde fortgesetzt. Ende 2009 zog sich Landesmann zurück, Heike Hoffmann übernahm die Leitung.

ANDRÉ HELLER:
»MEIN VATER HAT DAS JÜDISCHE KIND IN
SICH VERLEUGNET«

Am 23. November 2010 lud André Heller, der Autor, Poet, Gestalter und Ermöglicher, zu einer Pressekonferenz in eine Halle am Tullner Messegelände ein. Denn dort probte er mit Pferden, Schauspielern und Akrobaten die Show »Magnifico«, die am 9. Februar 2011 in München ihre Uraufführung erleben sollte. Es war bitterkalt. Aus dem Dunkel heraus, in dem die Journalisten saßen, stellte ich eine Frage. Heller erkannte mich an der Stimme, freute sich sichtlich – und ließ mir von einer Mitarbeiterin einen Euro geben. Diesen hätte ich mir für meine Frage verdient, meinte er.

Heller erzählte der Presse unter anderem, was ihn nach reiflicher Überlegung und fünf Jahre nach »Afrika! Afrika!« bewogen hatte, diese Pferdeshow zu konzipieren, und wie er auf den Namen »Magnifico« gekommen sei: Seine Großmutter in Gutenstein habe ihm als Kind den Schrecken vor dem Einschlafen genommen – mit einem Holzschnitt des Einhorns »Magnifico«, das ihn beschützen werde.

Gutenstein im Piestingtal war für mich ein Stichwort: Ich bat Heller um ein Interview für die niederösterreichische Kulturzeitschrift »morgen«. Die großen Medien waren natürlich wichtiger; Heller vertröstete mich auf die Zeit nach der Uraufführung. Das Interview fand schließlich am 31. März 2011 in der Wiener Wohnung von Heller statt. Wir redeten lange über seinen Vater Stephan (1895–1958), den Sohn von Wilhelm Heller, der zusammen mit Gustav Heller die bekannte Süßwarenfabrik gegründet hatte. Stephan Heller wurde Mitte März 1938 von der Gestapo verhaftet, er kam frei und musste flüchten.

André Heller, geboren als Francis Charles Georges Jean André Heller-Hueart am 22. März 1947 in Wien, hatte nicht nur unter seinem traumatisierten, an den Umständen zerbrochenen Vater zu leiden: Als Jugendlicher bekam er die Auswirkungen der NS-Zeit massiv zu spüren. Der Nationalsozialismus wurde eines der bestimmenden Themen für Heller; 2002 zum Beispiel brachte er den beklemmenden Dokumentarfilm »Im toten Winkel« über Traudl Junge, eine Privatsekretärin von Adolf Hitler, heraus.

Marcel Avram, einer der großen internationalen Veranstalter, bat Sie, eine Pferdeshow zu entwickeln. Zunächst lehnten Sie ab: Sie wollten, wie Sie sagten, kein zweites »Apassionata« machen. Warum haben Sie dann doch zugesagt?

Ich hab das Angebot – wie jedes andere – auf eine eventuelle Sinnhaftigkeit untersucht. Und dann ein paar Sachen aus meinem Leben ausgegraben, die zu dieser Thematik in Verbindung stehen. Ich dachte mir: Pferde sind mehr als das, was man vordergründig mit diesem Begriff assoziiert. Es gibt auch die Pferde der Mythologie, die Pferde der Kindheit, also Schaukelpferd und Steckenpferd, die Seepferdchen, das Walross, den Pegasus, die Zentauren, das Trojanische Pferd und so weiter. Und dann war ich plötzlich nicht in einer konventionellen Pferdeshow, sondern sehr in der Welt des André Heller.

Die umjubelte Uraufführung von »Magnifico« fand Anfang Februar in München statt, ab 24. November wird Ihre Revue in Wien zu sehen sein.* Wie kamen Sie auf diesen wundersamen Namen?

Den habe ich meiner Großmutter Lotte zu verdanken. Sie war eine Femme fatale: Der König von Ägypten befahl seinem Chauffeur 1913 an der Côte d'Azur parallel zum Auto dieser Schönheit zu fahren, damit er ihr Orchideen zuwerfen konnte. Im Alter wurde sie ganz fromm: Nach dem mondänen Leben und drei Ehen verliebte sie sich in einen Albert-Schweitzer-Typ, den Gemeindearzt Albert Pogatschnig. Er war die Antithese zur Hautevolee und besaß ein kleines Biedermeierhaus gegenüber dem Schwimmbad in Gutenstein. Meine Groß-mutter, die mit Altenberg, Kraus, Gropius befreundet war, betreute plötzlich mit dem ländlichen Obermedizinalrat die Patienten. Sie hieß bei uns nur »die Pieps«, weil sie als Kind eine sehr hohe Stimme hatte. Vor der Schulzeit und in den Ferien wurde ich, wenn meine Mutter reiste, zur Großmutter glücksversetzt. Hinter dem Haus geht die Bieglbauerhöhe hinauf, die Kühe schauen über den Zaun, man ist ganz in der Natur. Dort war ich selig, weil ich ernst genommen wurde. Die Großmutter hat mich ununterbrochen mit Anregungen für meine Fantasie genährt, sie hat mir Oscar-Wilde-Märchen vorgelesen, am Grab von Ferdinand Raimund am Waldfried-hof lasen wir mit verteilten Rollen seine Stücke, oder wir haben im Wald Kathedralen aus Moos gebaut und zweistim-mig Lieder gesungen. Sie hat mir Hefte geschenkt, in die ich meine erfundenen Geografien gezeichnet hab. Ich war süchtig danach, mir bizarre Länder auszudenken. Dazu hab ich Fahnen entworfen und am Klavier Nationalhymnen geklim-pert, dann bin ich mit dem Schaukelpferd in diese Länder geritten, um Abenteuer zu erleben. Und die Großmutter hat mir dafür Kostüme genäht. Das war berauschend.

---

* Aufgrund von Finanzierungsproblemen kam es nicht dazu: Im Juli 2011 wurden alle geplanten Vorstellungen abgesagt.

Aber diese Aufenthalte waren natürlich nicht von Dauer.

Nur Atempausen. In Wien, im Loos-Haus der Hellers mit dem Kindermädl, war Desinteresse an meiner Person angesagt. Ich hatte immer große Ängste vor dem Alleinsein – und die größten am Abend vor dem Einschlafen. Wenn ich davon sprach, hieß es nur: »Sei nicht hysterisch!« Die Ängste haben sich aber gesteigert. Ich dachte bald: Einschlafen heißt sterben. Bei einem Gutenstein-Aufenthalt erzählte ich das meiner Großmutter. Und sie gab mir den Holzschnitt eines Einhorns aus dem Jahr 1590 mit dem Namen Magnifico. »Das ist dein Verbündeter«, sagte sie. »Der passt auf dich auf und verteidigt dich gegen die Dämonen.« Es hat funktioniert: Magnifico hat dem Einschlafen die Schrecken genommen. Und diese Erinnerung stand jetzt Pate für die Show.

2008 ist Ihr berührendes autobiografisches Buch »Wie ich lernte, bei mir selbst Kind zu sein« erschienen. Es geht um Ihre Zeit im Kollegium Kalksburg bis zum Tod Ihres Vaters 1958. Sonderbarerweise spielt die Großmutter darin keine Rolle. Warum?

Weil sie ausufernd für die Liebe steht. Und die Liebe kommt in diesem Buch kaum vor. Es erzählt ja von den Überlebenspraktiken eines empfindsamen Kindes inmitten der Grobheitsenergien der Internatshölle.

Sie hatten, wie es scheint, stark unter Ihrem übermächtigen Vater zu leiden.

So habe ich es damals empfunden. Heute bin ich ihm sehr dankbar. Und nicht nur ihm: Alle Leute, die mich eingeschüchtert, erschreckt, kleingeschrien, verletzt haben, waren ja sehr machtvolle Lehrmeister, die mir zeigten, wie man es garantiert nicht machen darf. Mir wurde daher schon ganz früh klar: »Ich werde alles unternehmen, damit nicht die Lieblosigkeit die Hauptrolle in meinem Leben spielt.«

Sie konnten Ihrem Vater nicht erklären, dass Sie nicht ins Internat wollen?

Mit meinem Vater konnte man nicht reden. Er war die meiste Zeit nicht bei sich, sondern in irgendwelchen anderen Welten aufgrund merkwürdiger Substanzen, die er zu sich nahm. Das war für mich als Kind extrem einschüchternd. Ein Beispiel: Eines Abends im Winter sagte mein Bruder, der viel älter ist, dass jemand aus seiner Sammlung eine Briefmarke gestohlen habe. Daraufhin kam mein Vater tobend in mein Zimmer: »Hast du Fritz die Marke gestohlen?« Wenn es irgendetwas gab, das mich nicht interessierte, dann waren es Briefmarken. Ich verneinte. Er sagte: »Schwör, dass du sie nicht gestohlen hast!« Ich schwor. Und in der gleichen Sekunde sagte er quasi ex cathedra: »Du hast falsch geschworen!« Dann wurde ich im Pyjama die halbe Nacht ins Badezimmer, das keine Heizung hatte, eingesperrt. Tags darauf hat mir der Vater von der Werkstatt in der Heller-Fabrik ein Schild anfertigen lassen: »Wer falsch schwört, dem wächst die Hand aus dem Grab.« Dieses Schild hat er über meinem Bett befestigt – mit einem Gruß vom Erzengel Michael. Es war das einzige Bild, das in meinem Zimmer hängen durfte. Warum ich das erzähle? Mit meinem Vater war nicht zu verhandeln.

Auch Ihre Mutter konnte sich nicht wehren?

Sie hat sich genauso gefürchtet, weil er unheimlich war. Jeder Mensch, der nicht bei sich ist, ist unheimlich. Er führte an seinem Wohnsitz in Paris ein zweites und im Detail unbekanntes Leben, kam höchstens vier Mal im Jahr für ein paar Tage zur Familie nach Österreich. Schon Wochen vorher haben wir im Zustand einer Ortschaft gelebt, die weiß, dass bald die Plünderer und Feinde kommen.

Die Geschichte, als er Ihre Mutter im Urlaub mit dem Paddel erschlagen wollte, ist daher nicht erfunden?

Die hat stattgefunden.

Und sein Rachefeldzug gegen das nationalsozialistische Fleischhauer-Ehepaar, das sich in Tierblut besudeln und gegenseitig beschimpfen musste?

Das passierte so nicht. Aber eine andere groteske Geschichte stimmt. In der Nachbarschaft gab es einen Hausmeister, den Herrn Sach. Er besaß einen Polster, auf den seine Frau ein Hakenkreuz gestickt hatte. Das erfuhr mein Vater, der als französischer Besatzungsoffizier nach Wien zurückgekommen war. Mit gezogener Pistole ging er zu ihnen: Frau Sach musste die Stickerei auftrennen und Herr Sach die Fäden schlucken.

War er fanatisch?

Er konnte sich für ein paar merkwürdige Wertvorstellungen begeistern. Zum Beispiel: »Die Gehsteige sind für die Industriellen gebaut worden, die anderen sollen gefälligst ausweichen.« Oder: »Die Habsburger sind heilig.« Er wollte mit seinem Freund Josef Roth und anderen eine Privatarmee gründen, die Otto von Habsburg an die Macht putscht. Dafür hat er viel Geld ausgegeben.

Hinzu kam der Katholizismus.

Der Katholizismus war eine Besessenheit. Mein Vater war auch Ritter vom Heiligen Grab. Er wollte sich aus freien Stücken zu etwas bekennen. Nicht die Geburt entscheidet, sondern er. Er hat sich daher für die Heilige Mutter Gottes und den Heiligen Geist entschieden – und gegen das Judentum.

Sie erzählen, dass er, als er Mitte März 1938 von der Gestapo verhaftet wurde, einen Kamelhaarmantel mit allen Orden trug, die ihm als Offizier im Ersten Weltkrieg verliehen worden waren.

Ja. Er wollte ihnen sagen: »Das bin ich: ein österreichischer Patriot! Wer seid ihr?« Dennoch musste er mit der Zahnbürste auf der Mariahilfer Straße Schuschnigg-Parolen wegschrubben.

Er kam aber schon bald frei, weil sich Benito Mussolini für ihn einsetzte.

Auch das stimmt. Mein Vater war jahrelang Mitglied der österreichisch-italienischen Faschistischen Bewegung, die, was kaum jemand weiß, ihren Sitz in der Minoritenkirche hatte. Er war der trügerischen Ansicht, dass Mussolini Österreich vor dem Untergang schützen wird.

Er flüchtete in der Folge nach Paris. In Ihrem Roman heißt Ihr Alter Ego Paul. Und aus Heller machten Sie Silberstein. Warum haben Sie gerade einen solchen Klischeenamen verwendet?

Weil es meinem Vater derart wichtig war, nicht jüdisch zu sein. Mit dem Namen Heller kann man sich bei manchen drüberschwindeln, mit Silberstein schon weniger. Ich zitiere einen Onkel, der meinem Vater vorwarf: »Niemals hätte ich den Juden in mir im Stich gelassen.« Mein Vater hat eben das jüdische Kind in sich verleugnet. Und dann kam Hitler und entschied: »Du bist unauflöslich Jude.« Mein Vater hat fortan nichts mehr gehasst, als unter den Nazis ein Mensch sein zu müssen, der er ganz und gar nicht sein wollte. Ich glaube allerdings nicht, dass Gott bei einem Verein ist, sondern er ist in uns und wir sind in ihm. Dem Katholischen stehe ich besonders fremdelnd gegenüber, weil ich es ja bei den Jesuiten im Internat unter der Lupe studieren musste. Ich war auch lange Zeit Ministrant, und der Vater wollte ja sogar, dass ich Kardinal werde.

Kardinal?

Eigentlich wünschte er zunächst, dass ich ein Mädchen bin. Denn er hatte ja schon einen Sohn. Und er träumte davon, dass ich eines Tages vor der englischen Königin »Schwanensee« tanze. Eine Tante war in ihrer Jugend Koryphäe an der Staatsoper. Die hat mit mir im Salon Ballett geübt. Das muss von einer unglaublichen Lächerlichkeit gewesen sein: diese alte, dicke Frau, die durch das Loos-Haus hüpft, und ich hinter ihr. Später befahl er: »Du wirst Kardinal!« Papst schien ihm wohl zu hoch gegriffen. Dann hat er mir einen Hausaltar bauen lassen, den es heute noch gibt, er hat mir eine kleine Monstranz gekauft und von einer Schneiderin Messgewänder nähen lassen. Ich musste Messelesen lernen wie andere Klavierspielen. Mein Freund, der Schilling Micherl, hat ministriert. Und ich war der Priester. Wenn der Vater Gäste hatte – es gab immer Kalbsbraten mit Risipisi und danach Vanillepudding mit Himbeersaft – sagte er zum Abschluss: »Jetzt wird mein Sohn kommen und Ihnen den Segen erteilen.« Das ist zwar lustig zu erzählen, aber überhaupt nicht lustig zu erleben.

Trotzdem verteidigen Sie auch Ihren Vater. Denn Sie zitieren ihn mit den Worten: »Wie weit herab kann man noch sinken? Die Kriege machen das. Wenn du in ihnen bist, sind sie bald auch in dir.«

Ja, er hat einiges an bitteren Nöten erleben müssen. Ich verteidige mittlerweile beinahe alle Menschen, weil ich in jedem dieses kleine Kind sehe, das verstört herumsitzt und überfordert einen Erwachsenen spielen muss. Je älter ich werde, desto mehr fühle ich mit diesen armen Kindern mit. Früher machte ich es mir einfach: Ich bewertete gnadenlos. Ich sagte zum Beispiel: »Jörg Haider ist ein grauenhaftes Arschloch.« Heute erkenne ich auch, welch großes Talent er hatte und leider veruntreute. Wenn Haider andere Eltern gehabt hätte, wenn er nicht so früh ein paar irreversible, machtgierige und oft menschenverachtende Entscheidungen getroffen hätte, hätte er auch ein gelungener Herr mit einem höheren Bewusstsein werden können. Das Misslungene und Gelungene sind oft nur Millimeter voneinander entfernt. Ich hatte in meinem Leben zum Glück fünf-, sechsmal einen Schutzengel. Wenn da etwas schiefgegangen wäre, wäre mein ganzes weiteres Leben entgleist.

Die Erlebnisse mit dem »Leuchtturm« zum Beispiel hätten anders ausgehen können: Der Präfekt mit der Taschenlampe streichelte Sie in der Nacht, aber er missbrauchte Sie nicht – wie manche Ihrer Mitschüler.

Ja, das ist ein gutes Beispiel. Es ist ein großer Unterschied, ob er einem gelegentlich das Gefühl von Nähe gibt – oder mich vergewaltigt. Das sind ernsteste Weichenstellungen. Im Internat litt ich unter schmerzhaften Mangelerscheinungen. Man durfte kein Bild der Mutter aufstellen, man durfte nicht einmal ein Stofftier haben. Aber ich besaß aus der Beckgasse in Hietzing eine ungeschälte Kastanie. Wenn ich Heimweh empfand, drückte ich die Kastanienstachel fest in die Innenhand, und wenn es blutete, war ich zu Hause in der harmonischen Allee.

Der Tod Ihres Vaters war für Sie eine Erlösung.

Auch wenn es eigentlich zum Genieren ist: Ich empfand Befreiung bei seinem Tod. Zugleich wusste ich, dass man sich darüber nicht freuen darf. Also war ich die ganze Zeit damit beschäftigt, mich in eine Trauer zu bringen, die ich nicht empfinden konnte: »Bitte wein! Bitte bring das zusammen!« Das ging Tage so. Zum Begräbnis kam eine Delegation von Mitschülern aus Kalksburg. Da hab ich endlich zu schluchzen begonnen – und war selig.

Ihr Roman endet mit dem Begräbnis. Wie ging es weiter? Mussten Sie zurück nach Kalksburg?

Ja, aber nur bis zum Jahresende. Ich wusste: Mit Vaters Entschwinden endet auch das aufgezwungene Katholische. Es begann die Selbstbestimmtheit. Ich bin aufs Gymnasium in die Fichtnergasse nach Hietzing. Dort bin ich schulisch wieder gescheitert, aber aus anderen Motiven – weil ich hauptsächlich ein lustvolles Leben nachgeholt habe. Und dann kam ich ins Internat nach Bad Aussee. Dort, im ehemaligen Mariatheresianischen Irrenhaus Teichschlössl, begann meine Politisierung. Ich hatte rückblickend wieder großes Glück, in eine derart radikale Ausnahmesituation zu geraten.

Inwiefern?

Meine Mutter bekam gegen Bezahlung die Garantie, dass ich durchkomme. Der Direktor der Privatschule hieß Wilhelm Höttl, war ehemaliger SS-Obersturmbannführer und rechte Hand des Nazimassenmörders Ernst Kaltenbrunner. In den letzten Kriegstagen ist er zu den Amerikanern übergelaufen. Am ersten Schultag führte er mich in die Klasse und sagte: »Setzt euch nicht zu ihm, in seinen Adern fließt böses Blut!« Mir ist also das Gleiche wie meinem Vater passiert: »Egal, ob er bei den Jesuiten erzogen wurde oder nicht, er ist ein Jud'.« In Bad Aussee sind viele bemerkenswerte Schrecken geschehen. Die verwirrtesten Schüler haben zum Beispiel am Wochen-ende als Mutproben Mensuren geschlagen. Einmal bei einer Großveranstaltung der sogenannten deutschen Burschen-schaftler haben Hunderte beim Kriegerdenkmal gesungen: »Die Gaskammern waren zu klein, wir bauen größere später, kommt ihr alle hinein.« Ich hab mich als Reaktion in die Eisenbahn nach Graz gesetzt, hab mich durchgefragt zum Büro des Landeshauptmanns und berichtete die Vorkomm-nisse einer Sekretärin. Als ich in Bad Aussee zurück war, wusste man über meine Verpetzungsaktion schon Bescheid. Dennoch bin ich durchgekommen – wie ausgemacht und bezahlt.

Warum hat Ihre Mutter Ihnen das angetan?

Man muss schon sagen: Ich war unerträglich, radikal, unfolg-sam und eigenwillig. Ich wollte nur lesen, Musik hören und spazieren gehen. Und wenn mich Mutter ratlos fragte: »Was soll einmal aus dir werden?« Dann sagte ich: »Ich warte darauf, berühmt zu werden.« Das war für sie verständlicherweise niederschmetternd. Schließlich hat uns der Vater fast nur Schulden hinterlassen. Mutter musste daraufhin bei der Modeschöpferin Gertrud Höchsmann arbeiten, lebte nicht mehr »standesgemäß«. Manche Freunde gingen auf Tauchstation. Sie dachte sich nichts bei Bad Aussee und Höttl. Sie hoffte nur, dass ich durchkommen werde. Bei uns zu Hause war nie etwas über die Nazis und den Krieg geredet worden. Das war tabu. Ich bedauere dies sehr, denn mein Vater hat im Exil als Verbindungsoffizier zwischen Charles de Gaulle und dem Weißen Haus sicher Bedeutendes erlebt. Nach dem Krieg waren wir als Großindustrielle automatisch bei der ÖVP und beim Wirtschaftsbund, der Vater schimpfte über die Sozialisten: »Die verstaatlichen uns noch die Tulpen im Vorgarten!« Und am 1. Mai hatte man als Protest gegen die Roten die Rollos herunterzulassen.

»Ich warte darauf berühmt zu werden«: Meinten Sie das ernst?

Ich wusste: Aus mir musste etwas mich selbst positiv Überraschendes werden, oder ich bring mich mit 30 um. Ich fand alles so fremd und bleiern und sehnte mich nach Leichtigkeit und hoffte »auf a Glück«. Dann erlebte ich Oskar Werner – und dachte, Theaterspielen wäre etwas. Aber nur die Proben waren interessant, die Vorstellungen ein Desaster. Ich bekam von meinen Partnerinnen Ohrfeigen auf offener Bühne, weil ich den Text veränderte. Dann hab ich intensiv Bob Dylan studiert und erkannte: »Eigentlich willst du ja diese Art von wirksamer Dichter sein.« Und dann, 1967, kam plötzlich Ö3. Ich dachte mir: »Medien, das könnte in eine Zukunft weisen.« Ich war stark an Massenkultur interessiert. Aber das stand im krassen Widerspruch zu meinem damaligen Freundeskreis mit Ossi Wiener, Hermann Nitsch und Walter Pichler, die Hardcore-Avantgarde-Vorstellungen einforderten. Und dann hatte ich wieder ermutigende Schutzengel, den H.C. Artmann und den Helmut Qualtinger. Sie haben mir gesagt: »Du darfst dir vertrauen!«

Sie haben sich daher nicht beirren lassen?

Die ersten 15 Jahre waren hart. Die Ermutigung durch Teile des Publikums ist schon etwas wert, natürlich. Aber man will im Grunde immerzu von vielen geliebt und geachtet werden, auch von den Kritikern. In meinen Konzerten habe ich halbstundenlang die mich störenden Verhältnisse und deren vermeintliche Verursacher originell beschimpft, das kam in der Karl-Kraus-Tradition gut an, war durchaus chic. Ich habe bedauerlicherweise sehr lange gebraucht, um zu kapieren: Wenn ich auf die anderen hinhaue, lade ich dazu ein, dass auf mich hingehaut wird. Ich hab dann versucht, nicht mehr so verletzend zu sein, ohne meinen kritischen Verstand abzugeben. Dadurch haben sich meine inneren Nöte langsam verbessert. Jetzt weiß ich: Wir müssen liebevoll mit uns selber und anderen umgehen. Wir sollen uns und andere ermutigen und nicht niedermachen. Wir sollen dem anderen a priori eine gesegnete Daseinsberechtigung zuerkennen. Die Energie, die man aussendet, erhält man nämlich zurück. Leider ist dieses Denken nicht sehr populär: Die Künstler wünschen ja fast immer dem anderen den Untergang – und nur sich den Triumph. Außerdem, wenn ich mich selbst für unwürdig halte, was ich viele Jahrzehnte glaubte, dann wird dieser wunderbare Bub in mir dauergedemütigt: »Du bist nicht schön genug, nicht gescheit genug, nicht begabt genug.« Dieses Kind ist aber in meiner Geiselhaft: Wir gehen zusammen schlafen und wachen gemeinsam auf. Dieser Mangel an Freude, Selbstliebe und Selbstwertgefühl führt natürlich in Krankheit und Überforderung, im besten Fall Melancholien. Ich bemerkte: So schafft man das Glück ab. Du musst dich behutsam lernend in einen gelassenen Liebenden verwandeln, mit möglichst wenig Ego und viel Dankbarkeit. Nur das zählt. In den Memoiren von Elias Canetti zum Beispiel gibt es so viel Hass und Wut. Was bedeutet es dann, dass man Nobelpreisträger ist? Nichts.

AIRAN BERG:
»DIE FAMILIE IST ZIEMLICH DEZIMIERT«

Airan Berg, geboren am 18. Juli 1961 in Tel Aviv, kam 1972 mit
seiner Familie nach Wien. Erste professionelle Theatererfahrungen
sammelte er in New York am Broadway als Assistent von Harold
Prince. Wieder in Österreich, arbeitete er bei den Salzburger Festspielen und ab 1986 am Burgtheater – unter anderem als Regieassistent
von Peter Zadek und dem damaligen Direktor Claus Peymann. 1990
ging er für ein Jahr als Hausregisseur an das Schillertheater in Berlin.
Das Interesse für andere Theaterformen führte ihn nach Indonesien,
Singapur, Australien und Neuseeland. Mit Martina Winkel gründete
er das »Theater ohne Grenzen« und das Figurentheaterfestival »Die
Macht des Staunens«. Damals lernte ich ihn kennen: Er machte
Theater mit Küchenutensilien, und mit einer Puppe namens Hilde
führte er amüsante Streitgespräche und Doppelconférencen – auch
abseits der Bühne.

Im Jahr 2000 stellte er mir einen australischen, in Österreich
völlig unbekannten Regisseur vor, der das Adelaide Festival geleitet

hatte und Barrie Kosky hieß. Wenig später und zur Überraschung vieler wurden Berg und Kosky vom damaligen Kulturstadtrat Peter Marboe (ÖVP) mit der Leitung des Wiener Schauspielhauses ab dem Herbst 2001 beauftragt.

Über die Frage »Wozu Theater?« führte ich 2006 mit Airan ein Interview für die Zeitschrift »morgen«. Die Religion, sagte er, predige zwar, dass man nicht töten dürfe. Aber wenn schon sie scheitert – oder das Töten sogar verursache: »Wie sollen wir dann etwas bewirken? Man muss vielleicht die Frage umdrehen: Wie schlimm wäre es, wenn es keine kulturellen Einrichtungen gäbe, wenn wir dem Fremdenhass nichts entgegensetzen würden? Wie würde es dann auf unseren Straßen aussehen?« Es gehe nicht immer darum, im Theater eine Revolution anzuzetteln, sondern vielleicht darum, das Verhalten in der Wahlzelle zu verändern oder ein persönliches Engagement in den Bereichen hervorzurufen, in denen der Staat auslässt. »Eine Veränderung im Umgang mit dem direkten Nachbarn: Das reicht ja schon! Es muss ja nicht jeder gleich Nelson Mandela werden, wenn er im Schauspielhaus war.«

Es gehe darum, dass die Menschen genauer hinschauen, präzisere Fragen stellen, mehr hinterfragen, sich nichts gefallen lassen: »Deshalb ist Theater nach wie vor mächtig. Denn am meisten Angst haben Diktatoren und totale Regime immer vor den Theaterleuten. Weil sie live auf der Bühne sprechen. Man kann sie nicht kontrollieren. Einen Film kann man schneiden, einen Text kann man kürzen, Bilder kann man abhängen, aber wenn Nestroy einen systemkritischen Satz auf der Bühne gesprochen hat, dann ist der Satz gesprochen. Daran ändert auch eine Verhaftung nichts: Dieser Satz ist nicht mehr zurückzunehmen. Theater ist daher nicht in seiner Wirkung zu unterschätzen.« Gegenüber einer marktbeherrschenden Zeitung sei ein Theater wie das Schauspielhaus natürlich machtlos. »Aber auch Minderheiten haben Systeme zum Kippen gebracht – mit Überzeugungsarbeit.«

Ein Jahr später, 2007, kam es mehr oder weniger zu einer Fortsetzung des Gesprächs. Im Interview für die Zeitschrift »Nu« stellte ich die Frage, ob das Schauspielhaus in der Programmatik von Kosky und Berg ein interkulturelles Theater sei oder ein jüdisches. Airan sagte, dass er keine Ahnung habe, was ein jüdisches Theater sein soll: »Ich weiß, was ein jiddisches Theater ist, weil es die jiddische Sprache benutzt. So wie es eben ein deutschsprachiges Theater gibt. Aber ein jüdisches Theater? Ist Shakespeare jüdisches Theater, wenn das Stück von einem Juden inszeniert wird? Und ein Theater, das sich mit jüdischen Themen beschäftigt, ist auch kein jüdisches. Weil auch Menschen, die keine Juden sind, sich mit jüdischen Themen beschäftigen.«

Airan sagte, er habe über diese Frage auch mit dem Dramaturgen und Theaterhistoriker Shimon Levi diskutiert. Levi hätte jenen, die behaupten, dass Kosky und Berg jüdisches Theater machen, in einer gewissen Art und Weise recht gegeben. Aber anders, als sie denken würden. Denn der Ansatz von Kosky und Berg entspringe dem Geist des säkularen Judentums, diese nach allen Richtungen hin offene, liberale, interkulturelle, multisprachige Haltung, die versuche, eine andere Sicht auf die Probleme zu geben. »Damit kann ich leben«, sagte Airan. »Weil es mit einem Weltbild zu tun hat. Aber ich bin sicher, dass es auch Nichtjuden mit einem solchen Weltbild gibt.« Sinnvoll sei es nur, gutes Theater zu machen. »Und als Jude kann ich das sagen: Ich habe eine Ghettoallergie. Ich mag keine – auch frei gewählte – Ghettoisierung. Ich fand es viel besser, dass sich das Schauspielhaus auch mit jüdischen Themen beschäftigt hat. Nicht weil es jüdische, sondern weil es auch Wiener Themen sind. Die Wiener Kultur wurde schließlich stark von Juden geprägt.«

Im Sommer 2007 lief der Vertrag aus – und Airan wurde künstlerischer Leiter für darstellende Kunst bei »Linz09«. Er kommentierte dies gewohnt bissig: »Hitler wollte, dass Linz die Kulturhauptstadt des Deutschen Reiches wird. Ich finde es eine gute Entwicklung, wenn ein Jude aus Tel Aviv die Europäische Kulturhauptstadt programmiert.«

Am Schauspielhaus hatte Airan Berg die Aktion »Hunger auf Kunst und Kultur« initiiert, die Arbeitslosen und Bedürftigen die Möglichkeit bietet, kostenlos Kulturveranstaltungen zu besuchen. Und im Rahmen von »Linz09« arbeiteten Regisseure, Künstler und Choreografen an rund 70 Schulen wochenlang mit Schülern zusammen. Das Projekt »I like to move it, move it!« war ein riesiger Erfolg. »Aufgrund der gegenwärtigen technologischen Revolution haben wir keine Ahnung über die Arbeitswelt in 20 Jahren«, sagte Airan. »Das heißt: Wir müssen den Schülern Tools geben, die sie in jedem Fall brauchen können. Selbstvertrauen zum Beispiel oder die Fähigkeit, kreativ mit Fragestellungen oder Problemen umzugehen. Oder auch die Fähigkeit zur Zusammenarbeit.«

Sein Anliegen ist es generell, die Menschen einzubeziehen. Seit 2010 realisierte Airan große partizipatorische Projekte in mehreren Städten, darunter in Helsinki und Burgos. Er arbeitet für die Stadt Mannheim, die sich darauf vorbereitet eine »Kulturhauptstadt« zu werden – mit oder ohne Titel aus Brüssel. Er lebt auch in Istanbul, wo er eine türkische Physiklehrerin heiratete; mit ihr und ihrer Tochter bewohnt er ein Haus am Bosporus, an der Grenze zwischen Europa und Asien. Es war mir wichtig, für dieses Buch auch ein Gespräch mit ihm zu führen.

Du hast deine ersten elf Jahre in Tel Aviv gelebt. Das heißt: Du musst als Sechsjähriger den Sechstagekrieg 1967 miterlebt haben.

Ja. Das war eine eigene Erfahrung. Die Männer verschwinden, weil sie in den Krieg ziehen. Und du spielst jeden Tag auf der Straße Fußball, weil es keinen Verkehr gibt – und nichts zu tun, weil die Schule zu ist. Alle Fenster werden abgedunkelt, überall Sandsäcke. Dann gehen die Sirenen los und du läufst in den Schutzraum. Da wird alles anders.

Wieso gingen deine Eltern 1972, als du elf Jahre alt warst, nach Wien?

Weil mein Vater auch deutschsprachig war, wurde er von einer israelischen Import-Export-Firma, die unter anderem Jaffa-Orangen exportierte, nach Wien geschickt, um das Büro aufzubauen. Es war auch die Repräsentanz für Osteuropa. Dort haben sie sich gewundert, wieso auf der anderen Seite des Eisernen Vorhangs so wunderbare Sachen wie Orangen, Grapefruits und Avocados wachsen.

Deine Eltern waren aber aus Europa vertrieben worden.

Ja, mein Vater kommt eigentlich aus der Nähe von Prag. Unter den Sudetendeutschen gab es eine jüdische Minderheit. Mein Vater musste nach Kriegsausbruch als zehnjähriges Kind über Istanbul mit dem Schiff nach Palästina flüchten. Und meine Mutter kommt aus der Slowakei, aus einer jüdisch-ungarischen Minderheit. Sie ist noch vor dem Krieg mit sechs Jahren nach Palästina ausgewandert – wegen der Stimmung, die sich bereits breitgemacht hatte. Auch mit dem Schiff durch den Bosporus. Beide sind unabhängig voneinander an dem Haus vorbeigekommen, in dem ich heute lebe.

War es für deine Eltern ein Problem, nach Mitteleuropa zurückzukehren?

Ich glaube nicht. Sonst wären sie nicht hergekommen. Ein Onkel, der mit einem Kindertransport nach Schweden kam und seine gesamte Familie verlor, weigert sich, deutschen Boden zu betreten. Aber er hat uns in Österreich besucht.

Wie war für dich das Aufwachsen in Wien?

Man kann nicht sagen, dass ich in Wien aufgewachsen bin. Denn ich ging in die amerikanische Schule in Salmannsdorf. Ich hab zwar Deutsch gelernt, aber ich sprach hauptsächlich Englisch, die meisten meiner Freunde waren Nicht-Österreicher. Mein Kontakt mit Österreich begann eigentlich erst nach der Universität, die ich in den USA besuchte, als ich bei den Salzburger Festspielen und am Burgtheater arbeitete. Ich bin also erst viel später in Wien angekommen.

Hat es dich je interessiert, die Vertreibung und die Rückkehr nach Europa künstlerisch aufzuarbeiten?

Anlässlich »50 Jahre Anschluss« gestaltete ich im März 1988 im Akademietheater einen Abend mit dem Titel »Es brennt,

Brüder, es brennt«. Ignaz Kirchner las aus »Nacht« von Elie Wiesel, Martin Schwab aus »Trotzdem Ja zum Leben sagen« von Viktor Frankl. Wiesel verlor als orthodoxer Junge im Lager den Glauben an Gott; Frankl hingegen, der schon Arzt war, machte durch das Überleben im Lager eine Art Gotteserfahrung. Diese sehr unterschiedlichen Erlebnisse haben den Abend geprägt. Ich denke, dass meine Theaterarbeit und das, was ich als künstlerischer Leiter produziert habe, insgesamt politisch geprägt sind. Nicht nur am Schauspielhaus in Wien, sondern auch im Kulturhauptstadtjahr 2009 in Linz. Ich denke nur an das »Purimspil« von David Maayan. Dieses Spiel vom Überleben der Juden in der Kulturhauptstadt des Führers zu realisieren: Das war schon eine sehr bewusste Entscheidung. Oder das »Schuljungenstück« von Roman Paska, dem Leiter des Dead Puppet Theatre: Es ging um den kleinen Adolf Hitler und den kleinen Ludwig Wittgenstein, die tatsächlich zur gleichen Zeit in die gleiche Schule, in das Gymnasium Fadingerstraße, gingen. Ich habe mich auch immer wieder mit Flucht auseinandergesetzt oder mit Flüchtlingen gearbeitet. Ich fühle mich dem Thema verpflichtet. Denn auch meine Eltern waren ja Flüchtlinge.

Ich meinte eher, ob du dich auch mit der Geschichte deiner Familie beschäftigt hast.

Nein, noch nicht. Ein Cousin hat einen Stammbaum der Familie meiner Großmutter mütterlicherseits erstellt. Er reicht bis in die Gegenwart, bis zu den Kindern meiner Schwester. Ich hab gezählt, wie viele Verwandte in der NS-Zeit in den Konzentrationslagern umgekommen sind, also ohne die Vermissten. Es waren über 100. Da wurde mir erstmals die Dimension klar. Denn das muss man mal vier hochrechnen, weil ich ja vier Großeltern habe. Die Familie ist ziemlich dezimiert. Deshalb habe ich auch nicht viele Verwandte. Und deshalb habe ich auch nicht viele, die ich befragen könnte. Eine traurige Geschichte: Die Cousine meiner Mutter kam in ein Kibbuz, wo nur Kriegswaisen waren. Sie lernte dort einen

Mann kennen, der auch seine Familie verloren hatte. Ihre
Kinder haben daher keine Großeltern, keine direkten Onkeln,
keine direkten Tanten. Und es gab keine Familienfeste. Im
Scherz hieß es: »Wir können das Fest auch in Auschwitz
machen. Es kommt eh keiner.«

Hast du noch emotionale Beziehungen zu Tel Aviv?

In der internationalen Schule in Wien war mein erster Freund
ein Ägypter. Wir haben uns nur einmal, im Oktober 1973,
nicht verstanden. Wegen des Jom-Kippur-Krieges. Später
kamen viele palästinensische und libanesische Kinder an
unsere Schule. Auch mit denen hab ich mich angefreundet.
Dass ich nach der Matura zurück nach Israel gehe – und dann
vielleicht auf diese Menschen schießen müsste: Diese Vorstellung war mir völlig fremd. Sie passt nicht in mein Leben.
Meine Familie hat schließlich entschieden, in Österreich zu
bleiben. Wir wurden auch österreichische Staatsbürger. Und
ich hatte daher die Möglichkeit, den Wehrdienst in Israel zu
verweigern. Die Folge war, dass ich 16 Jahre lang nicht nach
Israel einreisen durfte. Mein Status wurde schließlich mit
Hilfe eines Freundes auf »Sohn von Auswanderern« abgeän-
dert. Daher konnte ich wieder Israel besuchen. Denn emoti-
onal bin ich schon noch verbunden. Auf die Distanz aber bin
ich sehr kritisch: Was die Politiker heute machen, ist noch viel
schlimmer, als man sich das je vorstellen konnte.

Was bist du jetzt? Österreicher?

Was bin ich? Diese Frage hat mich eigentlich nie interessiert.
Ich habe auch in Amerika gelebt, in Asien, jetzt lebe ich in
der Türkei. Ich habe nach wie vor beide Staatsbürgerschaften.
Aber mit dem österreichischen Pass kann man sehr gut reisen.
Aus praktischen Gründen bin ich also Österreicher.

Und Wiener?

Wien ist Heimat und Nichtheimat zugleich. Ich bin zwar Europäer, aber ich komme vom Mittelmeer. Und mir fehlt sein Geruch.

Mit ein Grund, warum du jetzt in Istanbul lebst?

Ja. Dort sind zwar das Schwarze Meer und das Marmarameer, aber ich bin meinem Meer näher.

MARKUS KUPFERBLUM:
»DIE TODFEINDE VON EINST STANDEN SICH
NUN WIEDER GEGENÜBER«

Markus Kupferblum, geboren am 12. Juni 1964 in Wien, kenne ich seit Mitte der 1990er-Jahre, als er versuchte, am Mittersteig das »Totale Theater« zu etablieren. Der Traumtänzer scheiterte – auch an der Wiener Kulturverwaltung. In einem Interview, das ich mit ihm im Oktober 2006 für den »Standard« führte, bekannte er ein: »Ich war sehr naiv damals. Ich bedaure, dass ich mir damit Feinde in der Stadt gemacht habe. Ich wollte mir eigentlich nur Freunde machen. Das ist wohl das Schicksal des Clowns.«

Der Regisseur und Schauspieler, dessen »Totales Theater« auf das Zusammenspiel von verschiedenen Medien und dramatischen Ausdrucksformen abzielt, ist aber nicht nur ein sentimentaler Clown, sondern auch ein unverbesserlicher Optimist, der jeden Kampf gegen Windmühlen aufnimmt. 2004 bemühte er sich, da er kontinuierlich arbeiten wollte, um eine Vierjahresförderung der Stadt Wien: »Ich habe auf 48 Seiten dargelegt, warum ich nur über einen längeren

Zeitraum mit fixem Ensemble arbeiten möchte und nicht an einzelnen Projekten interessiert bin. Die Jury meinte, das Konzept sei spannend, und empfahl mich für eine Projektsubvention. Da hab ich mir gedacht: Entweder hat man das Konzept nicht gelesen – oder nicht verstanden.«

Trotzdem reichte er 2005 ein Projekt ein: Er erbat, um die Barockoper »La Didone abbandonata« von Pier Francesco Cavalli realisieren zu können, 120.000 Euro. »Das ist sehr wenig für eine Oper!«, so Kupferblum im Interview. »Aber die Kuratoren meinten, das sei wahnsinnig viel Geld. ›Wo soll denn das herkommen?‹ Und ich habe geantwortet: ›Das ist Musiktheater, da sind ja mehr als 30 Personen beteiligt.‹ Und dann haben die Kuratoren gesagt, ich soll mir etwas überlegen, das weniger kostet, so um die 30.000 Euro. Ich war derart enttäuscht und verletzt, weil ich schon wieder völlig missverstanden wurde, dass ich 2006 das gleiche Projekt noch einmal eingereicht habe – aber mit der Summe 30.000 Euro. Die Kuratoren haben nun gemeint: ›Das ist ein großartiges Projekt, aber da sind ja gar keine Budgets für die Sänger und die Musiker vorgesehen.‹ Und da hab ich gesagt: ›Natürlich! Ich habe alles gestrichen, was Musiktheater ausmacht. Um 30.000 Euro kann ich nur einen Monolog realisieren.‹«

Im März 2007 wurde »Die verlassene Dido« im Nestroyhof uraufgeführt: Der Regisseur lädt in bester Laune zur ersten Probe von »La Didone abbandonata«, das Modell des Bühnenbildes steht auf einem Tisch, im Hintergrund hängt ein Teil der Kostüme. Kupferblum begrüßt sein Ensemble und erläutert ihm, also eigentlich dem Publikum, die Komposition, die den Ursprung der Operngeschichte darstelle, und das Leben der Dido, die Karthago mit einem Kuhfell gründete. Später aber muss er eingestehen, dass es nur lächerliche 30.000 Euro gibt, an eine Realisierung der Oper gar nicht zu denken ist. Aufzugeben kommt ihm jedoch keine Sekunde in den Sinn: Dann spielt eben er selbst die Dido – nur für sich.

Ende November jenes Jahres wurde »Die verlassene Dido« mit dem Nestroy für die beste Off-Produktion bedacht. Und dieser ist, welch Hohn, mit 30.000 Euro dotiert – für die nächste Produktion. Aber Kupferblum wollte nicht noch einmal eine Oper zum Monolog reduzieren. Er gab bekannt, er wisse derzeit nichts mit dem Betrag anzufangen: »Aber wenn mir eines Tages etwas einfällt, was ich mit dieser Summe realisieren kann, werde ich mich melden.«

Im Frühjahr 2009 meldete er sich tatsächlich. Er wolle das Preisgeld für eine Produktion mit dem Titel »Antwort auf einen ungeschriebenen Brief« verwenden, die 2010 herauskommen soll. Es handle sich um ein Stück über seinen Vater Gerszon Kupferblum: »Er hatte eine außergewöhnliche und extreme Lebensgeschichte, mit allen Höhen und Tiefen, die das 20. Jahrhundert für einen jüdischen Adeligen bereithielt – Dekadenz, KZ, Flucht, Krieg, Verwundung, Palästina, Kibbuz und das antisemitische Österreich der Nachkriegszeit, Justizskandal und Untersuchungshaft, Liebe, Kindstod und große Freundschaften.«

Doch das Kulturamt reagierte wenig erfreut: Man brauche eine »Einreichung wie immer, mit Projektbeschreibung, ausgefülltem Förderformular und Kalkulationsraster«. Denn das Ansuchen müsse den Theaterkuratoren zur »Überprüfung« vorgelegt werden. Kupferblum war verdutzt: Warum muss er um »Förderung« ansuchen, wenn es sich doch bei den 30.000 Euro um ein längst zuerkanntes Preisgeld handelt? Und warum müssen die Kuratoren darüber befinden? Er machte trotzdem gute Miene zum bösen Spiel und überwand alle bürokratischen Hürden.

Die Hommage »Antwort auf einen ungeschriebenen Brief«, die Kupferblum mit Pablo Ariel realisierte, hatte ihre Uraufführung beim Akko Festival in Israel und war im Dezember 2010 im Semperdepot zu sehen. Am 26. November 2010, vor der Wien-Premiere, führte ich mit Markus Kupferblum das folgende Interview. Es bildete die Basis für einen größeren Beitrag mit dem Titel »Vor dem Gesetz: Kupferblums Kampf«, der am 4. Dezember 2010 im »Album« erschien.

Du hast also doch nur das Nestroy-Preisgeld bekommen. Also wieder keine große Oper?

Ich hätte gerne einmal so viel Geld, wie ich tatsächlich für meine Arbeit brauche. Aber das scheint für freies Theater in Wien nicht möglich zu sein. Mein Vater hätte heuer seinen 100. Geburtstag gehabt. Und so dachte ich mir als romantische Idee: Ich nehme die 30.000 Euro, um ein Stück über sein Leben zu machen. Mit diesem Justizskandal, den er vom Zaun gebrochen hat, steht er für eine ganze Generation an Juden. Und seine Gegner stehen für eine Generation an Nationalsozialisten. Hier wird eben sichtbar, wie man nach dem Krieg in Österreich mit den Nationalsozialisten umgegangen ist, die, weil sie Wähler waren, schnell entnazifiziert wurden – und wie mit den Juden. Die Todfeinde von einst standen und saßen sich nun wieder gegenüber. Auch die Ressentiments waren die gleichen. Im Gegensatz zum Krieg fehlte nur die Front.

Du warst 1970, als dein Vater mit 60 Jahren starb, gerade einmal sechs Jahre alt. Kannst du dich eigentlich an ihn erinnern?

Ich habe nur wenige authentische Erinnerungen. Er war sehr streng. Meine Eltern haben geheiratet, als ich vier war. Ich kannte viele Jahre lang lediglich die Heldengeschichten, die man mir erzählt hat. Dass er zusammen mit Simon Wiesenthal aus dem KZ geflohen sei – indem sie sich an der Bodenplatte eines LKW festgekrallt hätten. Dass er Wien verlassen wollte. Doch der Mantel, in dessen Innentasche sich das Visum für Kanada befunden habe, sei ihm beim Feiern im Caféhaus gestohlen worden. Mir wurde auch erzählt, dass er sich in den 50er-Jahren nicht von der österreichischen Justiz habe einschüchtern lassen. Aus all diesen Legenden konstruierte ich mir ein Vaterbild. Doch das stimmte zum Teil nicht, wie ich erkennen musste: Mein Vater war nie im KZ, sondern in einem Flüchtlingslager. Und ich fragte mich: Warum ist er nicht gleich wieder auf die kanadische Botschaft gegangen, um sich ein neues Visum ausstellen zu lassen? Ich wünschte mir oft, dass mein Vater mir einen Brief schreibt – in dem er mir aus seinem Leben oder über das Leben erzählt. Und zwar als Erwachsener zu einem Erwachsenen – und nicht zu einem Kind. Daher heißt mein Stück auch »Antwort auf einen ungeschriebenen Brief«.

Was hast du bei den Recherchen über deinen Vater in Erfahrung bringen können?

Er wurde 1910 in Pulawy geboren, einem galizischen Dorf 150 Kilometer östlich von Krakau. In eine sehr wohlhabende Familie. Die Familie hatte Grundbesitz, sie hatte große Ländereien. Noch heute wissen die Menschen dort, was den Kupferblums einst gehörte. Das Tal ist ungefähr 14 Kilometer lang, ich bin mit dem Auto durchgefahren. Es gab einen Fischteich, ein Jagdhaus, Mühlen, Obstgärten und viele Felder. Für die Bauern, die die Felder bestellten, errichtete mein Großvater sogar eine katholische Kirche mit drei Türmen. Ich war erstaunt, wie groß diese Kirche ist. Mein Großvater soll sehr beliebt gewesen sein. In diese sehr behüteten, privilegierten Verhältnisse wurde mein Vater geboren. Er war auch einer der Ersten, die ein Auto besessen haben. Nach dem Gymnasium ging er nach Krakau, um Jus und Bodenkultur zu studieren. Nach zwei, drei Semestern gab er die Bodenkultur auf, weil man ihm dort, wie er gesagt haben soll, nichts beibringen konnte. Jus aber hat er beendet, das Gerichtsjahr in Warschau gemacht. Und im Frühjahr 1939 eröffnete er seine Anwaltskanzlei, er spezialisierte sich auf Landwirtschaftsrecht.

Aber schon bald, am 1. September, marschierten die Deutschen in Polen ein.

Ja. Mein Großvater wurde von polnischen Nachbarn ermordet. Sie arisierten das Haus. Meine Großmutter starb wenig später, aber an einer Krankheit. Die ältere Schwester arbeitete, weil sie so gut Deutsch sprach, als vermeintlich deutsches Kindermädchen bei einer Familie in Warschau und überlebte so die NS-Zeit. Meine andere Tante, damals ein 14-jähriges Mädchen, hatte ein schreckliches Schicksal: Sie lebte versteckt in einer Scheune und wurde dafür, dass sie zu essen bekam, vergewaltigt. Eine grauenhafte Geschichte. Mit 16 ist sie abgehauen und hat sich den Partisanen der russischen Armee angeschlossen. Sie ist die Einzige, die noch lebt – in Argentinien. Ich habe sie besucht.

Und dein Vater?

Mein Vater flüchtete mit seiner ersten Frau Maria Elvira, genannt Marischa, und seinem Schwager nach Rumänien. Sie wollten mit einem Schiff nach Frankreich oder England, um in der polnischen Exilarmee gegen die Deutschen zu kämpfen. Aber es gab keine Schiffe mehr. Sie kamen nach Syrien in ein Flüchtlingslager. Und dort wurden sie von der britischen Armee eingezogen. Mein Vater kämpfte in der karpatischen Brigade in Tobruk, Ägypten, gegen Rommel. Bei der Schlacht von El Alamein war mein Vater nicht mehr dabei. Denn ihn hatte eine Granate getroffen, sein Zwerchfell ist implodiert. Er konnte nicht mehr kämpfen und war daher Nachschuboffizier. Daran kann ich mich noch erinnern: Wegen seiner Kriegsverletzung musste er immer einen Gürtel tragen. Und dann, 1943, kam mein Halbbruder Dan zur Welt. Er hatte eine sehr eigenartige, schlimme Hautkrankheit. Mein Vater arbeitete nach dem Krieg in Tel Aviv beim British Council. 1946 ging er nach Polen, um die Ländereien zurückzufordern. Doch er wurde mit dem Tod bedroht. Für die Stalinisten galt er als Großgrundbesitzer und stand daher auf einer schwarzen Liste. Bei Nacht und Nebel verließ er Polen – und kehrte nie mehr zurück. Die Ländereien waren verloren.

Warum ging er mit seiner Familie nach Wien?

Wegen der Hautkrankheit meines Halbbruders. Die Wiener medizinische Schule hatte einen exzellenten Ruf. Dan besuchte das TGM, das Technische Gewerbemuseum, er lernte Radiomechaniker und ging dann zurück nach Tel Aviv. Er starb bereits 1977. Mein Vater gründete in Wien die Handelsfirma Technotrade. Er importierte im großen Stil technische Geräte, Transistoren und Schalter, aus England – und exportierte sie in den Ostblock. Da er Pole war, hatte er die Kontakte und die Sprachkenntnisse. Er verkaufte zum Beispiel ein Kraftwerk nach Rumänien. Und er bediente auch den österreichischen Markt. Er war sehr anglophil, oft in London,

er war ein richtiger Gentleman, er fuhr auch immer englische
Autos mit Ledersitzen. Seine Frau, die Marischa, starb 1958 an
Krebs. Da war der Justizskandal schon vorbei. Er lernte dann
meine Mutter kennen, die Konzertpianistin war. 1962 kam
meine Schwester zur Welt, 1964 ich.

Der Justizskandal aber stimmt?

Ja. Es gab eine Bande, die sich Exportförderungen erschlich:
Sie verkauften die gleiche Ware zweimal hintereinander ins
Ausland – und kassierten jedes Mal die österreichische Export-
förderung. Mein Vater machte einmal für diese Bande ein
Provisionsgeschäft. Er bemerkte aber, dass die Sache nicht
koscher war, und zahlte die Provision zurück. Denn er wollte
mit diesen Leuten nichts zu tun haben. Mein Vater war kein
Betrüger – in keiner Weise. 1953 ist die Bande aufgeflogen,
und einer behauptete, dass mein Vater mit von der Partie
gewesen sei. Er wurde um sechs Uhr in der Früh verhaftet und
mit dem Vorwurf konfrontiert. Mein Vater konnte problemlos nachweisen, dass er nicht Mitglied der Bande war. Denn
seine Bücher waren sauber. Und er konnte sogar beweisen,
dass er die Provision zurückgezahlt hat, die ihm eigentlich
zugestanden wäre, weil das Geschäft zustande gekommen war.
Dennoch wurde er von einem Nazi-Staatsanwalt angeklagt
und von einem Nazi-Richter zu zwei Jahren Kerker verurteilt.
Aber er trat die Strafe nicht an, weil er in die Berufung ging.
Nun verstrickten sich die Vertreter der Republik immer mehr
in antisemitische Äußerungen. Der Untersuchungsrichter
Norbert Gärtner und der Polizeikommissär Walter Höllhum-
mer sagten meinen Vater, sie sehen ein, dass er unschuldig ist,
aber er solle doch 50.000 Schilling zahlen, denn irgendwann
wird er sicherlich »Butter am Kopf haben«. Mein Vater zahlte
– und zeigte die beiden wegen Korruption an. Da sich in der
Folge weitere Personen meldeten, die Ähnliches berichteten,
wurde der Richter verhaftet; er erhängte sich in der Zelle. Und
dann ist der Justizminister auf den Plan getreten. Denn das
Ansehen der Justiz war in Gefahr. Man nahm meinen Vater im

Juni 1956 in Untersuchungshaft – wegen Wiederholungsgefahr des Verbrechens der Verleumdung.

Dort war er wie lange?

14 Monate. Aus der Untersuchungshaft heraus legte er Haftbeschwerde ein: Man habe von Anfang an Fehler gemacht, jede nachfolgende Stelle habe sich bemüht, diese zu decken – und dabei eben neue gemacht. Mit dieser Haftbeschwerde ist er bis zum Obersten Gerichtshof gekommen. Zudem zeigte er Johann Neutzler, den Senatspräsidenten des Obersten Gerichtshofs, und sechs weitere Richter wegen Wiederbetätigung an. Denn Neutzler hatte in einem Beschluss, der auch von den besagten Richtern unterfertigt wurde, schriftlich beschieden, dass man noch vor einigen Jahren gewusst habe, wie mit »Zugereisten aus dem Osten« umzugehen sei; mein Vater solle deshalb zurückhaltender sein. Er hat, wie mein Vater meinte, erpresste Geständnisse gelten lassen, Zeugen eingeschüchtert und eine »antijüdische Einstellung« an den Tag gelegt. Dann stellte sich die Frage: Wer kann eigentlich den obersten Richter verurteilen? Offenbar das kleinste Gericht: Man schickte die Akten nach Oberpullendorf. Doch die wollten mit dem Fall nichts zu tun haben. Dann wurden die Akten nach Telfs geschickt. Das ging drei Monate so, bis die Frist versäumt war. Dann wandte sich mein Vater an den Europäischen Gerichtshof für Menschenrechte in Straßburg. Daraufhin beantragte die Staatsanwaltschaft im April 1957 ein psychiatrisches Gutachten, und zwar bei Friedrich Stumpfl. Stumpfl war ab 1933 illegal für die NSDAP tätig, er war in der NS-Zeit Dekan des Instituts für Rassenhygiene an der Uni Innsbruck und als Berater des Münchner Gauleiters für das KZ Dachau zuständig. Nach dem Krieg ging er als selbstständiger Gerichtspsychiater nach Wien. Er wurde Mitglied beim BSA. Und er psychiatrierte eben meinen Vater. Die Fenster seines Wahrnehmungsvermögens seien getrübt und so. Er hat wirklich schöne Formulierungen verwendet. Er sagte auch, dass mein Vater nicht zurechnungsfähig sei – aber auch

nicht zu exkulpieren. Er sei zwar schuldfähig, aber das Gericht müsse sich mit ihm nicht weiter auseinandersetzen, weil er ein typischer jüdischer Querulant sei. Daraufhin klagte mein Vater Stumpfl wegen Kredit- und Rufschädigung. Zudem wollte er ein Gutachten über das Gutachten erstellen lassen. Aber niemand traute sich, Stellung zu nehmen.

Dennoch wurde dein Vater aus der Untersuchungshaft entlassen?

Ja. Einige Tage später wurde er auf freien Fuß gesetzt – ohne Entschuldigung, ohne rechtskräftiges Urteil. Mein Vater, scheinbar ein sehr streitbarer Mensch, hat natürlich versucht, eine Haftentschädigung zu bekommen und auch eine Entschuldigung. Seine Firma war ja während der Haftzeit in Konkurs gegangen. Aber er ist gescheitert. Er wurde herzkrank. Er gründete eine neue Firma und genoss bei manchen einen guten Ruf als Jurist. Franz Olah ließ sich von ihm beraten, und Simon Wiesenthal kam öfters zu Besuch. Es gab dann eine Debatte, ob die Kultusgemeinde Mitgliedsbeiträge einheben darf. Mein Vater vertrat die Auffassung, dass ein Mitgliedsbeitrag eine Einschränkung der Religionsfreiheit sei. Er war kategorisch dagegen. Wiesenthal, damals Leiter der Kultusgemeinde, hat sich trotzdem entschlossen, Mitgliedsbeiträge einzuheben. Woraufhin mein Vater die Kultusgemeinde geklagt hat – wegen Bruch der Religionsfreiheit. Da verstehe ich meinen Vater nicht. Ich habe mich immer wieder gefragt: Warum macht er so etwas? Warum ist mein Vater ein solcher Dogmatiker? Und dann, 1970, ist er eben gestorben. Ich habe nun viel recherchiert. Aber wirkliche Antworten habe ich keine erhalten.

QUELLENHINWEISE

Heinz von Foerster, »Die Wahrheit, das Absolute, die Wirklichkeit – das sind Fallen«: Veröffentlicht unter dem Titel »Wahrheit ist eine Falle« am 8. November 1996 im »Standard«.

Josef Burg, »Hätte ich Wien nicht verlassen, könnten wir heute nicht miteinander sprechen«: Veröffentlicht in »morgen«, Heft 6/2009, Seiten 18–21.

Marko M. Feingold, »Das war ein Kampf auf Leben und Tod«: Stark gekürzt veröffentlicht unter dem Titel »Das ist deutsche Hygiene!« im »Album« (Wochenendbeilage des »Standard«) vom 3. November 2012.

George Tabori, »Ich habe immer über den Tod geschrieben«: Erstmals veröffentlicht unter dem Titel »Ich bereite mich auf den Tod vor« in »Musik & Theater«, Heft 10/1997, Seiten 10–15.

Maria Altmann, »Nie kommen die Nazis! So verblendet war man!«: Veröffentlicht am 18. Februar 2006 im »Standard«.

Gerhard Bronner, »Wir waren Verlorene«: Leicht gekürzt veröffentlicht im »Album« (Wochenendbeilage des »Standard«); Teil 1 unter dem Titel »Wir waren Verlorene« am 19. Oktober 2002, Teil 2 unter dem Titel »Ich habe so viele Träume geträumt« am 25. Oktober 2002. Erstveröffentlichung der Langfassung unter dem Titel »In memoriam Gerhard Bronner« in »Nu«, Nr. 27, Heft 1/2007, Seiten 42–48.

Erich Lessing, »Man dachte: Es wird schon vorbeigehen«: Stark gekürzt veröffentlicht unter dem Titel »Ich bin der Fotograf ohne Kamera« im »Album« (Wochenendbeilage des »Standard«) vom 24. März 2012.

Georges Jorisch, »Das ganze Geheimnis war, sich tot zu stellen«: Gekürzt veröffentlicht in »Nu«, Nr. 45, Heft 3/2011, Seiten 22–26.

Ruth Klüger, »Es war ein Zeitalter der Verluste«: Stark gekürzt veröffentlicht im »Album« (Wochenendbeilage des »Standard«) vom 18. Juni 2011.

Angela Hartig, »Der Zug fuhr los, wir waren in Freiheit«: Stark gekürzt veröffentlicht im »Standard« vom 8./9. Oktober 2011.

Hans Landesmann, »Wir waren die einzigen Überlebenden«: Veröffentlicht unter dem Titel »Ich war eher der Vorsichtige« in »Nu«, Nr. 35, Heft 1/2009, Seiten 22–25.

André Heller, »Mein Vater hat das jüdische Kind in sich verleugnet«: Veröffentlicht unter dem Titel »Ich warte darauf, berühmt zu werden« in »morgen«, Heft 2/2011, Seiten 38–42.

FOTOCREDITS

SCHLUSSBEMERKUNG

Gewidmet Ruth Pleyer, deren Courage ich bewundere, und Peter Vujica, meinem Lehrmeister.

In Andenken an Hubertus Czernin, der bis zum Schluss kämpfte, und Paul Griesebner, der keinen anderen Ausweg sah.

Dank an Sophie Lillie und Alfred Noll, an Karl Schütz und Rudolf Wran, an Eva Blimlinger, Erika Jakubovits, Johanna Rachinger und Heide Schmidt sowie an Alexandra Föderl-Schmid und Oscar Bronner.

Dank auch an Matthias Cremer, Angelika Gradwohl, Regine Hendrich, Georg Leyrer, Rita Newman, Andy Urban und Helmut Utri, an Barbara Blaha, Anna Braendle, Benedikt Föger, Burghard List, Eva Steffen – und an Verena Braunegg-Fojtl.

ÜBER DEN AUTOR

Thomas Trenkler, geboren 1960 in Salzburg, lebt in Wien. Studium der Germanistik und Kunstgeschichte in Graz, Dissertation über die Sprache der Werbung. Seit 1984 journalistisch tätig. Von 1985 bis 1990 Mitarbeiter (ab 1988 Pressereferent) des Festivals »steirischer herbst«. Seit 1993 Kulturredakteur bei der Tageszeitung »Der Standard«. Mehrere Buchveröffentlichungen, darunter »Der Fall Rothschild« (1999), »Wiedersehen im Niemandsland« (2000), »Die Hofburg Wien« (2004) und »53 – Eine Behauptung« (2009). Bank-Austria-Kunstpreis 2012 in der Kategorie Kulturjournalismus.